民事执行实务100点

主　编｜李海峰

副主编｜张华君
宋佳音
柳　悦

法律出版社
LAW PRESS · CHINA
北京

图书在版编目(CIP)数据

民事执行实务100点 / 李海峰主编;张华君,宋佳音,柳悦副主编. -- 北京:法律出版社,2024
ISBN 978-7-5197-8664-9

Ⅰ.①民… Ⅱ.①李… ②张… ③宋… ④柳… Ⅲ.①民事诉讼—执行(法律)—中国 Ⅳ.① D925.118.3

中国国家版本馆CIP数据核字(2023)第247883号

民事执行实务100点
MINSHI ZHIXING SHIWU 100 DIAN

李海峰 主编
张华君
宋佳音 副主编
柳 悦

策划编辑 冯雨春 张 颖
责任编辑 张 颖
装帧设计 贾丹丹

出版发行 法律出版社
编辑统筹 法律应用出版分社
责任校对 李慧艳
责任印制 刘晓伟
经 销 新华书店

开本 A5
印张 14.75 **字数** 425千
版本 2024年1月第1版
印次 2024年1月第1次印刷
印刷 固安华明印业有限公司

地址:北京市丰台区莲花池西里7号(100073)
网址:www.lawpress.com.cn
投稿邮箱:info@lawpress.com.cn
举报盗版邮箱:jbwq@lawpress.com.cn

销售电话:010-83938349
客服电话:010-83938350
咨询电话:010-63939796

书号:ISBN 978-7-5197-8664-9
定价:75.00元
凡购买本社图书,如有印装错误,我社负责退换。电话:010-83938349

序　言
Preface

民事执行是一个程序问题和实体问题交叉融合的领域，不能单纯从程序法的角度来研究和提出解决思路，而应当同时从民事实体法和程序法两个角度出发，两者有机协调、相辅相成。之所以编撰本书，是因为我们希望能够结合十余年的民事执行实务经验，为法律从业人员找到了解民事执行简单、快捷的路径。

在本书编撰过程中，我们整理了与执行相关的 37 部法律、司法解释，并结合全国人大常委会向社会公开征求意见稿的《中华人民共和国民事强制执行法（草案）》与现行法律法规的比较，将其中具有代表性的难点、疑点、要点梳理出来，对执行依据、执行措施、执行救济、执行财产的范围、执行财产的清偿和分配等执行实务敏感问题进行梳理，并研判相关问题的实务案例，最终按照申请执行准备、执行规范及措施、执行异议救济、执行工作管理、执行实务及技能五个方面，汇总出 100 个民事执行实务要点。

总的来说，本书以点带面、以案说法、以浅入深，总结了民事执行实务中的要点问题，为解决民事执行疑难问题提出了更深刻的建议和更有效的方法。

复杂的问题总有简单的答案，我们坚信，本书一定能够成为你了解民事诉讼和执行程序的益友。

2023 年 5 月 10 日

目 录
Contents

第一部分 申请执行准备

第二部分 执行规范及措施

第三部分 执行异议救济

第四部分
执行工作管理

第五部分 执行实务及技能

第一部分

申请执行准备

01 申请执行期间

关键词

2 年、申请执行期间、申请执行时效、中止中断、诉讼时效

实务要点

要点	具体内容
2 年期间	从法律文书规定的履行期间的最后一日起计算 2 年
起算点	法律文书规定分期履行的，从最后一期履行期限届满之日起计算；法律文书未规定履行期间的，从法律文书生效之日起计算
中止、中断	申请执行时效的中止、中断适用诉讼时效的规定。申请执行时效因申请执行、当事人双方达成和解协议、当事人一方提出履行要求或者同意履行义务而中断。从中断时起，申请执行时效期间重新计算
当事人抗辩主义	申请执行时效采用当事人抗辩主义，法院不主动适用
届满后不可执行回转	申请执行时效届满，被执行人全部或部分履行义务后，不得以不知道时效届满为由请求对方返还财产或申请执行回转

要点解析

申请执行的期间为 2 年。期间，是指人民法院、当事人和其他诉讼参与人进行诉讼行为的期限。诉讼期间是《民事诉讼法》的组成部分，是诉讼主体及时行使诉讼权利、履行诉讼义务，迅速解决纠纷的重要规范，是为一定诉讼行为所应遵守的时间规定。

时效是指法律规定的某种事实状态经过法定时间所产生一定法律后果的法律制度。它是民事法律关系产生、变更、消灭的根据，时效属于法律事实中的事件，它是基于一定事实状态在法律规定的一定期间内的持续存在而当然发生的，不为当事人的意志所决定。

申请执行期间是权利主体启动执行程序的时间条件，如果超过执行期间申请执行，法院也应当受理，但会成为对方抗辩的主要理由。注意区别诉讼时效和申请执行期间，一般诉讼时效为 3 年，申请执行期间为 2 年。

法律适用

□《中华人民共和国民事诉讼法》第 250 条

申请执行的期间为二年。申请执行时效的中止、中断，适用法律有关诉讼时效中止、中断的规定。

前款规定的期间，从法律文书规定履行期间的最后一日起计算；法律文书规定分期履行的，从最后一期履行期限届满之日起计算；法律文书未规定履行期间的，从法律文书生效之日起计算。

□《最高人民法院关于适用〈中华人民共和国民事诉讼法〉的解释》(2022 修正)第 481 条

申请执行人超过申请执行时效期间向人民法院申请强制执行的，人民法院应予受理。被执行人对申请执行时效期间提出异议，人民法院经审查异议成立的，裁定不予执行。

被执行人履行全部或者部分义务后，又以不知道申请执行时效期间届满为由请求执行回转的，人民法院不予支持。

□《最高人民法院关于适用〈中华人民共和国民事诉讼法〉执行程序若干问题的解释》(2020修正)第20条

申请执行时效因申请执行、当事人双方达成和解协议、当事人一方提出履行要求或者同意履行义务而中断。从中断时起,申请执行时效期间重新计算。

以案析法

案号:(2019)最高法执监313号

基本案情

白某与工行洛南支行的金融借款合同纠纷一案,洛阳仲裁委员会于2015年11月3日作出(2014)洛仲字第210号裁决书,后白某向洛阳市中级人民法院起诉,申请撤销仲裁裁决。2016年3月28日,洛阳中院作出裁定驳回白某的申请,该裁定书于2016年4月6日发生法律效力。工行洛南支行于2018年3月5日申请执行,因申请执行人提交的身份证明等材料没有加盖公章,河南省高级人民法院当日受理此案,并告知申请执行人将所提交的申请人的身份证明材料加盖公章后提交至该院。2018年7月17日申请执行人将补齐的材料递交至该院,据此,该院将其相关申请执行信息录入人民法院执行案件流程信息管理系统,并于当日将立案全部材料移送至执行局。

被执行人白某于2018年7月18日收到洛阳中院的执行通知书、报告财产令,于2018年7月27日向洛阳中院申请不予执行。

裁判要旨

最高人民法院认为,本案争议的焦点问题是本案是否已过申请执行的有效期间。本案执行依据法律文书的生效时间为2016年4月6

日，申请执行人申请执行的时间为 2018 年 3 月 5 日，未过 2 年申请执行的有效期间。河南高院依据洛阳中院出具的情况说明，结合工行洛南支行所述申请立案情形，作出上述认定，并无不当。

案例评析

关于申请执行期限，第一步应确定起算日：就本案而言，因白某在仲裁裁决作出后，向洛阳中院申请撤销仲裁裁决，导致诉讼时效中断。因此，本案关于申请执行时效的起算时间应为驳回白某申请的民事裁定生效的时间，即 2016 年 4 月 6 日。第二步应确保申请之日距文书生效之日未超过 2 年：就本案而言，工行洛南支行于 2018 年 3 月 5 日向洛阳中院申请执行，虽因需要补充材料，洛阳中院未正式立案，但工行洛南支行后续补充了相关材料。据此，法院认定 2018 年 3 月 5 日为申请执行之日。

实务操作

申请执行期限超过 2 年了怎么办？是否有救济可能？实践中，如果申请人能够证明其在 2 年执行时效期间，虽然没有向法院申请过强制执行，但有向被申请人主张过权利，或有其他使执行时效发生中断的情况，执行时效自中断起重新计算 2 年。以下类案裁判可供参考：

序号	案号	法院	审理查明	裁判结果
1	（2020）鲁 01 执复 39 号	山东省济南市中级人民法院	复议申请人主张本案原债权人多次到被执行人住所地催收并在该地址张贴催收公告，但并无证据证实被执行人实际居住该地址，因此无法保证该张贴催收公告行为能够实际送达或应当送达被执行人，因此，钢城法院认定该张贴催收公告行为不产生诉讼时效中断效果，并无不当	超过申请执行期限，驳回申请人请求

续表

序号	案号	法院	审理查明	裁判结果
2	（2018）甘0702执异84号	甘肃省张掖市甘州区人民法院	申请执行人提出在申请执行时效期间内有中断事由，其曾于2016年10月向异议人主张过权利，并提供证人朱某、李某证明曾于2016年10月一起到异议人处索要过该案款项，在听证过程中，异议人虽然对此予以否认，但其并未提交相应的反驳证据予以证实。两位证人与申请人虽有一定的利害关系，但现实生活中，向债务人索要欠款，一起同行的人，绝大多数都与债权人有一定利害关系，也不可能债权人和互不相识或不相干的人一起去向债务人索要债务，这样反而不符合现实生活规律。结合申请执行人与被执行人通过本院诉讼有多起案件的事实，更能说明两位证人证明申请执行人向被执行人索要债务的事实	执行时效于2016年10月有中断的事由，申请执行时效期间应从2016年10月重新开始计算。因此，申请执行人的申请执行时效并未超过两年期限

02 执行管辖法院的确定

关键词

执行管辖、一审法院、被执行财产所在地法院、被执行人住所地法院

实务要点

要点	具体内容
执行管辖	• 法院作出的生效法律文书由一审法院或被执行财产所在地法院管辖； • 其他法律文书由被执行财产所在地法院或被执行人住所地法院管辖；

续表

要点	具体内容
执行管辖	• 上市公司流通股，以上市公司的住所地、主要营业地、主要办事机构所在地为财产所在地，不应因股票在上海证券交易所进行交易或者在中国证券登记结算公司上海分公司进行登记结算而认为财产所在地在上海法院辖区； • 债权人申请执行时不受第一期或者前几期债权申请执行时选择执行管辖法院的限制，可以选择向第一审法院或者财产所在地法院申请执行
上海地区	上海法院作出的生效法律文书在上海法院辖区内原则上不适用选择财产所在地法院作为执行管辖法院的规定

要点解析

选择执行管辖法院是解决管辖冲突的主要方式，也是当事人的一项诉讼权利，受法律保护。确定选择管辖制度旨在方便诉讼，保护当事人合法权益，对于被执行人财产的执行变现有积极的作用。被执行人财产所在地属于可变因素，实践中存在按照财产所在地选择执行管辖法院的情形，对于申请人而言，财产变现、财产价值、执法环境应当是首要被考虑的因素。

法律适用

□《中华人民共和国民事诉讼法》第235条

发生法律效力的民事判决、裁定，以及刑事判决、裁定中的财产部分，由第一审人民法院或者与第一审人民法院同级的被执行的财产所在地人民法院执行。

法律规定由人民法院执行的其他法律文书，由被执行人住所地或者被执行的财产所在地人民法院执行。

□《人民法院办理执行案件规范》第 3 条【“被执行的财产所在地”的确定】

被执行的财产为不动产的，该不动产的所在地为被执行的财产所在地。

被执行的财产为股权或者股份的，该股权或者股份的发行公司住所地为被执行的财产所在地。

被执行的财产为商标权、专利权、著作权等知识产权的，该知识产权权利人的住所地为被执行的财产所在地。

被执行的财产为到期债权的，被执行人的住所地为被执行的财产所在地。

□《上海市高级人民法院关于选择财产所在地法院作为执行管辖法院有关问题的解答》节选

上市公司流通股，以上市公司的住所地、主要营业地、主要办事机构所在地为财产所在地，由托管证券公司的营业部所在地法院执行更为方便的，也可以以托管证券公司的营业部所在地为财产所在地，不应因股票在上海证券交易所进行交易或者在中国证券登记结算公司上海分公司进行登记结算而认为财产所在地在上海法院辖区……

以案析法

案号：(2017)最高法执复 12 号、17 号

基本案情

2015 年，因民间借贷纠纷，债权人中铁信托公司向四川省高级人民法院申请强制执行，四川高院作出执行裁定，指定广元法院执行。

华奥动漫公司及担保人等提出执行异议。四川高院于2016年11月18日作出（2016）川执异5号、6号执行裁定，认为本案担保人之一杨某（中铁信托公司职工）为四川成都人，本院对该强制执行有管辖权，并驳回其异议申请。华奥动漫公司及担保人等提出执行复议。最高人民法院于2017年6月23日作出（2017）最高法执复12号执行裁定，驳回其复议申请。

裁判要旨

最高人民法院认为：虽除杨某之外的其他被执行人的住所地均在福建省，但杨某的住所地在四川省成都市，故应当认定四川省是被执行人住所地之一；从目前查明的财产情况来看，可供执行的绝大多数财产在福建省内。因此可以说，本案由福建省相关法院执行更为适当。但是，部分财产所在地或者部分被执行人住所地法院，也可以取得执行案件全案管辖权。

案例评析

案件进入执行阶段时，可能存在多个法院均具有管辖权的情况，当事人可以向其中一个人民法院申请执行；当事人向两个以上人民法院申请执行的，由最先立案的人民法院管辖。四川高院作为非主要的被执行人住所地和被执行财产所在地法院管辖本案，并不违反执行程序方面的现行法律规定。且在四川高院已经立案受理并采取实际执行措施的情况下，再进行管辖法院变更会造成司法资源的浪费。

那么其他当事人、利害关系人如要提出不予执行申请，应提交哪个法院审查呢？相关法律依据可见《最高人民法院关于人民法院办理执行异议和复议案件若干问题的规定》第 4 条第 1 款，“执行案件被指定执行、提级执行、委托执行后，当事人、利害关系人对原执行法院的执行行为提出异议的，由提出异议时负责该案件执行的人民法院审查处理；受指定或者受委托的人民法院是原执行法院的下级人民法院的，仍由原执行法院审查处理”。本案由四川高院立案，虽四川高院指定广元法院执行，但相关异议申请应由四川高院审查处理。

此外，部分地区的法院基于当地司法实践，在执行立案审查中会选择更适合当地的管辖连接点，比如上海地区偏向由一审法院作为执行管辖法院。《上海市高级人民法院关于选择财产所在地法院作为执行管辖法院有关问题的解答》第 9 条写明，“鉴于上海地域相对较小，选择财产所在地法院作为执行管辖法院的作用不甚明显，由第一审法院作为执行管辖法院一般不会造成执行不便，反而更有利于在案件的执行过程中与第一审法院的审判部门等共同化解矛盾，因此上海法院作出的生效法律文书在上海法院辖区内原则上不适用选择财产所在地法院作为执行管辖法院的规定……”

03 迟延履行期间债务利息的计算

关键词

给付金钱义务、迟延履行金、加倍支付、计算方式

实务要点

要点	具体内容
分类	迟延履行期间的债务利息，包括迟延履行期间的一般债务利息和加倍部分债务利息
一般债务利息	迟延履行期间的一般债务利息，根据生效法律文书确定的方法计算；生效法律文书未确定给付该利息的，不予计算
加倍部分债务利息	加倍部分债务利息的计算方法为：加倍部分债务利息＝债务人尚未清偿的生效法律文书确定的除一般债务利息之外的金钱债务 × 日万分之一点七五 × 迟延履行期间

要点解析

迟延履行金是指被执行人因未按法律文书指定的期间履行给付金钱或其他义务时，法律规定由被执行人缴纳的，作为惩戒被执行人违法行为的款项，是民事执行程序中，促使被执行人自觉履行判决、裁定等生效法律文书确定的义务的强制执行措施。司法解释规定加倍部分债务利息日万分之一点七五折算成年利率约为6.38%，略高于贷款市场报价利率（LPR）。对于未按期履行义务的被执行人而言，迟延履行金就是其逾期履行的成本之一。《民事诉讼法》规定未按期履行给付金钱义务的，加倍支付迟延履行期间的债务利息，司法解释较《民事诉讼法》的规定作了缩小解释。

法律适用

□《中华人民共和国民事诉讼法》第264条

被执行人未按判决、裁定和其他法律文书指定的期间履行给付金钱义务的，应当加倍支付迟延履行期间的债务利息。被执行人未按判决、裁定和其他法律文书指定的期间履行其他义务的，应当支付迟延履行金。

□《最高人民法院关于执行程序中计算迟延履行期间的债务利息适用法律若干问题的解释》第4条

被执行人的财产不足以清偿全部债务的，应当先清偿生效法律文书确定的金钱债务，再清偿加倍部分债务利息，但当事人对清偿顺序另有约定的除外。

以案析法

基本案情

甲诉乙偿还借款本金10,000元，并支付利息，自2020年1月1日起至借款还清之日止，按日万分之五计算。法院判决支持甲的全部诉讼请求，被告乙应当在判决生效之日起3日内向甲偿还借款本金10,000元及利息，如果未按照判决指定期间履行，应当加倍支付迟延履行期间的债务利息。该判决于2020年6月27日生效。问：假设乙于2020年9月30日自愿清偿全部债务，应支付多少钱？本案时间线如图1所示。

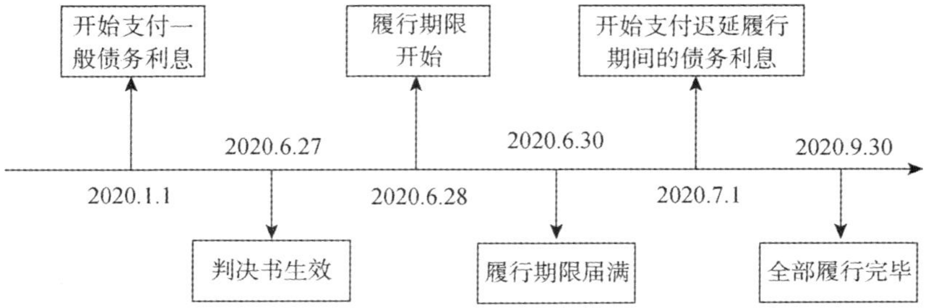

图1　本案时间线

三步法计算

1. 迟延履行之前的一般债务利息：借款本金 × 生效文书确定的一般债务利率 × 迟延履行之前的天数

【即 10000×0.05%×182（1 月 1 日～6 月 30 日生效并履行期限届满）=910（元）】

2. 迟延履行期间的一般债务利息：借款本金 × 生效文书确定的一般债务利率 × 迟延履行天数

【即 10000×0.05%×92（7 月 1 日～9 月 30 日）=460（元）】

3. 迟延履行期间的加倍部分债务利息：借款本金 × 日万分之一点七五 × 迟延履行天数

【即 10000×0.0175%×92（7 月 1 日～9 月 30 日）=161（元）】

因此，乙在给付足以清偿全部债务时，应当支付的本息总和：910+460+161+10000=11531（元）

注意事项

1. 需注意，加倍部分债务利息的利率为固定利率（日万分之一点七五），而一般债务利息的利率则是依据生效法律文书确定。

2. 考虑到加倍部分债务利息的本质是一种执行措施，因此当被执行人的财产不足以清偿全部债务时，应优先清偿生效法律文书确定的金钱债务及一般债务利息。

3. 非因被执行人的申请，对生效法律文书审查而中止或者暂缓执行的期间及再审中止执行的期间，不计算加倍部分债务利息。

4. 生效法律文书确定给付外币的，执行时以该种外币按日万分之一点七五计算加倍部分债务利息，但申请执行人主张以人民币计算的，人民法院应予准许。以人民币计算加倍部分债务利息的，应当先将生效法律文书确定的外币折算或者套算为人民币后再进行计算。

04 申请执行前的财产保全

关键词

法律文书未生效、法律文书生效履行期未届满、申请执行前、财产保全

实务要点

要点	具体内容
限制	生效法律文书确定的履行期限尚未到期，或者申请执行的条件不成就，不能申请执行
适用情形	被告存在转移财产的可能或者发现被告有可供执行的财产
担保要求	申请财产保全，法院可以不要求提供担保

要点解析

财产保全，是指对于可能因一方当事人行为或者其他原因，使判决不能执行或难以执行的案件，另一方当事人申请法院依法对诉讼标的物或与本案有关的财物采取的强制性措施。执行前保全是在法律文书生效后，进入执行程序前，债权人因对方当事人转移财产等紧急状况，可能导致生效法律文书不能执行或难以执行的，向执行法院申请采取保全措施。该类保全与诉讼中的财产保全不同，一般无须提供

担保。但因条件不成就可能损害对方利益的情况，法院会要求申请人提供担保。

法律适用

□《最高人民法院关于人民法院办理财产保全案件若干问题的规定》（2020 修正）第 1 条

当事人、利害关系人申请财产保全，应当向人民法院提交申请书，并提供相关证据材料。

申请书应当载明下列事项：

（一）申请保全人与被保全人的身份、送达地址、联系方式；

（二）请求事项和所根据的事实与理由；

（三）请求保全数额或者争议标的；

（四）明确的被保全财产信息或者具体的被保全财产线索；

（五）为财产保全提供担保的财产信息或资信证明，或者不需要提供担保的理由；

（六）其他需要载明的事项。

法律文书生效后，进入执行程序前，债权人申请财产保全的，应当写明生效法律文书的制作机关、文号和主要内容，并附生效法律文书副本。

□《最高人民法院关于人民法院办理财产保全案件若干问题的规定》（2020 修正）第 9 条

当事人在诉讼中申请财产保全，有下列情形之一的，人民法院可以不要求提供担保：

（一）追索赡养费、扶养费、抚育费、抚恤金、医疗费用、劳动报酬、工伤赔偿、交通事故人身损害赔偿的；

(二)婚姻家庭纠纷案件中遭遇家庭暴力且经济困难的；

(三)人民检察院提起的公益诉讼涉及损害赔偿的；

(四)因见义勇为遭受侵害请求损害赔偿的；

(五)案件事实清楚、权利义务关系明确，发生保全错误可能性较小的；

(六)申请保全人为商业银行、保险公司等由金融监管部门批准设立的具有独立偿付债务能力的金融机构及其分支机构的。

法律文书生效后，进入执行程序前，债权人申请财产保全的，人民法院可以不要求提供担保。

操作流程

1. 执行前财产保全申请书。既可以向作出生效判决的第一审人民法院提出申请，也可以向与第一审人民法院同级的被执行财产所在地人民法院提出申请。

2. 生效的法律文书，且采取保全的案件必须具有财产给付的内容，即该判决或调解结果具有财产给付内容。

3. 保全财产的线索及相关证明材料：

(1)财产为机动车的，应提供机动车牌号、车辆管理机关；

(2)财产为房地产的，应提供房地产处所及权利人姓名(名称)，并提供房地产登记机构出具的房地产登记材料；

(3)财产为个人银行存款的，应提供开户银行名称、地址、储户姓名、身份证号码及账号；

(4)财产为单位存款的，应提供开户银行名称、地址及账号；

（5）财产为股票或者股票账户内资金的，应提供股东账户号及证券交易指定场所；

（6）其他财产，应提供财产的名称、种类、规格、数量、价值、所有权人、所在地等详细情况以及相关证明材料（同诉讼财产保全应递交的材料）；

（7）申请保全时业已存在的保全财产线索及证明材料应一次性提供完毕。

需要说明的是，各地法院对申请人提交的保全财产线索的要求不一。有的法院要求会比较宽松一些，如仅需提供房产地址，并不要求提供房地产登记机构出具的房地产登记材料；而有的法院对执行操作的审核比较严格。所以申请人在提交申请时尽可能写明写全自己能够掌握的全部信息，注意保全银行账号时写明开户行的具体支行信息，并提供对应的转账记录；保全微信钱包、支付宝账号时写明机构、地址和联系电话，并提供对应的转账记录等。后附《财产保全申请书》模板可供参考。

4. 有效的担保材料（非必需）。

实务操作

财产保全申请书

申请人：×××，男/女，××××年××月××日出生，×族，住址：×××。

被申请人：×××有限公司，住××，法定代表人：××，任执行董事。

联系方式：××。

被申请人：×××，男/女，××××年××月××日出生，×族，住址：×××。

请求事项：

请求查封、扣押、冻结被申请人×××有限公司名下价值人民币××元的财产。

事实与理由：

申请人已就申请人与被申请人之间的××纠纷一案向××人民法院提请诉讼，为保障申请人的合法权益，根据《中华人民共和国民事诉讼法》等有关规定，特申请对被申请人的财产采取保全措施。

如因保全措施不当，造成被申请人财产损失，由申请人承担责任。

担保方式：

保险公司提供信用担保。

保全财产线索：

1.××× 有限公司银行账号

户名：××× 有限公司

银行账号：……

开户行：×× 银行 ×× 支行

2.×× 微信钱包账号

账号：……

机构：财付通支付科技有限公司

地址：深圳市南山区……（以公司最新公示地址为准）

联系电话：0755-86……

3.×× 支付宝账号

账号：……

机构：支付宝（中国）网络技术有限公司

地址：杭州市西湖区……（以公司最新公示地址为准）

联系电话：0571-86……

此致

×× 人民法院

申请人：×××

×××× 年 ×× 月 ×× 日

附：银行转账凭证、微信转账凭证、支付宝转账凭证……

05 诉讼中被保全人财产的查询

关键词

诉讼中申请保全、提供财产线索、申请法院查询财产

实务要点

要点	具体内容
诉讼中申请保全	案件已经在诉讼过程中，因客观原因不能提供确切财产信息，但提供了具体的财产线索（如有建设银行的交易记录但不知道银行账号）
申请法院查询财产	申请法院通过网络执行查控系统查询财产；法院未查询到可供执行的财产应当书面告知申请人

要点解析

财产保全的重要性不言而喻，但对于财产线索不明，无法提供财产的情况，是不能申请财产保全的。但对于因客观原因不能提供确切信息的、因离婚诉讼知悉对方隐瞒财产情况的、侵权诉讼中被告有财产转移情况的，司法解释作出了有限回应，酌情裁定，可以查询。在诉讼过程中，对于不能完整提供的财产信息，可以申请法院在网络查控系统中查询。但要做好申请前的准备，提供详尽线索、解释保全必要性，以达到说服法官的目的。

法律适用

□《最高人民法院关于人民法院办理财产保全案件若干问题的规定》(2020修正)第10条

当事人、利害关系人申请财产保全，应当向人民法院提供明确的被保全财产信息。

当事人在诉讼中申请财产保全，确因客观原因不能提供明确的被保全财产信息，但提供了具体财产线索的，人民法院可以依法裁定采取财产保全措施。

□《最高人民法院关于人民法院办理财产保全案件若干问题的规定》(2020修正)第11条

人民法院依照本规定第十条第二款规定作出保全裁定的，在该裁定执行过程中，申请保全人可以向已经建立网络执行查控系统的执行法院，书面申请通过该系统查询被保全人的财产。

申请保全人提出查询申请的，执行法院可以利用网络执行查控系统，对裁定保全的财产或者保全数额范围内的财产进行查询，并采取相应的查封、扣押、冻结措施。

人民法院利用网络执行查控系统未查询到可供保全财产的，应当书面告知申请保全人。

操作流程

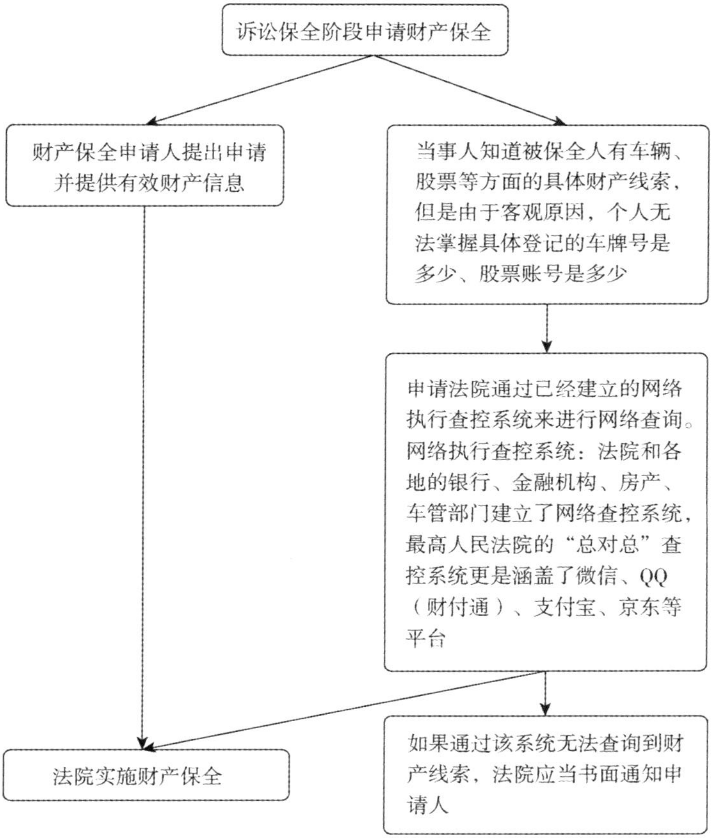
诉讼保全阶段申请财产保全
财产保全申请人提出申请并提供有效财产信息
当事人知道被保全人有车辆、股票等方面的具体财产线索，但是由于客观原因，个人无法掌握具体登记的车牌号是多少、股票账号是多少
申请法院通过已经建立的网络执行查控系统来进行网络查询。网络执行查控系统：法院和各地的银行、金融机构、房产、车管部门建立了网络查控系统，最高人民法院的“总对总”查控系统更是涵盖了微信、QQ（财付通）、支付宝、京东等平台
法院实施财产保全
如果通过该系统无法查询到财产线索，法院应当书面通知申请人

06 刑事裁判涉财产部分的执行

关键词

刑事裁判、涉及财产部分的执行、执行机构

实务要点

要点	具体内容
执行机构	• 刑事裁判涉财产部分，由第一审人民法院执行，第一审人民法院可以委托财产所在地的同级人民法院执行； • 人民法院执行机构负责执行的刑事裁判涉财产部分，刑事审判部门应当及时移送立案部门审查立案
执行内容	刑事裁判涉财产部分的执行，是指发生法律效力的刑事裁判主文确定的下列事项的执行：(1)罚金、没收财产；(2)责令退赔；(3)处置随案移送的赃款赃物；(4)没收随案移送的供犯罪所用本人财物
对侦查机关查封、扣押、冻结财产的执行	对侦查机关查封、扣押、冻结的财产，人民法院在执行中可以直接裁定处置，无须侦查机关出具解除手续，但裁定中应当指明侦查机关查封、扣押、冻结的事实

要点解析

刑事财产刑执行的主要依据是《最高人民法院关于刑事裁判涉财产部分执行的若干规定》，这在一定程度上填补了执行刑事财产刑方面法律规定的不足，但存在条文简略、法律规定不足的问题。刑事案件中涉及的财产部分由法院刑事审判庭负责移送法院执行部门强制执行，执行依据为刑事判决书，但执行部门一般只针对判决书确定的案涉财产或者随案移送的财产采取执行措施，被执行人不自动履行义务的，人民法院依然可以对被执行人其他所有的财产采取强制执行措施。

法律适用

□《最高人民法院关于刑事裁判涉财产部分执行的若干规定》第1条

本规定所称刑事裁判涉财产部分的执行，是指发生法律效力的刑事裁判主文确定的下列事项的执行：

（一）罚金、没收财产；

（二）责令退赔；

（三）处置随案移送的赃款赃物；

（四）没收随案移送的供犯罪所用本人财物；

（五）其他应当由人民法院执行的相关事项。

刑事附带民事裁判的执行，适用民事执行的有关规定。

□《最高人民法院关于刑事裁判涉财产部分执行的若干规定》第5条

刑事审判或者执行中，对于侦查机关已经采取的查封、扣押、冻结，人民法院应当在期限届满前及时续行查封、扣押、冻结。人民法院续行查封、扣押、冻结的顺位与侦查机关查封、扣押、冻结的顺位相同。

对侦查机关查封、扣押、冻结的财产，人民法院执行中可以直接裁定处置，无需侦查机关出具解除手续，但裁定中应当指明侦查机关查封、扣押、冻结的事实。

以案析法

案号:(2017)苏(01)执异 56 号

基本案情[①]

余某、沈某、董某犯贪污罪、受贿罪、挪用公款罪一案,南京市中级人民法院 2013 年 5 月 20 日作出(2012)宁刑二初字第 25 号刑事判决,其中余某的财产性义务是:(1)责令追缴三被告人(余某、沈某、董某)共同受贿所得 2000 万元;(2)追缴贪污所得 379 万元;(3)没收个人财产 140 万元。刑事判决生效后,三人的财产性判项于 2017 年 2 月 20 日移送执行。

执行中,南京中院查封余某名下的某小区 401 室房产(建筑面积 136.53 平方米,产权来源为房改购房)。余某的妻子郑某向南京中院提出异议,请求解除对 401 室的查封。其异议理由是:(1)三被告人共同受贿所得 2000 万元已执行到位,余某的 155 万元执行款足以满足没收个人财产 140 万元,仅剩追缴贪污所得 379 万元的判项未执行到位;(2)401 室是夫妻共同的合法财产,不能成为追缴违法所得(贪污所得 379 万元)的标的物。

南京中院审查认为,被执行人余某在执行财物不足以满足全部财产性判项的前提下,本院即可对其所有的财产查封、扣押、冻结、扣划。401 室登记在余某名下,无论是否为夫妻合法共同财产,本院予以查封并无不当。

① 参见邓光扬:《财产来源的合法性不能阻却追缴违法所得》,载《人民司法(案例)》2018 年第 26 期。

裁判要旨

南京中院认为,《最高人民法院关于刑事裁判涉财产部分执行的若干规定》第13条规定:“被执行人在执行中同时承担刑事责任、民事责任,其财产不足以支付的,按照下列顺序执行:(一)人身损害赔偿中的医疗费用;(二)退赔被害人的损失;(三)其他民事债务;(四)罚金;(五)没收财产。”没收的财物和罚金,一律上缴国库,不得挪用和自行处理。上述规定确定了刑事裁判涉财产部分执行的顺位,即当被执行人财产不足以支付时,无论违法所得还是合法财产,应先发还或退赔被害人损失,再执行没收财产刑。

结合本案,首先,本院(2012)宁刑二初字第25号刑事判决涉财产部分执行内容中,被执行人余某所应承担的责任既有没收财产,也有追缴发还被害单位,而发还被害单位是为了弥补被害单位的损失,其受偿顺位应优先于没收财产刑。本院已执行被执行人余某财产1,552,118.87元,尚不足以支付发还被害单位和没收财产。其次,法律文书生效后,被执行人应当严格按照其确定的内容履行义务。被执行人不自动履行义务,人民法院可以对其所有的财产采取强制执行措施。人民法院可以查封、扣押、冻结被执行人占有的动产、登记在被执行人名下的不动产、特定动产及其他财产权。虽案涉房产登记在被执行人余某名下,但无论是否属于夫妻共同财产,本院在被执行人的在案财产不足以支付的前提下,查封被执行人余某名下的案涉房产,并无不当。综上,郑某的异议理由及请求,缺乏事实和法律依据,本院不予支持。

案例评析

被执行人未足额履行刑事裁判涉财产义务时，其财产来源的合法性不能阻却追缴违法所得。在广东省高级人民法院作出的（2020）粤执复1129号执行裁定书中，广东高院亦对此进行了诠释：追缴违法所得或责令退赔是国家司法机关针对犯罪分子的违法所得或因非法占有、处置被害人的财产而使被害人遭受物质损失的，依职权对该违法所得或被侵害的财产的一种处理方式，目的是尽快修复被破坏的社会关系，保护被害人。本应被追缴的违法所得被挥霍、处置、损毁的，应责令退赔，以其他等价财物弥补被害人财产损失或上交国库，并且此等价财物必须是合法自有财产，而不能是其他违法所得、违禁物品或他人财物。因此，被执行人未足额履行刑事裁判涉财产义务时，其财产来源的合法性不能阻却追缴违法所得。所以虽案涉房屋属于夫妻共同共有，郑某拥有案涉房屋50%产权，但因该房屋作为一个整体，具有不可分割性，只能整体处分，且在拍卖案涉房屋后，属于郑某的份额将依法向其返还，故法院对案涉房屋进行强制执行并无不当。本案亦是如此。

07 “继续履行合同”的执行

关键词

裁判文书主文、继续履行合同、如何执行

实务要点

要点	具体内容
裁判文书主文	据以执行的法律文书要求继续履行合同的，应当明确继续履行合同的时间、地点、方式等内容
当法律文书不明确时，分情况处理	• 未明确“继续履行合同”的具体内容的，按照生效法律文书主文不明确予以处理； • 执行部门应当根据文书主文的文义，结合认定事实、理由，考量当事人请求及抗辩，依据日常生活经验法则进行解释。仍无法解释的，应当要求审判部门作出解释，并出具书面意见。确无执行可能的，驳回申请

要点解析

裁判文书主文确定当事人应当继续履行合同，虽然是原合同履行的继续，但与当事人依约自觉履行不同，是法律规定的强制形式，赋予法律的强制力。不论违约方是否愿意，只要存在履行的可能就必须履行，体现了对违约行为的否定性评价。

在执行过程中，生效裁判文书作为申请执行的执行依据，裁判文书的主文内容应当具备“给付内容明确”这一基本条件。如果存在无法解释如何继续履行的具体情形，执行法院将驳回申请。所以在诉讼过程中，原告在设计诉讼请求时，应当兼顾执行，要提出明确的给付内容，否则裁判结果可能无法执行。

法律适用

□《最高人民法院关于适用〈中华人民共和国民事诉讼法〉的解释》(2022 修正)第 461 条

当事人申请人民法院执行的生效法律文书应当具备下列条件：

（一）权利义务主体明确；

（二）给付内容明确。

法律文书确定继续履行合同的，应当明确继续履行的具体内容。

以案析法

案号：(2015)二中执复字第20号[①]

基本案情

天津市东丽区人民法院于2012年9月24日作出(2012)丽民初字第2811号民事判决，判令被告江西建工第二建筑有限责任公司于判决书生效后30日内继续履行合同中约定的外墙粉刷、修缮部分工程和消防工程中未完工程的施工至工程项目竣工验收合格。

案件进入执行程序后，因被执行人拒不履行生效判决确定的义务，天津市东丽区人民法院遂决定在确定工程造价后委托有关单位替代履行，并通过摇号方式选定了工程造价咨询有限公司对本案未完工程项目进行了司法鉴定，该公司对16项未完工程进行了鉴定。其中，11项未完工程造价共计71.8892万元，另外还有5项工程因存在质量问题，还需由质检部门鉴定合格与否后再作结论。后东丽法院根据滨海花卉公司的申请又另行委托工程咨询管理有限公司对未完工程及已完工程需要返修部分进行了鉴定。

需要修缮的工程共计26项，工程咨询管理有限公司给出了两个方案，第一种方案：部分工程虽不符合图纸要求，但并不违反相关标准

① 江西建工第二建筑有限责任公司执行复议案——判项不明确的情况下继续履行合同的执行。

的要求，在技术上可以不做维修处理，但应在计算维修费用时考虑未按图纸要求施工的相关费用，此方案维修费用为 398 万余元；第二种方案：考虑到图纸要求，对部分工程拆除重建，此种方案维修费用为 781 万余元。被执行人认为 26 项工程质量的鉴定超出了判决涵盖的范围且第二次选定鉴定机构未征求其意见，所以对两种方案都不认可……

裁判要旨

法院最终生效裁判认为，根据 2015 年《最高人民法院关于适用〈中华人民共和国民事诉讼法〉的解释》第 463 条第 2 款的规定："法律文书确定继续履行合同的，应当明确继续履行的具体内容。"本案中，作为执行依据的（2012）丽民初字第 2811 号民事判决并未对继续履行合同的范围予以明确，也未涉及工程质量问题，且双方当事人对质量责任归属存在争议。在执行过程中，双方当事人对继续履行施工及修缮的范围也未能达成一致，并不具备继续履行条件，应另行诉讼解决双方争议纠纷事项。

案例评析

继续履行合同类判决的执行过程中，作为执行依据的生效判决判项不明确、不具体，而双方当事人又不能就继续履行合同的内容达成一致的，可以要求裁判机构释明；确不具备继续履行条件的，法院执行部门应严格遵循审执分离原则，不得将该判决作为执行依据，当事人可以另行提起新的诉讼，确定双方因不能继续履行合同所产生的民事责任。

裁判文书判项需要基于当事人的诉请作出，是可能存在判项无法直接执行的情况。当然实践中也存在文书主文写作较为粗糙，使判项不够明确的情况。

08 申请恢复执行

关键词

执行和解、终结本次执行程序、申请恢复执行的期限和条件

实务要点

要点	具体内容
申请恢复执行的适用情形	•一方不履行和解协议的，另一方可以申请恢复执行原生效法律文书； •终结本次执行程序后发现被执行人有可供执行的财产的，申请人可以申请恢复执行； •委托执行案件因委托不当被退回委托的可以申请恢复执行； •依照《民事诉讼法》第 263 条规定中止执行的，具备申请执行条件的可以恢复执行
申请恢复执行的时效	恢复执行的期间适用《民事诉讼法》申请执行期限的规定，因达成和解协议中止的，其期间自和解协议约定履行期限的最后一日起重新计算。终结执行的不受申请执行期间限制

要点解析

执行程序中常因延期执行、和解、担保、拍卖等事项，案件结案并中止执行。中止执行的情形消失后，申请人可以申请恢复执行，法院将重新审查立案，不能提供申请恢复理由的，将不予恢复执行。所以权利人应当慎重对待法院的结案提示及中止执行，如果结案后不能恢复执行，将导致权利难以实现。特别是终结本次执行程序的情形，如果认为存在应当处置和执行的财产，或者执行线索，但法院未依法履

职，应当对该终结裁定提出异议。

法律适用

□《最高人民法院关于适用〈中华人民共和国民事诉讼法〉的解释》(2022修正)第465条

一方当事人不履行或者不完全履行在执行中双方自愿达成的和解协议，对方当事人申请执行原生效法律文书的，人民法院应当恢复执行，但和解协议已履行的部分应当扣除。和解协议已经履行完毕的，人民法院不予恢复执行。

□《最高人民法院关于适用〈中华人民共和国民事诉讼法〉的解释》(2022修正)第466条

申请恢复执行原生效法律文书，适用民事诉讼法第二百四十六条申请执行期间的规定。申请执行期间因达成执行中的和解协议而中断，其期间自和解协议约定履行期限的最后一日起重新计算。

□《最高人民法院关于适用〈中华人民共和国民事诉讼法〉的解释》(2022修正)第518条

因撤销申请而终结执行后，当事人在民事诉讼法第二百四十六条规定的申请执行时效期间内再次申请执行的，人民法院应当受理。

操作流程

申请恢复执行材料准备：

1. 恢复执行申请书1份；

2. 申请执行人为个人的：提交身份证复印件1份；

3. 申请执行人为公司的：提交营业执照副本复印件（加盖公章）、

法定代表人身份证明（加盖公章）、法定代表人的身份证复印件各 1 份（有委托代理人的提交委托手续）；

4. 执行依据复印件 1 份（判决书或调解书、仲裁裁决书、执行公证书）；

5. 提供被执行人具体的财产线索。

实务操作

恢复执行申请书

申请执行人：×××，男/女，××××年××月××日出生，×族，住址：×××。

被执行人：×××，男/女，××××年××月××日出生，×族，住址：×××。

申请执行依据：×××人民法院××号民事判决书/民事调解书。

请求事项：

1.×××；

2.×××；

以上合计金额为人民币×××元。

3.被执行人×××应当按照法律规定支付执行程序中的迟延履行金。

事实和理由：

贵院于××××年××月××日作出（__________）号民事判决书/调解书。判决书/调解协议内容自××××年

××月××日起即具有法律效力。被申请人应于××××年××月××日前履行付款义务。

因被执行人未按照调解书履行付款义务，故按照《中华人民共和国民事诉讼法》的相关规定，为维护申请人合法权益，特向贵院申请强制执行，贵院依法受理，执行案号为________，因被执行人________，贵院于××××年××月××日作出(________)号裁定书。现申请人了解到被申请人有可供执行财产，特申请恢复执行，并要求被执行人承担迟延履行的相应责任。

此致

×××人民法院

申请人：×××

××××年××月××日

09 外国法院离婚判决的承认和执行

关键词

外国法院离婚判决、中国法院承认和执行

实务要点

要点	具体内容
管辖法院	当事人向中国有管辖权的中级人民法院申请承认和执行外国法院作出的发生法律效力的判决、裁定的，如果该法院所在国与中华人民共和国没有缔结或者共同参加国际条约，也没有互惠关系，裁定驳回申请。但申请承认离婚判决的除外

续表

要点	具体内容
管辖意义	规定这种例外规定情形是必要的，否则根据外国法院判决，外国籍当事人已经合法解除婚姻关系，而中国籍当事人仍受原婚姻关系的约束，这不利于保护我国公民的合法权益
其他	•无论婚姻缔结地是在国内还是国外，均不影响中国公民申请承认判决的权利； •根据《涉外民事关系法律适用法》第 21 条、第 22 条的规定，结婚条件、结婚手续等婚姻关系是否成立的重要因素应当按照婚姻缔结地法律、当事人经常居所地法律等予以判断。国外婚姻缔结存在领事婚姻、宗教婚姻等方式

要点解析

外国法院作出的发生法律效力的判决、裁定，需要中华人民共和国人民法院承认和执行的，可以由当事人直接向中华人民共和国有管辖权的中级人民法院申请承认和执行，也可以由外国法院依照该国与中华人民共和国缔结或者参加的国际条约的规定，或者按照互惠原则，请求人民法院承认和执行。各国之间相互承认和执行离婚判决能够有效地简化诉讼程序、节约诉讼成本，避免各国法律规定不一致而导致婚姻关系的不确定，对保护当事人的合法权利、促进国际交往与合作有较大的现实意义。

法律适用

□《最高人民法院关于适用〈中华人民共和国民事诉讼法〉的解释》(2022 修正)第 542 条

当事人向中华人民共和国有管辖权的中级人民法院申请承认和执行外国法院作出的发生法律效力的判决、裁定的，如果该法院所在国与中华人民共和国没有缔结或者共同参加国际条约，也没有互惠关系的，裁定驳回申请，但当事人向人民法院申请承认外国法院作出的发生法律效力的离婚判决的除外。

承认和执行申请被裁定驳回的，当事人可以向人民法院起诉。

□《最高人民法院关于人民法院受理申请承认外国法院离婚判决案件有关问题的规定》（2020 修正）

一、中国公民向人民法院申请承认外国法院离婚判决，人民法院不应以其未在国内缔结婚姻关系而拒绝受理；中国公民申请承认外国法院在其缺席情况下作出的离婚判决，应同时向人民法院提交作出该判决的外国法院已合法传唤其出庭的有关证明文件。

二、外国公民向人民法院申请承认外国法院离婚判决，如果其离婚的原配偶是中国公民的，人民法院应予受理；如果其离婚的原配偶是外国公民的，人民法院不予受理，但可告知其直接向婚姻登记机关申请结婚登记。

三、当事人向人民法院申请承认外国法院离婚调解书效力的，人民法院应予受理，并根据《关于中国公民申请承认外国法院离婚判决程序问题的规定》进行审查，作出承认或不予承认的裁定。

以案析法

案例总结

根据相关案例的检索，汇集 33 件由我国 12 个中级人民法院作出的裁定，或承认或不承认外国法院离婚生效判决的法律效力，其中涉及 16 个国家：韩国 4 件、美国 10 件、西班牙 2 件、巴西 1 件、意大利 2 件、加拿大 1 件、越南 1 件、澳大利亚 3 件、新西兰 1 件、德国 1 件、荷兰 2 件、马来西亚 1 件、日本 1 件、英国 1 件、保加利亚 1 件、法国 1 件。

33 件案件中 31 件承认外国法院判决的法律效力、2 件不承认判决的法律效力；有 8 件在国外登记结婚，25 件在国内登记结婚。案件中男女一方是中国国籍的为 12 件、双方是中国国籍的为 20 件、双方为中国国籍香港永久性居民的为 1 件。

不予承认的两个案件：

1. 申请人周某未能提供荷兰斯海尔托亨博思法院已合法传唤被告出庭的有关证明文件，应承担举证不能的不利后果。故对周某的申请，法院予以驳回。周某可以另行向中国有管辖权的法院提起离婚诉讼。

2. 申请人许某与被申请人李某均为中国国籍香港永久性居民。最高人民法院、香港特别行政区律政司发布的《关于内地与香港特别行政区法院相互认可和执行婚姻家庭民事案件判决的安排》，虽然已于 2017 年 6 月 20 日签署，但尚未生效，依法不能适用。《最高人民法院关于适用〈中华人民共和国民事诉讼法〉的解释》第 549 条（原第 551 条）规定，人民法院审理涉及香港特别行政区、澳门特别行政区和台湾地区的民事诉讼案件，可以参照适用涉外民事诉讼程序的特别规定。关于当事人申请对香港特别行政区区域法院离婚判决进行认可案件的审查，应当参照我国法律关于申请承认外国法院离婚判决的相关规定。根据《最高人民法院关于人民法院受理申请承认外国法院离婚判决案件有关问题的规定》第 2 条的规定，外国公民向人民法院申请承认外国法院离婚判决，如果其离婚的原配偶是外国公民，人民法院不予受理。故本院对该案不具有管辖权，不予受理该申请。

根据法律法规的规定，不予承认外国法院离婚判决的情形有：判决尚未发生法律效力；作出判决的外国法院对案件没有管辖权；判决是在被告缺席且未得到合法传唤情况下作出的；该当事人之间的离婚案件，我国法院正在审理或已作出判决，或者第三国法院对该当事人之间的离婚案件所作判决已为我国法院所承认；判决违反我国法律的基本原则或者危害我国国家主权、安全和社会公共利益。

操作流程

申请承认外国法院离婚判决应当提交的文件：

1. 身份证、护照复印件；

2. 结婚证或结婚证明复印件；

3. 中国籍一方户口本复印件或户籍摘抄信息；

4. 外国法院离婚判决原件及译本（离婚判决如果是复印件，还要提交外国法院的证明文件和译本）；

5. 外国认证官签名及译本；

6. 中国驻外大使馆领事馆的认证；

7. 人民法院确认的翻译公司营业执照复印件；

8. 委托他人代理的，必须向人民法院提交由委托人签名或盖章的授权委托书，委托人在国外出具的委托书，必须经我国驻该国的使、领馆证明……

10 内地与香港特别行政区法院判决的认可和执行

关键词

内地与香港特别行政区法院判决、互相认可和执行、婚姻家庭民事案件、签署书面管辖协议的民商事案件

实务要点

要点	具体内容
民事案件相互认可和执行的三项安排	(1)《最高人民法院、香港特别行政区政府关于内地与香港特别行政区法院相互认可和执行民商事案件判决的安排》，2019年1月18日发布，2024年1月29日生效实施； (2)《最高人民法院关于内地与香港特别行政区法院相互认可和执行当事人协议管辖的民商事案件判决的安排》2008年7月3日发布，2008年8月1日生效实施，在《最高人民法院、香港特别行政区政府关于内地与香港特别行政区法院相互认可和执行民商事案件判决的安排》生效后废止； (3)《最高人民法院关于内地与香港特别行政区法院相互认可和执行婚姻家庭民事案件判决的安排》2022年2月14日发布，2022年2月15日生效实施
所称判决	在内地包括判决书、裁定书、调解书；在香港特别行政区包括判决书、命令和诉讼费评定证明书
管辖	•申请认可和执行符合本安排规定的民商事判决，在内地向被申请人住所地、经常居住地或者财产所在地的中级人民法院提出，在香港特别行政区向香港特别行政区高等法院提出； •申请认可和执行符合《最高人民法院关于内地与香港特别行政区法院相互认可和执行婚姻家庭民事案件判决的安排》规定的婚姻家庭民事判决在香港特别行政区向区域法院提出
应当提交的文件	(1)请求认可和执行的申请书；(2)经作出终审判决的法院盖章的判决书副本；(3)作出终审判决的法院出具的证明书，证明该判决属于生效判决，在判决作出地可以执行；(4)身份证明材料
救济途径	当事人对认可和执行与否的裁定不服的，在内地可以向上一级人民法院申请复议，在香港特别行政区可以根据其法律规定提出上诉

要点解析

香港特别行政区和内地的法院判决认可和执行，应当根据基本法由双方协商安排后，按照安排的要求相互认可和执行。最高人民法院和香港特别行政区政府于2019年1月18日签署了《关于内地与香港特别行政区法院相互认可和执行民商事案件判决的安排》。2022年11月4日香港特别行政区立法会正式发布了《内地民商事判决(相互强制执行)条例》,允许内地与香港特别行政区民商事案件判决互认。香港特别行政区政府于2023年11月10日表示,《内地民商事判决(相互强制执行)条例》(第645章)及《内地民商事判决(相互强制执行)规则》将于2024年1月29日实施。在内地,最高人民法院将会就该安排的实施颁布司法解释。

香港特别行政区与内地相互认可和强制执行民商事判决将减少当事人就同一争议在两地重复提出诉讼的需要,为当事人的利益提供更佳保障。本安排生效之日,《关于内地与香港特别行政区法院相互认可和执行当事人协议管辖的民商事案件判决的安排》同时废止,需要注意的是,《关于内地与香港特别行政区法院相互认可和执行婚姻家庭民事案件判决的安排》继续施行。

法律适用

□《最高人民法院、香港特别行政区政府关于内地与香港特别行政区法院相互认可和执行民商事案件判决的安排》第2条

本安排所称"民商事案件"是指依据内地和香港特别行政区法律均属于民商事性质的案件,不包括香港特别行政区法院审理的司法复核案件以及其他因行使行政权力直接引发的案件。

□《最高人民法院、香港特别行政区政府关于内地与香港特别行政区法院相互认可和执行民商事案件判决的安排》第4条

本安排所称"判决",在内地包括判决、裁定、调解书、支付令,不包括保全裁定；在香港特别行政区包括判决、命令、判令、讼费评定证明书，不包括禁诉令、临时济助命令。

本安排所称"生效判决"：

（一）在内地，是指第二审判决，依法不准上诉或者超过法定期限没有上诉的第一审判决，以及依照审判监督程序作出的上述判决；

（二）在香港特别行政区，是指终审法院、高等法院上诉法庭及原讼法庭、区域法院以及劳资审裁处、土地审裁处、小额钱债审裁处、竞争事务审裁处作出的已经发生法律效力的判决。

□《最高人民法院、香港特别行政区政府关于内地与香港特别行政区法院相互认可和执行民商事案件判决的安排》第21条

被申请人在内地和香港特别行政区均有可供执行财产的，申请人可以分别向两地法院申请执行。

应对方法院要求，两地法院应当相互提供本方执行判决的情况。

两地法院执行财产的总额不得超过判决确定的数额。

□《最高人民法院、香港特别行政区政府关于内地与香港特别行政区法院相互认可和执行民商事案件判决的安排》第30条第1款

本安排生效之日，《关于内地与香港特别行政区法院相互认可和执行当事人协议管辖的民商事案件判决的安排》同时废止。

□《最高人民法院、香港特别行政区政府关于内地与香港特别行政区法院相互认可和执行民商事案件判决的安排》第31条第1款

本安排生效后，《关于内地与香港特别行政区法院相互认可和执行婚姻家庭民事案件判决的安排》继续施行。

以案析法

案号:(2018)粤 03 民初 2209 号

基本案情

2016 年 1 月 15 日,某财务有限公司以张某为被告诉至香港特别行政区高等法院原讼法庭。香港特别行政区高等法院原讼法庭经审理于 2016 年 6 月 14 日作出 2016 年第 130 宗终局判决,判定“根据原被告间的贷款合约,被告人应向原告人支付 11,685,556.17 港元及有关利息;本诉讼按律师与客户循简易程序对基准评定之讼费评估为 15,600.00 港元”。终局判决后,案件未在香港特别行政区申请强制执行,且张某亦未按判决书履行付款义务。此外,张某为深圳市某融资担保有限公司(注册资本为人民币 1 亿元)的股东,出资额为人民币 3600 万元,出资比例为 36%,张某于深圳市具有可供执行资产。

据此,财务公司请求张某的财产所在地法院,即深圳市中级人民法院认可香港特别行政区高等法院原讼法庭 2016 年第 130 宗终局判决书的法律效力。

裁判要旨

申请人财务公司提交的案涉贷款合约中并未明确约定香港特别行政区法院对争议具有唯一管辖权,其亦未提出证据证明双方当事人之间存在为解决与案涉特定法律关系有关的已经发生或可能发生的争议而达成的书面管辖协议。

财务公司的申请不符合《最高人民法院关于内地与香港特别行政区法院相互认可和执行当事人协议管辖的民商事案件判决的安排》第 1 条“内地人民法院和香港特别行政区法院在具有书面管辖协议的民

商事案件中作出的须支付款项的具有执行力的终审判决，当事人可以根据本安排向内地人民法院或者香港特别行政区法院申请认可和执行”的规定，因此本院裁定如下：驳回申请人财务公司的申请。

案例评析

香港特别行政区法院判决在内地申请认可和执行应严格依据相关司法安排作出认定。以此倒推，当事人在拟定协议时，就应该考虑拟定适格的条款，将协议制作为“具有唯一管辖权的协议”。

正面案例可见广东省高级人民法院发布的指导案例显崇公司申请认可香港特别行政区法院判决案。显崇公司与许某某签订《股份转让协议》，协议争议解决条款约定，任何一方均可就争议向香港特别行政区法院起诉。2019 年 11 月 15 日，显崇公司以未足额支付股权转让款为由向香港特别行政区法院起诉许某某。香港特别行政区法院于 2020 年 3 月 9 日作出终局判决书，判令许某某向显崇公司支付相关款项。显崇公司于 2021 年 1 月 28 日向广州市中级人民法院申请认可上述判决。

广州中院经审查认为，案涉管辖条款表明在当事人行使诉讼权利时可以向香港特别行政区法院起诉，且没有表明当事人有权选择香港特别行政区法院以外的其他法院起诉，故该管辖条款为《最高人民法院关于内地与香港特别行政区法院相互认可和执行当事人协议管辖的民商事案件判决的安排》第 3 条所规定的香港特别行政区法院“具有唯一管辖权的协议”。许某某已经合法传唤，本案不存在《最高人民法院关于内地与香港特别行政区法院相互认可和执行当事人协议管辖的民商事案件判决的安排》第 9 条规定的应当裁定不予认可和执行的情形，显崇公司的申请符合该安排的规定，故裁定认可香港特别行政区法院判决。

11 内地与香港特别行政区仲裁裁决的认可和执行

关键词

内地与香港特别行政区仲裁裁决、认可和执行

实务要点

要点	具体内容
仲裁范围	内地人民法院执行按香港特别行政区《仲裁条例》作出的仲裁裁决，香港特别行政区法院执行按《仲裁法》作出的仲裁裁决，适用本安排。香港特别行政区的仲裁机构目前包括香港国际仲裁中心、中国国际经济贸易仲裁委员会香港仲裁中心、国际商会国际仲裁院亚洲事务办公室、香港海事仲裁协会、华南（香港）国际仲裁院、一邦国际网上仲调中心
执行管辖法院	在内地或者香港特别行政区作出的仲裁裁决，一方当事人不履行仲裁裁决的，另一方当事人可以向被申请人住所地或者财产所在地的有关法院申请执行。“有关法院”在内地指被申请人住所地或者财产所在地的中级人民法院，在香港特别行政区指香港特别行政区高等法院。（同时管辖）被申请人在内地和香港特别行政区均有住所地或者可供执行财产的，申请人可以分别向两地法院申请执行。应对方法院要求，两地法院应当相互提供本方执行仲裁裁决的情况。两地法院执行财产的总额，不得超过裁决确定的数额
不予执行	（1）仲裁协议依据的法律是无效的；（2）被申请人未接到指派仲裁员的适当通知，或者因他故未能陈述意见的；（3）裁决所处理的争议超出仲裁协议范围；（4）仲裁庭的组成或者仲裁程序不合法；（5）裁决未生效；（6）依执行地法律，争议事项不能以仲裁解决的；（7）仲裁裁决违反社会公共利益或公共政策的

要点解析

《最高人民法院关于内地与香港特别行政区相互执行仲裁裁决的

安排》已于1999年6月18日由最高人民法院审判委员会第1069次会议通过。根据最高人民法院和香港特别行政区代表协商达成的一致意见，上述安排在内地以最高人民法院发布司法解释的形式予以公布，自2000年2月1日起施行。根据《香港特别行政区基本法》第95条的规定，经最高人民法院与香港特别行政区政府协商，香港特别行政区法院同意执行内地仲裁机构（名单由国务院法制办公室[①]经国务院港澳事务办公室提供）依据《仲裁法》所作出的裁决，内地人民法院同意执行在香港特别行政区按香港特别行政区《仲裁条例》所作出的裁决。以上安排解决了仲裁裁决相互认可和执行问题，且运行情况良好，为促进仲裁裁决异地流通、支持香港特别行政区建设亚太区国际法律及争议解决服务中心发挥了重要作用。

法律适用

□《最高人民法院关于内地与香港特别行政区相互执行仲裁裁决的安排》第1条

内地人民法院执行按香港特别行政区《仲裁条例》作出的仲裁裁决，香港特区法院执行按《中华人民共和国仲裁法》作出的仲裁裁决，适用本安排。

□《最高人民法院关于内地与香港特别行政区相互执行仲裁裁决的安排》第7条第1款第3项

在内地或者香港特别行政区申请执行的仲裁裁决，被申请人接到通

① 2018年3月，根据第十三届全国人民代表大会第一次会议批准的国务院机构改革方案，将国务院法制办公室的职责整合，重新组建中华人民共和国司法部，不再保留国务院法制办公室。

知后，提出证据证明有下列情形之一的，经审查核实，有关法院可裁定不予执行：

（三）裁决所处理的争议不是交付仲裁的标的或者不在仲裁协议条款之内，或者裁决载有关于交付仲裁范围以外事项的决定的；但交付仲裁事项的决定可与未交付仲裁的事项划分时，裁决中关于交付仲裁事项的决定部分应当予以执行。

□《最高人民法院关于内地与香港特别行政区相互执行仲裁裁决的补充安排》全文

以案析法

美国意艾德建筑师事务所申请执行香港特别行政区仲裁裁决案

基本案情

意艾德建筑师事务所与富力公司签订有关地块设计合同，并约定了仲裁条款，将争议提交中国国际经济贸易仲裁委员会，按照申请仲裁时该仲裁委员会现行有效的仲裁规则进行仲裁，仲裁地点为香港特别行政区。因合同履行发生争议，意艾德事务所向中国国际经济贸易仲裁委员会香港仲裁中心申请仲裁，贸仲香港中心受理本案并作出仲裁裁决。意艾德事务所向江苏省南京市中级人民法院申请执行该仲裁裁决第 3 项。

裁判要旨

南京中院经审查认为，富力公司对案涉仲裁裁决无异议，并已经履行仲裁裁决所确定的设计费本金部分，仅对第 3 项逾期利息部分未予支付。案涉仲裁裁决亦不存在违反内地社会公共利益的情形。故依据《最高人民法院关于内地与香港特别行政区相互执行仲裁裁决的安排》第 1 条、第 7 条的规定，裁定执行该仲裁裁决第 3 项。

案例评析

该案系南京中院发布的内地与香港特别行政区发布相互执行仲裁裁决的典型案例，因此，我们引述法院的原文评语：该案是内地仲裁机构在香港特别行政区设立的分支机构以香港特别行政区为仲裁地作出的仲裁裁决获得内地法院执行的首案，具有里程碑意义。该案明确，确认仲裁裁决籍属的标准为仲裁地，并据此认定案涉仲裁裁决系香港仲裁裁决，符合《最高人民法院关于内地与香港特别行政区相互执行仲裁裁决的安排》的适用条件。

内地法律对不同类型仲裁裁决规定了不同审查标准，且一般以仲裁机构所在地确定仲裁裁决的籍属。《最高人民法院关于香港仲裁裁决在内地执行的有关问题的通知》规定，对于在香港特别行政区作出的临时仲裁裁决，以及国外仲裁机构在香港特别行政区作出的仲裁裁决，人民法院应当按照《最高人民法院关于内地与香港特别行政区相互执行仲裁裁决的安排》的规定进行审查。这实际上明确了以仲裁地而非仲裁机构所在地作为判断仲裁裁决籍属的标准。但是，《最高人民法院关于香港仲裁裁决在内地执行的有关问题的通知》并未明确规定内地仲裁机构以香港特别行政区为仲裁地作出的仲裁裁决是否属于香港仲裁裁决的问题。本案依仲裁地认定内地仲裁机构在香港特别行政区设立的分支机构作出仲裁裁决的籍属，符合《最高人民法院关于香港仲裁裁决在内地执行的有关问题的通知》精神，也符合国际通行标准。

实务操作

2020年签署的《关于内地与香港特别行政区相互执行仲裁裁决的补充安排》解决了两地仲裁裁决执行中的一些争议问题，具体包括：（1）两地执行仲裁裁决之前，均需经“认可”程序，即认可阶段与执行程序属于两个司法程序。（2）如被申请人在内地和香港特别行政区均有住所地或者可供执行财产，申请人可以分别向两地法院申请执行。两地法院执行财产的总额，不得超过裁决确定的数额。（3）法院在受理执行仲裁裁决申请之前或者之后，可以依申请并按照执行地法律规定采取保全或者强制措施。

12 执行依据

关键词

申请执行、执行立案审查、法院执行机构、生效法律文书

实务要点

要点	具体内容
执行依据	•法院民事、行政判决、裁定、调解书，民事制裁决定、支付令，刑事附带民事判决、调解书、刑事裁判涉财产部分； •依法由法院执行的行政处罚决定、行政处理决定； •仲裁裁决、调解书，公证债权文书、执行证书； •承认其效力的外国法院裁判及国外仲裁机构裁决； •法律规定由法院执行机构负责执行的其他生效法律文书

要点解析

执行依据又称为执行文书，是指记载债权人和债务人姓名（名称）及债权债务关系、具有给付内容和执行力、人民法院据以执行的生效法律文书。执行依据是申请执行的依据，是法院立案审查和强制执行的主要文件。

申请执行时，一审裁判文书应附生效证明；二审改判的，执行依据是二审判决；二审维持的，执行依据是一审判决，二审维持判决是生效证明。发回重审的，执行依据是重审判决；决定再审的，执行依据是再审判决。除此之外，仲裁裁决需要提交裁决送达证明、公证债权文书需要提交执行证书。

法律适用

□《最高人民法院关于人民法院执行工作若干问题的规定（试行）》（2020 修正）

一、执行机构及其职责

……

2.执行机构负责执行下列生效法律文书：

（1）人民法院民事、行政判决、裁定、调解书，民事制裁决定、支付令，以及刑事附带民事判决、裁定、调解书，刑事裁判涉财产部分；

（2）依法应由人民法院执行的行政处罚决定、行政处理决定；

（3）我国仲裁机构作出的仲裁裁决和调解书，人民法院依据《中华人民共和国仲裁法》有关规定作出的财产保全和证据保全裁定；

（4）公证机关依法赋予强制执行效力的债权文书；

（5）经人民法院裁定承认其效力的外国法院作出的判决、裁定，以及国外仲裁机构作出的仲裁裁决；

(6)法律规定由人民法院执行的其他法律文书。

以案析法

案号:(2013)长中民执复字第00050号

基本案情

申请复议人某烟花公司不服湖南省某市人民法院(2013)××执裁字第××号执行裁定,向长沙市中级人民法院申请复议。长沙中院在对其复议申请审查过程中,因某烟花公司不服湖南省长沙市某人民法院(2012)××民二终字第××号民事判决,向湖南省某某人民法院申请再审,湖南省某某人民法院作出了(2013)××民申字第××号民事裁定:(1)本案由本院提审;(2)再审期间,中止原判决的执行。

裁判要旨

长沙中院认为,作为该案执行依据的湖南省长沙市某人民法院(2012)××民二终字第××号民事判决一案,已由上级法院提审,并裁定对该判决的中止执行,因对某烟花公司的复议申请的审查要以上级法院再审处理结果为依据进行。根据2012年《民事诉讼法》第150条第1款第5项(现第153条第1款第5项)的规定,裁定对本案中止审查。

案例评析

再审期间,法院应裁定中止原判决、裁定、调解书的执行,但追索赡养费、扶养费、抚养费、抚恤金、医疗费用、劳动报酬等案件,可以不中止执行。

第二部分

执行规范及措施

13 查封冻结的期限

关键词

银行存款冻结、查封动产和不动产、查封其他财产权、查封期限、续查封

实务要点

要点	具体内容
期限	•银行存款冻结期限为 1 年； •动产查封期限为 2 年； •不动产、其他财产权查封冻结期限为 3 年（股权、债权、除银行存款及动产以外的财产权）
续封申请	查封冻结期限届满后，申请续封的期限不得超过以上期限
未办理延期手续的后果	查封、扣押、冻结期限届满，人民法院未办理延期手续的，查封、扣押、冻结的效力消灭

要点解析

法律规定针对不同类型的财产适用不同的查封冻结期限，原因在于不同类型的财产变现难度不同，故应督促执行机构尽快采取执行措施，实现债权人利益。法院在执行中可能因各种原因，中止或终结本次执行，导致查封的财产不能及时变现。此外，执行前的财产保全措施，在进入执行程序后自动转为执行中的查封、扣押、冻结措施，但查

封冻结的期限不会重新计算，且在期限届满后不能自动续封，需要申请人提前向法院申请。所以针对不同类型的财产及其查封期限，申请执行人及其代理人需要密切关注，加以区分，以防逾期。

法律适用

□《最高人民法院关于适用〈中华人民共和国民事诉讼法〉的解释》(2022修正)第485条

人民法院冻结被执行人的银行存款的期限不得超过一年，查封、扣押动产的期限不得超过两年，查封不动产、冻结其他财产权的期限不得超过三年。

申请执行人申请延长期限的，人民法院应当在查封、扣押、冻结期限届满前办理续行查封、扣押、冻结手续，续行期限不得超过前款规定的期限。

人民法院也可以依职权办理续行查封、扣押、冻结手续。

□《最高人民法院关于人民法院办理财产保全案件若干问题的规定》(2020修正)第18条

申请保全人申请续行财产保全的，应当在保全期限届满七日前向人民法院提出；逾期申请或者不申请的，自行承担不能续行保全的法律后果。

人民法院进行财产保全时，应当书面告知申请保全人明确的保全期限届满日以及前款有关申请续行保全的事项。

以案析法

案号:(2017)粤01民终11455号

基本案情

2014年4月30日,周某与宏峰公司等因借款产生纠纷,共4起案件(借款本金分别为220万元、170万元、120万元、100万元),委托广东某律所律师王某为代理人。2014年5月6日,周某向一审法院,就(2014)穗越法民一初字第2106—2109号申请诉讼保全。一审法院作出裁定后,于2014年5月20日冻结了宏峰公司名下的银行账户存款7,016,766元。

2014年5月12日,一审法院(2014)穗越法民一初字第2106—2109号案的经办法官,向周某本人作询问笔录,并明确告知周某本人,"如需要续封,周某需提前15天向法院提交续封申请,逾期提交承担相应的法律责任"。周某本人在该笔录上签字确认。周某、王某在庭审中,明确陈述称其在一审法院查封该账户当天(2014年5月20日),周某本人和王某就已经知道了查封的时间,并且知道了冻结的金额为7,016,766元。

2014年5月20日,王某以周某诉讼代理人的身份,到一审法院签订财产保全通知书。通知书载明:上述银行账户于2014年5月20日被冻结,并告知其上述冻结期为6个月(至2014年11月19日止)。查封、冻结期限届满前,本案还在审理中(包括上诉二审)或进入执行阶段,你个人(公司)必须向一审法院申请继续查封、冻结,否则被自动解除查封、冻结,责任由你个人(公司)承担。

上述查封后，因周某本人及其委托代理人均没有提出续封申请。直至 2015 年 3 月 9 日前，才申请一审法院对上述账户继续冻结。一审法院于 2015 年 3 月 9 日向桂林银行股份有限公司梧州分行发出协助冻结存款通知书，对宏峰公司的账户进行冻结，但实际冻结 0 元。

2016 年 3 月 11 日，律所以周某代理人身份，由王某向一审法院申请恢复执行上述案件。一审法院受理并立案号为（2016）粤 0104 执恢 35、37、38、39 号案件。2016 年 3 月 22 日，王某向一审法院提交了《关于周某执行案件的调查报告及建议》，提交了被执行人的相关财产线索，包括 10 多套房产、车辆、其他多个案件的执行信息及有关情况，并申请一审法院执行局参与分配以及采取多种执行措施。2016 年 4 月 14 日，周某本人向一审法院申请撤回该 4 个案件的恢复执行申请，一审法院口头裁定准予周某撤回该 4 个案件的恢复执行申请后，周某向法院提起诉讼，要求律所赔偿损失 7，016，766 元及利息。

裁判要旨

本案历经一审驳回，二审改判，法院综合考虑基本案情、违约程度、实际损失等各方面因素，对于周某所主张的在诉讼保全到期前未提出续封申请导致的损失及利息，酌定律所承担 80% 的责任，剩余 20% 的责任由周某自行承担。

案例评析

申请人在查封冻结期限届满前应向人民法院申请续行查封、扣押、冻结。逾期申请或者不申请，申请执行人自行承担不能续行查封、扣押、冻结的法律效果。以本案为例，因期限逾期，给了对方转移财产的时间，导致执行不能，而该损害后果最终由当事人和律所共同承担。

14 被执行人到期债权如何执行

关键词

到期债权、履行到期债务通知、协助冻结通知书、提出异议、强制执行

实务要点

要点	具体内容
程序	•法院可以依据申请向第三人发出履行到期债务通知; •第三人在收到通知后 15 日内,向法院书面明确是否存在到期债务; •第三人提出异议后,法院不得对第三人强制执行; •第三人未提出异议的,法院有权裁定对第三人强制执行
不得执行的情形	第三人无财产可供执行,不得就第三人对他人的到期债权强制执行

要点解析

被执行人的到期债权,申请人可以申请法院执行,是申请人代位权在执行程序中的体现。被执行人的债务人收到法院发出的履行到期债务通知书,应当根据法律规定作出合适选择,对于债权不予确认或者存有争议的情况,应当采取合理规避执行风险的措施,在规定期限内提出书面异议。实践中对于到期债权,法院也会采取向被执行人的债务人发出执行裁定和协助执行通知书,要求其协助执行,不论该

债权是否存在争议、是否到期，均停止向被执行人支付。根据协助义务如果付款期限届满，应当向法院先行支付，否则将承担拒不协助的法律后果。

法律适用

□《最高人民法院关于人民法院执行工作若干问题的规定（试行）》（2020 修正）第 45 条

被执行人不能清偿债务，但对本案以外的第三人享有到期债权的，人民法院可以依申请执行人或被执行人的申请，向第三人发出履行到期债务的通知（以下简称履行通知）。履行通知必须直接送达第三人。

履行通知应当包含下列内容：

（1）第三人直接向申请执行人履行其对被执行人所负的债务，不得向被执行人清偿；

（2）第三人应当在收到履行通知后的十五日内向申请执行人履行债务；

（3）第三人对履行到期债权有异议的，应当在收到履行通知后的十五日内向执行法院提出；

（4）第三人违背上述义务的法律后果。

□《最高人民法院关于人民法院执行工作若干问题的规定（试行）》（2020 修正）第 46 条

第三人对履行通知的异议一般应当以书面形式提出，口头提出的，执行人员应记入笔录，并由第三人签字或盖章。

□《最高人民法院关于人民法院执行工作若干问题的规定（试行）》（2020 修正）第 47 条

第三人在履行通知指定的期间内提出异议的，人民法院不得对第三人强制执行，对提出的异议不进行审查。

□《最高人民法院关于人民法院执行工作若干问题的规定（试行）》（2020 修正）第 48 条

第三人提出自己无履行能力或其与申请执行人无直接法律关系，不属于本规定所指的异议。

第三人对债务部分承认、部分有异议的，可以对其承认的部分强制执行。

□《最高人民法院关于人民法院执行工作若干问题的规定（试行）》（2020 修正）第 49 条

第三人在履行通知指定的期限内没有提出异议，而又不履行的，执行法院有权裁定对其强制执行。此裁定同时送达第三人和被执行人。

□《最高人民法院关于人民法院执行工作若干问题的规定（试行）》（2020 修正）第 50 条

被执行人收到人民法院履行通知后，放弃其对第三人的债权或延缓第三人履行期限的行为无效，人民法院仍可在第三人无异议又不履行的情况下予以强制执行。

□《最高人民法院关于人民法院执行工作若干问题的规定（试行）》（2020 修正）第 51 条

第三人收到人民法院要求其履行到期债务的通知后，擅自向被执行人履行，造成已向被执行人履行的财产不能追回的，除在已履行的财产范围内与被执行人承担连带清偿责任外，可以追究其妨害执行的责任。

□《最高人民法院关于人民法院执行工作若干问题的规定（试行）》（2020 修正）第 52 条

在对第三人作出强制执行裁定后，第三人确无财产可供执行的，不得就第三人对他人享有的到期债权强制执行。

□《最高人民法院关于人民法院执行工作若干问题的规定(试行)》(2020 修正)第 53 条

第三人按照人民法院履行通知向申请执行人履行了债务或已被强制执行后,人民法院应当出具有关证明。

以案析法

案号:(2021)辽 02 执复 292 号

基本案情

原告徐某与被告于某民间借贷纠纷一案,在诉讼过程中,原告申请法院将于某在中铁九局享有的债权 230 万元冻结,冻结期限为 2 年。中铁九局随即向庄河市人民法院提出书面异议,庄河法院裁定撤销该执行行为。

裁判结果

辽宁省大连市中级人民法院认为,本案焦点问题为庄河法院在第三人对履行到期债务提出异议后,继续执行该笔债权法律依据是否明确。本案中,庄河法院作出(2018)辽 0283 执保 309 号执行裁定,将被执行人于某在中铁九局享有的债权 230 万元予以冻结。中铁九局随即向庄河法院提出异议。依据现有卷宗材料,不能认定申请执行人已经另行诉讼确定该笔债权,故庄河法院原审裁定撤销该执行行为,认定事实清楚,适用法律正确,本院予以维持。

案例评析

第三人对履行到期债务有异议的,执行部门不得对第三人强制执行。申请执行人申请强制执行该笔债权，应以另行诉讼确定到期债权为前提，未经法定程序确认，法院不得对第三人强制执行。

具体依据可见：

2020年《最高人民法院关于适用〈中华人民共和国民事诉讼法〉的解释》第501条（现第499条）规定，人民法院执行被执行人对他人的到期债权，可以作出冻结债权的裁定，并通知该他人向申请执行人履行。该他人对到期债权有异议，申请执行人请求对异议部分强制执行的，人民法院不予支持。利害关系人对到期债权有异议的，人民法院应当按照2017年《民事诉讼法》第227条（现第238条）规定处理。

《最高人民法院关于人民法院执行工作若干问题的规定（试行）》（2020修正）第47条规定："第三人在履行通知指定的期间内提出异议的，人民法院不得对第三人强制执行，对提出的异议不进行审查。"

《最高人民法院执行工作办公室关于到期债权执行中第三人超过法定期限提出异议等问题如何处理的请示的答复》（〔2005〕执他字第19号）规定："第三人在法院开始强制执行后仍有异议的，应当得到司法救济。"

15 执行回转

关键词

执行依据被撤销、裁定执行回转、强制执行

实务要点

要点	具体内容
回转前提	执行中或执行完毕后，据以执行的法律文书被法院或者其他机关撤销或变更的
回转程序	• 原执行机构应当依申请人申请或依职权，按照新的生效文书，作出执行回转的裁定，责令原申请人返还财产，拒不返还的，强制执行； • 应当返还原物，不能返还的，经双方同意可以折价赔偿，不能协商一致的，法院终结执行回转程序，另行起诉

要点解析

案件在执行过程中或者执行完毕后，执行依据被法院或其他有关有权机关撤销或者变更的，法院对已被执行的财产或者财产价值根据新的法律文书采取执行措施，恢复到执行程序开始状况的一种救济制度。执行回转制度是针对执行发生的错误而采取的一种补救措施，是执行依据被撤销或变更的原因导致，不是法院执行程序或者执行行为违法导致的。但法院已经根据执行依据采取了强制措施，将被执行人的财产予以处置，所以法院有义务根据新的法律文书将财产或同等金额从申请人处执行回转，达到更正的目的。了解这个特殊程序，有利于保护受损一方的权益。

法律适用

□《中华人民共和国民事诉讼法》第 244 条

执行完毕后，据以执行的判决、裁定和其他法律文书确有错误，被人民法院撤销的，对已被执行的财产，人民法院应当作出裁定，责令取得财产的人返还；拒不返还的，强制执行。

□《最高人民法院关于人民法院执行工作若干问题的规定(试行)》(2020 修正)第 65 条

在执行中或执行完毕后,据以执行的法律文书被人民法院或其他有关机关撤销或变更的,原执行机构应当依照民事诉讼法第二百三十三条的规定,依当事人申请或依职权,按照新的生效法律文书,作出执行回转的裁定,责令原申请执行人返还已取得的财产及其孳息。拒不返还的,强制执行。

执行回转应重新立案,适用执行程序的有关规定。

□《最高人民法院关于人民法院执行工作若干问题的规定(试行)》(2020 修正)第 66 条

执行回转时,已执行的标的物系特定物的,应当退还原物。不能退还原物的,经双方当事人同意,可以折价赔偿。

双方当事人对折价赔偿不能协商一致的,人民法院应当终结执行回转程序。申请执行人可以另行起诉。

以案析法

基本案情

陈某诉许某财产损害赔偿纠纷一案,北京市西城区人民法院判决被告许某于本判决生效后 7 日内一次性赔偿原告陈某财产损失、租金损失共计 44,600 元。许某不服一审判决,向北京市第一中级人民法院提起上诉。一中院维持原判。

执行信息

2009 年 4 月 24 日,陈某向西城法院提起强制执行申请,要求许某支付财产损失、租金损失共计 44,600 元整。该案于 2009 年 6 月

19 日执行完毕。

许某不服一中院判决，经抗诉、再审，北京市高级人民法院裁定再审，再审期间，中止原判决执行。

案件重审期间，许某向法院申请执行回转。

裁判意见

撤销原判发回重审裁定不能作为执行回转的依据。据此，撤销原判、再审发回重审的案件适用一审普通程序，发回重审法院的审判部门可以依据原被执行人的申请，对已经执行的申请执行人财产进行诉讼保全，待终局生效法律文书作出后，再决定是否进入执行回转程序。

实务操作

如果在原执行程序中，被执行人的房屋已经被拍卖、变卖，并被他人合法取得居住，那么执行回转可以收回该房屋吗？答案是不可以。

相关法律依据可见：

《最高人民法院关于对第三人通过法院变卖程序取得的财产能否执行回转及相关法律问题的请示复函》（〔2001〕执他字第 22 号）规定："人民法院在执行中依法采取拍卖、变卖措施，是基于国家公权力的行为，具有公信力，买受人通过法院的拍卖、变卖程序取得财产的行为，不同于一般的民间交易行为，对其受让所得的权益应当予以保护。"

《最高人民法院关于人民法院执行工作若干问题的规定（试行）》第 66 条规定："执行回转时，已执行的标的物系特定物的，应当退还原物。不能退还原物的，经双方当事人同意，可以折价赔偿。"

据上述规定，为了维护法院拍卖、变卖行为的权威性及社会交易的安全，在执行回转中，竞买人不宜通过法院拍卖、变卖程序取得财产，对于当事人因该财产被处置后受到的损失，可依据相关法律规定另行主张。

16 无益拍卖

关键词

价款无剩余、续拍条件、重新确定保留价、拍卖费用承担

实务要点

要点	具体内容
无益拍卖	依据拍卖保留价计算，扣除优先债权和执行费用后，申请人无剩余清偿可能
续拍条件	• 法院在拍卖前告知申请人，申请人在5日内申请继续拍卖的，法院应当准许并重新确定保留价，重新确定的保留价应当大于该优先债权及强制执行费用的总额； • 保留价应当大于优先债权及执行费用； • 如果按照以上保留价拍卖导致流拍，拍卖费用由申请人承担

要点解析

轮候查封债权人或受偿顺位在后的优先权人申请执行拍卖时，如果依据本次拍卖保留价评估，拍卖所得价款在清偿顺位在先的债权和执行费用后，没有可能剩余，申请执行人的债权将无法通过拍卖价款得到实现，此种情形被称为无益拍卖。申请人的利益不能得到有效清偿，同时也有可能导致被执行人利益受损，且浪费法院执行资源。实

践中法院在对拍卖财产评估后，认为拍卖款扣除拍卖费用、优先债权及在先查封债权后，无剩余清偿可能的，均不同意继续拍卖。所以无特殊原因，不建议申请人坚持无益拍卖。

法律适用

□《最高人民法院关于人民法院民事执行中拍卖、变卖财产的规定》(2020 修正)第 6 条

保留价确定后，依据本次拍卖保留价计算，拍卖所得价款在清偿优先债权和强制执行费用后无剩余可能的，应当在实施拍卖前将有关情况通知申请执行人。申请执行人于收到通知后五日内申请继续拍卖的，人民法院应当准许，但应当重新确定保留价；重新确定的保留价应当大于该优先债权及强制执行费用的总额。依照前款规定流拍的，拍卖费用由申请执行人负担。

□《最高人民法院关于人民法院委托评估、拍卖和变卖工作的若干规定》第 13 条

拍卖财产经过评估的，评估价即为第一次拍卖的保留价；未作评估的，保留价由人民法院参照市价确定，并应当征询有关当事人的意见。

以案析法

案号：(2020)粤 0114 执 11620 号之四

基本案情

申请执行人与被执行人的金融借款合同纠纷一案，广州市花都区人民法院作出的(2020)粤 0114 民初 7662 号民事判决已发生法律效力。依上述判决，被执行人刘某应向申请执行人支付 180,489 元、手续费 31,482 元及利息并承担案件受理费。

根据申请执行人的请求，广州市花都区人民法院于 2020 年 9 月 18 日立案执行并依法向被执行人发出执行通知书，责令被执行人履行义务，但被执行人没有在限期内履行。该院于 2020 年 5 月 29 日依法查封了被执行人刘某位于白云区广从二路汇雅街的房产。上述房屋抵押权人为中国农业银行股份有限公司广州三元里支行，债权数额为 110 万元，本案申请执行人立案时表示要求处置上述房产，本院经网络询价，确定该房屋的参考价为 1,136,895 元。

裁判要旨

花都区法院依法向申请执行人行使释明权，若坚持在本案处置上述房产，可能会导致无益拍卖，且由申请执行人承担相关拍卖费用。据此，申请执行人表示暂不处置上述房产。

法院依法向银行、房管、车管等部门查询及调查被执行人名下的银行存款及其他财产情况，冻结被执行人名下光大银行、中信银行账户内存款共计 382.31 元，此外查无被执行人其他可供执行的财产。法院已对被执行人采取纳入限制高消费对象的措施，并将上述执行情况告知申请执行人。现申请执行人向法院表示无法提供被执行人其他可供执行的财产线索并同意终结本次执行程序。

案例评析

本案中，申请人为普通债权人而非优先权人，拍卖所得价款在清偿优先债权和强制执行费用后无剩余可能，本案的拍卖属于不能使案件申请执行人从中受益的司法拍卖行为，系无益拍卖。且当出现无益拍卖的情形时，若申请执行人选择继续拍卖，流拍后要承担支付拍卖费用的后果。

17 存在多个债权人时的分配

关键词

多份生效法律文书、多个债权人、查封先后顺序受偿、债权比例受偿、公民或其他组织、企业法人

实务要点

要点	具体内容
一般受偿顺序	• 多份生效法律文书确定金钱给付内容的多个债权人对同一被执行人申请执行，按照法院查封先后顺序受偿；一份生效文书，按照债权比例受偿（优先权除外）； • 被执行人为公民或其他组织，财产不能清偿所有债权的，取得执行依据的债权人可以向法院申请参与分配，债权人为普通债权的，原则上按照比例受偿
优先受偿权	对于财产有优先权、担保物权的债权人，可以申请参与分配，主张优先受偿权
营利法人的破产	作为被执行人的营利法人，不存在参与分配的情形，财产不足的应当申请破产。破产申请未受理的，对于普通债权，按照查封冻结财产的先后顺序清偿

要点解析

1992 年《最高人民法院关于适用〈中华人民共和国民事诉讼法〉若干问题的意见》（已废止）第 297 条、第 298 条、第 299 条规定已经

取得执行依据或者已经起诉的债权人参与分配制度，参与分配逐渐成为法院执行多债权案件的重要方式之一。查封在先顺序对于债权的受偿有重要意义，同时对财产的处置权也极为有力。被执行人仅有的财产被处置后，多个债权人针对该财产的分配容易发生争议，法律规定查封顺位优先受偿的原则，但对于被执行人为公民和其他组织的，适用参与分配，按照债权比例受偿。企业法人一般不存在参与分配的情况，如果资不抵债，其他后顺位债权人应当申请该企业破产，以达到公平清偿的目的。

法律适用

□《最高人民法院关于适用〈中华人民共和国民事诉讼法〉的解释》(2022修正)第506条

被执行人为公民或者其他组织，在执行程序开始后，被执行人的其他已经取得执行依据的债权人发现被执行人的财产不能清偿所有债权的，可以向人民法院申请参与分配。

对人民法院查封、扣押、冻结的财产有优先权、担保物权的债权人，可以直接申请参与分配，主张优先受偿权。

□《最高人民法院关于适用〈中华人民共和国民事诉讼法〉的解释》(2022修正)第507条

申请参与分配，申请人应当提交申请书。申请书应当写明参与分配和被执行人不能清偿所有债权的事实、理由，并附有执行依据。

参与分配申请应当在执行程序开始后，被执行人的财产执行终结前提出。

□《最高人民法院关于适用〈中华人民共和国民事诉讼法〉的解释》(2022 修正)第 508 条

参与分配执行中,执行所得价款扣除执行费用,并清偿应当优先受偿的债权后,对于普通债权,原则上按照其占全部申请参与分配债权数额的比例受偿。清偿后的剩余债务,被执行人应当继续清偿。债权人发现被执行人有其他财产的,可以随时请求人民法院执行。

□《最高人民法院关于适用〈中华人民共和国民事诉讼法〉的解释》(2022 修正)第 509 条

多个债权人对执行财产申请参与分配的,执行法院应当制作财产分配方案,并送达各债权人和被执行人。债权人或者被执行人对分配方案有异议的,应当自收到分配方案之日起十五日内向执行法院提出书面异议。

□《最高人民法院关于适用〈中华人民共和国民事诉讼法〉的解释》(2022 修正)第 510 条

债权人或者被执行人对分配方案提出书面异议的,执行法院应当通知未提出异议的债权人、被执行人。

未提出异议的债权人、被执行人自收到通知之日起十五日内未提出反对意见的,执行法院依异议人的意见对分配方案审查修正后进行分配;提出反对意见的,应当通知异议人。异议人可以自收到通知之日起十五日内,以提出反对意见的债权人、被执行人为被告,向执行法院提起诉讼;异议人逾期未提起诉讼的,执行法院按照原分配方案进行分配。

诉讼期间进行分配的,执行法院应当提存与争议债权数额相应的款项。

以案析法

案号:(2014)扬民终字第1438号[①]

基本案情

章某、陈某均为生效法律文书确定的沈某的债权人。章某认为,沈某在钱江混凝土公司的60%股权已被陈某申请查封,沈某并不是无其他财产可供执行或财产不足以清偿全部债务,故陈某不符合申请参加对沈某6幢商铺拍卖款分配的条件。因此章某因执行分配方案异议向法院起诉陈某。

裁判要旨

法院认为,目前该公司处于停产状态,并无证据证明沈某所持60%股份的现值足以清偿全部债务。因现有证据证实沈某除6幢商铺以外的其他财产难以偿债,为公平保护债权人利益,应当准许陈某对沈某的6幢商铺拍卖所得款项参与分配。

至于章某认为沈某另有别墅可供执行,但仅提供了一份农村地籍调查与使用权审批表复印件,真实性无法确认,且即便真实,所涉房屋土地性质系农村宅基地,不能直接拍卖变现。

据此,法院认为,章某不能证明沈某除案涉商铺外还有其他财产可供执行以清偿其全部债务,对章某就分配方案提出的异议主张,法院不予支持。

案例评析

申请执行人以被执行人尚有其他财产、其他债权人无权参与分配

① 章某诉陈某、沈某等执行分配方案异议之诉案。

为由，对参与分配方案提出异议的，如其不能证明被执行人还有其他财产可供执行或者其他财产足以清偿全部债务，对其异议，人民法院不予支持。

实务操作

执行分配方案的分配顺序如何确定？法院会首先验证参加分配债权人的债权真实性与合法性，在此基础上，按照法律规定的优先顺序指定分配方案：为实现债权支付的必要费用，如评估费、案件受理费、执行费等费用＞农民工工资＞建筑工程的承包人的建设工程款＞先成立的担保物权＞后成立的担保物权＞一般金钱债权，而一般债权中需要注意法院查封先后顺序等上文提及的要点。

18 查封的效力

关键词

查封公示、效力及于从物、查封效力、善意第三人

实务要点

要点	具体内容
查封公示	法院的查封没有公示的，其效力不得对抗善意第三人
效力及于从物	查封的效力及于从物、天然孳息、财产替代物、赔偿款。查封建筑物的效力及于该建筑物使用范围的土地使用权、查封土地使用权的效力及于地上建筑物

续表

要点	具体内容
查封效力	•对查封财产所作的转移、设定权利负担或者其他有碍孳息的行为，不得对抗申请人； •第三人对查封财产实施的有碍执行的行为，法院可以依据申请或依职权解除占有或排除妨碍

要点解析

民事诉讼中的查封冻结，是法院为限制债务人处分其财产而最常采用的一种强制措施。采取此强制措施，目的在于维护债务人的财产现状，保障经过审判程序或仲裁程序确认的债权能够得到清偿。查封、冻结、扣押是民事执行中最常见的执行措施，法院采取上述措施时应当公示，否则查封不能对抗善意第三人。实践中动产查封的公示比较困难，封条或者查封公告可能存在脱落、撕毁的情形，善意第三人以合理的价格在不知查封的情况下购买，应当视为查封未公示，买卖有效。

法律适用

□《最高人民法院关于人民法院民事执行中查封、扣押、冻结财产的规定》(2020 修正)第 20 条

查封、扣押的效力及于查封、扣押物的从物和天然孳息。

□《最高人民法院关于人民法院民事执行中查封、扣押、冻结财产的规定》(2020 修正)第 21 条

查封地上建筑物的效力及于该地上建筑物使用范围内的土地使用权，查封土地使用权的效力及于地上建筑物，但土地使用权与地上建筑物的所有权分属被执行人与他人的除外。

地上建筑物和土地使用权的登记机关不是同一机关的，应当分别办理查封登记。

□《最高人民法院关于人民法院民事执行中查封、扣押、冻结财产的规定》(2020 修正)第 22 条

查封、扣押、冻结的财产灭失或者毁损的，查封、扣押、冻结的效力及于该财产的替代物、赔偿款。人民法院应当及时作出查封、扣押、冻结该替代物、赔偿款的裁定。

□《最高人民法院关于人民法院民事执行中查封、扣押、冻结财产的规定》(2020 修正)第 23 条

查封、扣押、冻结协助执行通知书在送达登记机关时，登记机关已经受理被执行人转让不动产、特定动产及其他财产的过户登记申请，尚未完成登记的，应当协助人民法院执行。人民法院不得对登记机关已经完成登记的被执行人已转让的财产实施查封、扣押、冻结措施。

查封、扣押、冻结协助执行通知书在送达登记机关时，其他人民法院已向该登记机关送达了过户登记协助执行通知书的，应当优先办理过户登记。

□《最高人民法院关于人民法院民事执行中查封、扣押、冻结财产的规定》(2020 修正)第 24 条

被执行人就已经查封、扣押、冻结的财产所作的移转、设定权利负担或者其他有碍执行的行为，不得对抗申请执行人。

第三人未经人民法院准许占有查封、扣押、冻结的财产或者实施其他有碍执行的行为的，人民法院可以依据申请执行人的申请或者依职权解除其占有或者排除其妨害。

人民法院的查封、扣押、冻结没有公示的，其效力不得对抗善意第三人。

以案析法

案号:(2021)湘10执复130号

基本案情

案外人李某就申请人何某向北湖区法院申请依法拍卖矿业公司名下位于广东省连南县坪头岭铅锌矿的相关财产及采矿权的行为提出异议。

李某认为:李某与矿业公司签订的内部承包合同还在继续履行,且李某承包矿业公司的采矿隆道前提为,采矿许可证登记在矿业公司名下。若将矿业公司的采矿权进行拍卖,会导致李某与矿业公司所签订的内部承包合同无法履行,将造成李某在矿业公司采矿隆道的投资及期待利益严重损失。

裁判要旨

法院认为,根据李某提交的内部承包合同显示,矿业公司与昱成矿业公司开采部于2020年7月15日签订的内部承包合同,而北湖区法院已于2018年8月15日向广东省国土资源厅送达(2018)湘1002执保625号执行裁定书、协助执行通知书,依法查封了矿业公司的采矿许可证,其后转为执行查封并一直查封至今。即便李某主张内部承包合同仍在继续履行,但因案涉矿业公司的采矿许可证被查封在前,矿业公司与昱成矿业公司开采部签订内部承包合同的行为在后,根据前述法律规定,李某据以提出异议的内部承包合同不能排除本案执行。最终裁定驳回复议申请人李某的复议申请。

案例评析

根据《最高人民法院关于人民法院民事执行中查封、扣押、冻结财产的规定》第 24 条规定，被执行人就已经查封、扣押、冻结的财产所作的移转、设定权利负担或者其他有碍执行的行为，不得对抗申请执行人。本案中，法院查封在先，李某签署合同在后，因此李某的合同权益无法对抗申请执行人。

当被执行人的房产被法院查封后，被执行人将房产租赁给他人使用，承租人的租赁权也是无法对抗申请执行人的强制执行的。而李某、承租人受到的权益损害，需要另案主张。

19 变卖措施

关键词

协议变卖、公告变卖、变卖价格、无法变卖后果

实务要点

要点	具体内容
协议变卖	对查封财产，当事人及有关权利人同意的情况下，可以变卖
法院可以决定变卖	金银制品、当地市场有公开交易价格的动产、易腐烂变质的物品、保管费用过高的物品，法院可以决定变卖
公告变卖	对于流拍的财产，申请人或其他债权人不接受以物抵债的，法院可以发出变卖公告
变卖价格	变卖价格可以约定，无法确定的应当评估，最低变卖价格不得低于评估价格的 1/2

续表

要点	具体内容
无法变卖后果	无人应买的情况，法院将财产交申请人或其他债权人抵债，拒绝抵债的解除查封退还被执行人

要点解析

变卖与拍卖是不同的执行变现措施，都是处置财产的方式，但两者在出卖程序、方式、范围等方面存在相当大的差别。这种差别集中体现在民事诉讼程序中，拍卖和变卖都可以作为在民事诉讼程序执行阶段中对到期不履行债务的义务人的财产采取的一种民事执行措施。变卖财产有严格的规定，必须是特殊商品、限制流通物或在拍卖流拍后方可采取。变卖虽然不常见，但对于特殊动产，为了高效及时变现，也是十分有效的措施。无法变卖的财产，只能交申请人抵债或者退还被执行人。

法律适用

□《最高人民法院关于适用〈中华人民共和国民事诉讼法〉的解释》(2022 修正)第 488 条

人民法院在执行中需要变卖被执行人财产的，可以交有关单位变卖，也可以由人民法院直接变卖。

对变卖的财产，人民法院或者其工作人员不得买受。

□《最高人民法院关于人民法院民事执行中拍卖、变卖财产的规定》(2020 修正)第 31 条

对查封、扣押、冻结的财产，当事人双方及有关权利人同意变卖的，可以变卖。

金银及其制品、当地市场有公开交易价格的动产、易腐烂变质的物品、季节性商品、保管困难或者保管费用过高的物品，人民法院可以决定变卖。

□《最高人民法院关于人民法院民事执行中拍卖、变卖财产的规定》（2020 修正）第 32 条

当事人双方及有关权利人对变卖财产的价格有约定的，按照其约定价格变卖；无约定价格但有市价的，变卖价格不得低于市价；无市价但价值较大、价格不易确定的，应当委托评估机构进行评估，并按照评估价格进行变卖。

按照评估价格变卖不成的，可以降低价格变卖，但最低的变卖价不得低于评估价的二分之一。

变卖的财产无人应买的，适用本规定第十六条的规定将该财产交申请执行人或者其他执行债权人抵债；申请执行人或者其他执行债权人拒绝接受或者依法不能交付其抵债的，人民法院应当解除查封、扣押，并将该财产退还被执行人。

以案析法

案号：（2019）川 07 委赔再 1 号

基本案情

2014 年 9 月 11 日，李某向北川羌族自治县人民法院起诉王某、北川某种养殖有限公司借款纠纷一案，羌族法院于 2015 年 1 月 26 日作出（2014）北民初字第 1164 号民事判决，判处王某、某种养殖公司向李某归还借款 112 万元及从 2014 年 9 月 11 日起算的资金利息。

之后案件进入执行程序，因根据申请人李某提供的线索得知王某、某种养殖公司有一批生猪可供执行。羌族法院认为生猪系鲜活农产品，适宜变卖后作为执行款。而执行空调和喂料系统等将可能造成生猪的大面积死亡，遂决定执行生猪而不执行原已查封的设备，并制定了生猪变卖规则。

变卖结束后，某种养殖公司提出执行异议，称“……法院执行生猪的价值远高于民事判决确定的债务，其执行程序严重违法，给其造成了严重的损失，并向相关政府部门反映情况”。

裁判要旨

四川省绵阳市中级人民法院赔偿委员会经再审后认为，羌族法院在（2015）北执字第 339 号执行一案中，存在如下明显错误的执行行为：

……

3. 变卖生猪未经得被执行人同意也拒绝其到场监督。

4. 变卖公告登载媒体不规范。公告变卖标的表述为“母猪”，而实际变卖除了部分母猪外，还有大量的“仔猪、架仔猪”。公告内容与实际执行不同，存在超范围变卖执行的问题；《最高人民法院关于人民法院民事执行中拍卖、变卖财产的规定》第 12 条规定“拍卖公告的范围及媒体由当事人双方协商确定；协商不成的，由人民法院确定。拍卖财产具有专业属性的，应当同时在专业性报纸上进行公告。当事人申请在其他新闻媒体上公告或者要求扩大公告范围的，应当准许，但该部分的公告费用由其自行承担”。本案执行中，羌族法院选择 2015 年 8 月 4 日在《绵阳日报》上刊登变卖公告。变卖公告没有在专业性报纸上刊载，也没有说明刊载媒体的确定是否经过了执行当事人双方的协商。

5. 羌族法院先变卖后询价的执行方式，倒置了变卖程序的法律要求，是明显违法的执行行为。

6. 变卖过程没有财产所有人即被执行人的全程参与和监督，全过程不够公开、透明，变卖竞价缺乏竞争。变卖规则要求参与竞买人须 3 人以上，虽然报名表上反映有李某、袁某某、杨某某参与竞买，实际出场竞价的只有申请执行人李某一人。因此，生猪的变卖无竞价比较，变卖价格在事前未委托评估的情况下，实际由申请执行人李某一人说了算。……

法院最终决定赔偿义务机关羌族法院因错误执行行为给赔偿请求人某种养殖公司赔偿 281,959.38 元。

案例评析

相较于拍卖，变卖更看重双方当事人的协商一致，更加需要被执行人的监督和参与。

20 委托执行——解决异地执行难

关键词

财产在异地、同级法院、事项委托、委托执行的后果

实务要点

要点	具体内容
财产在异地	执行法院发现本辖区无财产可供执行，在其他省、自治区、直辖市有财产，可以委托同级法院执行
事项委托	• 执行法院赴异地执行被严格限制，需报经高级人民法院批准； • 对于查封冻结送达等事项，可以委托异地法院办理，不作为委托执行； • 被执行人是军人的可以委托有管辖权的军事法院，执行标的是船舶的，可以委托海事法院
委托执行的后果	受托法院受理案件后，原执行法院应当销案，不再具有执行管辖权，原查封冻结措施视为受托法院查封冻结措施

要点解析

委托执行，是指被执行人或者被执行的财产在外地的，可以委托当地人民法院代为执行。受委托人民法院收到委托函件后，必须在15日内开始执行，不得拒绝。对被执行人或被执行财产在外地的案件，执行管辖法院既可以委托外地法院执行，也可以自己直接派员执行。在什么情况下委托外地法院执行，什么情况下直接执行，民事诉讼法没有明确规定。委托异地法院执行具有高效、便捷的实际优势，已经成为异地执行财产的首要选择。申请人根据财产所在地选择管辖法院时，要知晓法院之间存在委托异地法院执行的规定，所以在选择执行管辖法院时要准确判断，以免耽误执行时间和变现效率。

法律适用

□《最高人民法院关于委托执行若干问题的规定》(2020修正)第2条

案件委托执行后，受托法院应当依法立案，委托法院应当在收到受托法院的立案通知书后作销案处理。

委托异地法院协助查询、冻结、查封、调查或者送达法律文书等有关事项的，受托法院不作为委托执行案件立案办理，但应当积极予以协助。

□《最高人民法院关于委托执行若干问题的规定》(2020 修正)第 3 条

委托执行应当以执行标的物所在地或者执行行为实施地的同级人民法院为受托执行法院。有两处以上财产在异地的，可以委托主要财产所在地的人民法院执行。

被执行人是现役军人或者军事单位的，可以委托对其有管辖权的军事法院执行。

执行标的物是船舶的，可以委托有管辖权的海事法院执行。

□《最高人民法院关于委托执行若干问题的规定》(2020 修正)第 6 条

委托执行时，委托法院应当将已经查封、扣押、冻结的被执行人的异地财产，一并移交受托法院处理，并在委托执行函中说明。

委托执行后，委托法院对被执行人财产已经采取查封、扣押、冻结等措施的，视为受托法院的查封、扣押、冻结措施。受托法院需要继续查封、扣押、冻结，持委托执行函和立案通知书办理相关手续。续封续冻时，仍为原委托法院的查封冻结顺序。

查封、扣押、冻结等措施的有效期限在移交受托法院时不足 1 个月的，委托法院应当先行续封或者续冻，再移交受托法院。

□《最高人民法院关于委托执行若干问题的规定》(2020 修正)第 7 条

受托法院收到委托执行函后，应当在 7 日内予以立案，并及时将立案通知书通过委托法院送达申请执行人，同时将指定的承办人、联系电话等书面告知委托法院。

委托法院收到上述通知书后，应当在7日内书面通知申请执行人案件已经委托执行，并告知申请执行人可以直接与受托法院联系执行相关事宜。

□《最高人民法院关于委托执行若干问题的规定》(2020修正)第10条

委托法院在案件委托执行后又发现有可供执行财产的，应当及时告知受托法院。受托法院发现被执行人在受托法院辖区外另有可供执行财产的，可以直接异地执行，一般不再行委托执行。根据情况确需再行委托的，应当按照委托执行案件的程序办理，并通知案件当事人。

以案析法

案号:(2021)川01执复64号

基本案情

平安银行成都分行与盐边县某冶金材料有限责任公司等金融借款合同纠纷一案，执行法院于2015年11月27日作出(2015)青羊民初字第9357号民事调解书。案件进入执行程序后，执行法院查明，被执行人在该院辖区内无财产可供执行，被执行人住所地及财产所在地均在攀枝花市东区人民法院辖区范围内，执行法院根据《最高人民法院关于委托执行若干问题的规定》第2条的规定，于2016年1月22日作出委托执行函，将该执行案件委托东区法院执行，并对该执行案件作结案处理。

但执行法院没有收到东区法院的立案通知书。与此同时，某财税管理中心提交有关材料，请求执行法院将本案申请执行人变更为某财税管理中心。执行法院以本案委托东区法院执行，并已作结案处理为由，裁定驳回申请人某财税管理中心的执行异议申请。某财税管理中心因此向成都市中级人民法院申请复议。

裁判要旨

成都中院认为："按照《最高人民法院关于委托执行若干问题的规定》，办理了委托执行手续，且收到受托法院立案通知书的……"本案中，执行法院没有收到东区法院的立案通知书，某财税管理中心提出变更申请执行人的申请，应由提出异议时负责该案件执行的人民法院审查处理。

因此，执行法院裁定驳回某财税管理中心的异议申请不当，应予以撤销。据此，依照《最高人民法院关于人民法院办理执行异议和复议案件若干问题的规定》第 2 条第 3 款的规定，裁定四川省成都市青羊区人民法院（执行法院）对某财税管理中心的异议申请进行审查。

案例评析

委托执行后，受托法院立案需要一定时间，委托法院需要在收到受托法院的立案通知书后再作销案处理，在受托法院立案前，本案相关争议仍由委托法院处理。

21 财产报告措施

关键词

报告财产令、报告范围、申请查询报告、拒绝报告的后果

实务要点

要点	具体内容
报告财产令	法院依申请或依职权可以责令被执行人报告财产情况
报告范围	被执行人报告财产的内容包括：存款、收入、有价证券、动产、不动产、债权、股权、基金、知识产权等财产性权利、权利上设置的负担及争议
报告期限	报告期限为收到执行通知之日前一年至今，包括财产变动情况
申请查询报告	申请人可向法院申请查询财产报告
拒绝报告的后果	被执行人拒绝报告、虚假报告的，法院根据情形处罚，并纳入失信名单

要点解析

被执行人财产报告制度作为查明被执行财产状况的一项重要措施，是法院责令被执行人申报财产，以督促被执行人主动履行义务的一种执行措施。财产报告制度的确立，对于人民法院及时有效查清被执行人财产的真实状况、促使被执行人主动配合法院执行、提升司法效能、维护司法权威等具有显著作用，但实践中效果并不理想。通常法院向被执行人发出执行通知书时，也发出报告财产令。通过审查财产报告可以了解被执行人的财产状况，并对拒绝报告、虚假报告行为进行惩处，可以依据《民事诉讼法》的规定予以罚款、拘留，有效震慑被执行人。

法律适用

□《最高人民法院关于民事执行中财产调查若干问题的规定》（2020修正）第5条

被执行人应当在报告财产令载明的期限内向人民法院书面报告下

列财产情况：

（一）收入、银行存款、现金、理财产品、有价证券；

（二）土地使用权、房屋等不动产；

（三）交通运输工具、机器设备、产品、原材料等动产；

（四）债权、股权、投资权益、基金份额、信托受益权、知识产权等财产性权利；

（五）其他应当报告的财产。

……

□《最高人民法院关于民事执行中财产调查若干问题的规定》（2020修正）第9条

被执行人拒绝报告、虚假报告或者无正当理由逾期报告财产情况的，人民法院可以根据情节轻重对被执行人或者其法定代理人予以罚款、拘留；构成犯罪的，依法追究刑事责任。

人民法院对有前款规定行为之一的单位，可以对其主要负责人或者直接责任人员予以罚款、拘留；构成犯罪的，依法追究刑事责任。

□《最高人民法院关于民事执行中财产调查若干问题的规定》（2020修正）第10条

被执行人拒绝报告、虚假报告或者无正当理由逾期报告财产情况的，人民法院应当依照相关规定将其纳入失信被执行人名单。

□《最高人民法院关于民事执行中财产调查若干问题的规定》（2020修正）第12条

被执行人未按执行通知履行生效法律文书确定的义务，人民法院有权通过网络执行查控系统、现场调查等方式向被执行人、有关单位或个人调查被执行人的身份信息和财产信息，有关单位和个人应当依法协助办理。

人民法院对调查所需资料可以复制、打印、抄录、拍照或以其他方式进行提取、留存。

申请执行人申请查询人民法院调查的财产信息的，人民法院可以根据案件需要决定是否准许。申请执行人及其代理人对查询过程中知悉的信息应当保密。

以案析法

基本案情[①]

2017 年 7 月 2 日，王某向李某借款 6000 元，李某多次催要，王某依旧不予偿还，李某诉至法院并取得民事调解书。调解生效后王某未按期履行义务，李某向深州市人民法院申请强制执行。立案执行后，经法院依法查控，未发现被执行人王某有可供执行财产。在报告财产令中，王某申报了这一年内未进行大额转账。但执行法官发现被执行人王某微信中存在大量转账记录，这与被执行人王某申报的内容有很大出入。

执行措施

深州法院认为，因被执行人未如实申报财产，采取虚假报告的方式逃避执行，应依法采取强制手段，故决定对被执行人王某予以拘留 15 日。拘留第十日之后，王某主动承认错误，并积极履行还款义务。

① 参见《被执行人财产申报不实，法院强制拘留履行义务》，载微信公众号“河北高院”2019 年 7 月 30 日。

实务操作

××××人民法院

报告财产令

（××××）××执××号

×××：

本院于××××年××月××日立案执行×××与×××……（写明案由）一案，已向你/你单位送达执行通知书。你/你单位未履行义务，应当限期如实报告财产。依照《中华人民共和国民事诉讼法》第二百四十一条，《最高人民法院关于适用〈中华人民共和国民事诉讼法〉执行程序若干问题的解释》第三十一条、第三十二条、第三十三条规定，责令你/你单位在收到此令后××日内，如实向本院报告当前以及收到执行通知之日前一年的财产情况。执行中，如果财产状况发生变动，应当自财产变动之日起十日内向本院补充报告。

拒绝报告或者虚假报告，本院将根据情节轻重采取罚款、拘留等措施。

此令

附：被执行人财产申报表

××××年××月××日

（院印）

联 系 人：×××　　　联系电话：×××

本院地址：×××　　　邮　　编：×××

22 搜查措施

关键词

搜查令、可能隐匿财产、搜查人身和住所

实务要点

要点	具体内容
搜查令	被执行人隐匿财产、会计账簿等资料的，法院可依据《民事诉讼法》第259条第1款的规定，对被执行人人身及其住所或者财产隐匿地进行搜查
法院搜查权限	•法院对被执行人的处所、箱柜等可以强制开启； •搜查中发现的财产可以查封和扣押

要点解析

执行程序中，法院可以对被执行人以及可能隐藏财产及财产线索的人的身体、物品、住处和其他有关地方进行搜查。在搜查时，应当出示搜查证，并有被搜查人或者其家属等见证人在场。搜查措施可以有效查控被执行人的财产，对被执行人的心理造成强大的震慑，是十分有效的执行措施。该措施涉及人身自由和住所地准入，需经法院院长批准。

法律适用

□《中华人民共和国民事诉讼法》第259条

被执行人不履行法律文书确定的义务,并隐匿财产的,人民法院有权发出搜查令,对被执行人及其住所或者财产隐匿地进行搜查。

采取前款措施,由院长签发搜查令。

□《最高人民法院关于适用〈中华人民共和国民事诉讼法〉的解释》(2022修正)第494条

在执行中,被执行人隐匿财产、会计账簿等资料的,人民法院除可依照民事诉讼法第一百一十四条第一款第六项规定对其处理外,还应责令被执行人交出隐匿的财产、会计账簿等资料。被执行人拒不交出的,人民法院可以采取搜查措施。

□《最高人民法院关于适用〈中华人民共和国民事诉讼法〉的解释》(2022修正)第495条

搜查人员应当按规定着装并出示搜查令和工作证件。

□《最高人民法院关于适用〈中华人民共和国民事诉讼法〉的解释》(2022修正)第496条

人民法院搜查时禁止无关人员进入搜查现场;搜查对象是公民的,应当通知被执行人或者他的成年家属以及基层组织派员到场;搜查对象是法人或者其他组织的,应当通知法定代表人或者主要负责人到场。拒不到场的,不影响搜查。

搜查妇女身体,应当由女执行人员进行。

□《最高人民法院关于适用〈中华人民共和国民事诉讼法〉的解释》(2022修正)第497条

搜查中发现应当依法采取查封、扣押措施的财产,依照民事诉讼法

第二百五十二条第二款和第二百五十四条规定办理。

□《最高人民法院关于适用〈中华人民共和国民事诉讼法〉的解释》（2022修正）第498条

搜查应当制作搜查笔录，由搜查人员、被搜查人及其他在场人签名、捺印或者盖章。拒绝签名、捺印或者盖章的，应当记入搜查笔录。

□《最高人民法院关于民事执行中财产调查若干问题的规定》（2020修正）第14条

被执行人隐匿财产、会计账簿等资料拒不交出的，人民法院可以依法采取搜查措施。

人民法院依法搜查时，对被执行人可能隐匿财产或者资料的处所、箱柜等，经责令被执行人开启而拒不配合的，可以强制开启。

以案析法

案号：（2021）沪0115执10459号[①]

基本案情

王某某等5人与某实业公司劳动仲裁五案，因某实业公司不履行生效法律文书确定的义务，王某某等5人于2021年4月9日向浦东区人民法院申请执行，要求被执行人某实业公司偿还本金7万余元及迟延履行期间的加倍债务利息。执行过程中，浦东法院对某实业公司名下银行账户予以冻结，但冻结金额不能完全支付执行款，且未发现可供执行的财产线索。因暂时无法查找到被执行人公司的实际经营

① 上海市高级人民法院发布2021年度破解"执行难"十大典型案例之三：王某某等5人申请执行某实业公司劳动仲裁案——强制搜查认定实际控制人相关问题。

地，故执行法官多次通过电话、短信联系被执行人均未果。

执行措施

本案中，执行法官认真负责，并没有轻易终本结案，而是通过强制搜查被执行人住所地，查阅公司资料，确定被执行人的实际控制人，并引入公证机构参与执行，依法对实际控制人采取执行强制措施，督促其积极履行还款义务。具体办案细节如下：

实地调查取证，掌握实际控制人基础线索。2021 年 5 月 27 日，申请人提供线索称，被执行人在 BOSS 招聘网上发布招聘信息，该信息显示对方现已搬至浦东新区某商务园办公。2021 年 6 月 10 日，执行法官至该商务园物业处调取被执行人公司的相关租赁合同及附件，确认被执行人公司在此地办公。执行法官到该办公点现场调查，公司员工张某说明了某实业公司的整个运行、财务支出、人事管理等相关情况，该说明指向拥有公司决策权的并非工商部门登记的法定代表人刘某某，而是其儿子刘某及儿媳刘某 1。2021 年 6 月 15 日，申请人王某某等 5 人书面提交微信截屏、聊天记录等证据及情况说明，进一步指认刘某夫妇为某实业公司的实际的控制人，请求法院采取进一步措施。

引入公证机构参与辅助执行，现场搜查时配合清点物品，通过查获的公司资料依法确定被执行人的实际控制人。经执行通知、传票、12368 短信推送、电话等多渠道通知被执行人到庭履行义务，被执行人均拒绝到庭履行。浦东法院于 2021 年 7 月 14 日对某实业公司在浦东新区某商务园某号楼某室的办公地点进行搜查，并联系公证处对搜查中相关物品进行辅助清点工作。搜查发现了某实业公司的各类印章、大量会计凭证及相关文件材料，大量单据记录均证实了刘某夫妇系某实业公司的实际控制人。

采取司法拘留措施。由于被执行人实际控制人刘某夫妇行踪难以确定，浦东法院执行法官在2021年9月初提请浦东公安分局协助查询刘某夫妇下落。后执行法官接到线索反映实际控制人出现在另一处办公地点。执行法官立刻开展行动，迅速赶往该地，找到实际控制人刘某1，并要求被执行人履行法律义务、申报公司财产。刘某1一开始否认其是被执行人的实际控制人，拒绝履行。浦东法院根据掌握的材料，依法对其采取司法拘留措施。在相关证据面前，被执行人主动认识错误，并设法履行义务，最终凑齐款项后将所拖欠的全部劳动报酬支付到法院账户中，本案执行完毕。

实务操作

××人民法院

搜查令

（××××）沪××执××号

依照《中华人民共和国民事诉讼法》第二百五十二条规定，发出如下搜查令：

特派搜查人员××、×××等人，对××位于××的住宅进行搜查。

此令

院长

××××年××月××日

23 不履行执行和解协议的法律后果

关键词

执行和解协议、不履行和解协议、申请恢复执行、提起诉讼

实务要点

要点	具体内容
执行和解协议	当事人可以达成和解协议，变更生效法律文书的主体、标的、期限、地点、方式等内容；达成和解协议后，法院将中止执行
申请恢复执行	被执行人不履行和解协议的，申请人可以申请恢复执行，也可以依据和解协议向执行法院提起诉讼；和解协议已经履行部分应当扣除
提起诉讼	和解协议履行完毕，申请人因被执行人延迟履行、瑕疵履行遭受损失的，可以向执行法院另行提起诉讼

要点解析

执行中达成和解协议一般是在法院主持下，对执行依据确定的权利义务进行协议调整，和解协议包括对被执行人减免清偿债务的数额、债务清偿期限、清偿方式、债务清偿的担保、不履行协议的法律后果等内容。对于是否必须变更原法律文书确定的义务达成和解，是否需要对权利、期限、金额、条件等进行让渡，因达成协议后案件将中止执行，甚至法院将因此结案，申请人要慎重考虑。对于不履行和解协议以及瑕疵履行，都应当在协议中明确约定违约责任，同时对可能发生违约

行为，需在申请恢复执行和依据和解协议另行起诉之间做好协议安排。

法律适用

□《最高人民法院关于适用〈中华人民共和国民事诉讼法〉的解释》(2022修正)第465条

一方当事人不履行或者不完全履行在执行中双方自愿达成的和解协议，对方当事人申请执行原生效法律文书的，人民法院应当恢复执行，但和解协议已履行的部分应当扣除。和解协议已经履行完毕的，人民法院不予恢复执行。

□《最高人民法院关于执行和解若干问题的规定》(2020修正)第9条

被执行人一方不履行执行和解协议的，申请执行人可以申请恢复执行原生效法律文书，也可以就履行执行和解协议向执行法院提起诉讼。

□《最高人民法院关于执行案件立案、结案若干问题的意见》第6条

下列案件，人民法院应当按照恢复执行案件予以立案：

……

（二）一方当事人不履行或不完全履行执行和解协议，对方当事人申请恢复执行原生效法律文书的；

……

以案析法

案号:(2021)辽02执复470号

基本案情

李某与高某等民间借贷纠纷一案，大连市沙河口区人民法院于

2018年5月12日作出(2017)辽0204民初4544号民事判决书。执行期间,高某与李某于2019年8月9日达成执行和解协议,协议约定高某分期偿还700万元款项,如高某按照该协议约定履行,则李某同意放弃案涉法律文书项下的其他款项,如高某未按协议约定按期足额付款,则李某有权就全部剩余款项一并申请强制执行。

2020年3月31日,李某到沙河口法院向案件原承办人申请恢复执行,理由为按照执行和解协议,高某应当于2019年12月31日前合计给付李某700万元,但截至当日,仅给付650万元,且已逾期3个多月,因高某未按照和解协议履行,故申请恢复执行原判决。2020年4月7日,李某向该院提交了恢复执行申请书,同时通过微信向承办人发送了电子版文档。当日上午,高某委托诉讼代理人孙律师致电李某,称按照和解协议,仅剩余50万元未给付,高某本周一定还清。李某在电话中称高某有钱不还,王法官给他打电话他又当回事了,现在已经算出了还款明细表,坚持要求按照恢复执行程序进行。后孙律师在电话中多次与李某交涉沟通,提出本周把剩余50万元还清,整个案子就结案,但李某始终未同意,坚称既然提交了申请,就一直走下去。当日下午,高某向李某给付50万元。

因案件原承办人调离执行岗位等原因,2021年3月22日,本案恢复执行至新承办人承办,在新承办人的要求下,李某再次提交了一份恢复执行申请书。

裁判要旨

法院认为,本案不属于执行和解协议已履行完毕,不予恢复执行原生效判决的情形,故裁定恢复执行行为。

案例评析

本案中，法院首先确定李某申请恢复执行的时间节点：2020 年 3 月 31 日，李某到沙河口法院向案件原承办人申请恢复执行的行为可视为申请时间。其次确定本案是否属于法律规定的执行和解协议已履行完毕，不予恢复执行的情形：执行和解协议是当事人之间根据生效法律文书确定的权利义务自愿达成的相互妥协的协议，该协议虽在当事人之间具有法律约束力，但不具有强制执行力，不是人民法院据以强制执行的依据。本案中，高某虽然将执行和解协议约定的款项付清，但已经超过了执行和解协议约定的偿付时间，且申请执行人李某已提出申请，要求恢复原生效判决的执行。据此，本案不属于执行和解协议已履行完毕，不予恢复执行原生效判决的情形。

24 执行和解担保

关键词

执行和解、担保条款、直接裁定执行

实务要点

要点	具体内容
担保条款	•因担保人担保，申请人和被执行人达成和解协议的，应当约定担保条款及担保责任； •担保条款必须明确，在被执行人不履行和解协议时，担保人承诺自愿接受直接强制执行

续表

要点	具体内容
担保责任	存在上述担保条款的情况下，恢复执行原生效法律文书时，法院可以直接裁定执行担保财产或保证人的财产；不存在上述担保条款或表述不清楚的，主张担保责任的应当另行诉讼

要点解析

达成执行和解协议后，将产生阻却民事执行程序的法律后果。在执行和解协议履行期间，法院将中止执行并结案。执行和解协议不是执行依据，本质上只是当事人之间的合意，法院对此未予司法确认，缺乏赋予国家强制力的基础。执行和解协议中的担保条款，也只是执行和解协议的组成部分，执行和解协议不具有强制效力，担保当然没有强制执行力，担保人并不是执行案件当事人，在没有明确自愿接受直接强制执行的承诺下，法院不宜直接执行担保人的财产。

法律适用

□《最高人民法院关于执行和解若干问题的规定》(2020 修正)第 18 条

执行和解协议中约定担保条款，且担保人向人民法院承诺在被执行人不履行执行和解协议时自愿接受直接强制执行的，恢复执行原生效法律文书后，人民法院可以依申请执行人申请及担保条款的约定，直接裁定执行担保财产或者保证人的财产。

□《最高人民法院关于执行担保若干问题的规定》(2020 修正)第 11 条

暂缓执行期限届满后被执行人仍不履行义务，或者暂缓执行期间担保人有转移、隐藏、变卖、毁损担保财产等行为的，人民法院可以依申请执行人的申请恢复执行，并直接裁定执行担保财产或者保证人的财产，不得将担保人变更、追加为被执行人。

执行担保财产或者保证人的财产，以担保人应当履行义务部分的财产为限。被执行人有便于执行的现金、银行存款的，应当优先执行该现金、银行存款。

以案析法

案号：(2021)豫04执复145号

基本案情

尹某与姚某、王某民间借贷纠纷一案，在执行过程中，2020年11月17日，尹某、姚某、王某、赵某、担保人李某1、李某2达成执行和解协议，约定：尹某申请执行姚某、王某民间借贷两案，执行案号为(2020)豫0482执1451号及(2020)豫0482执2751号，经双方当事人协商，将两案合并执行，双方自愿达成如下协议：两案本息合计375,000元，分期分批支付。若姚某、王某未按照上述期限偿还案款，则尹某可对全部案款申请强制执行。李某1、李某2对上述案款以其名下全部财产进行担保。尹某作为申请执行人，姚某、王某、赵某作为被执行人，李某1、李某2作为担保人均在执行和解协议上签字。后姚某、王某没有按照执行和解协议履行，2021年2月7日汝州市人民法院作出(2020)豫0482执1451号之二执行裁定：……查封执行担保人李某1所有的位于汝州市的房产一处。

裁判要旨

法院认为，尹某作为申请执行人，姚某、王某、赵某作为被执行人，李某1、李某2作为担保人经协商，达成执行和解，均在执行和解协议上签字；李某1、李某2同意以其名下全部财产进行担保。该执行和解协议是在执行过程中，各方当事人在执行局经协商达成的，协议客观真实，内容合法有效，符合法律规定。

和解协议虽然没有约定担保财产的名称、数量、质量、状况、所在地所有权或者使用权归属等内容，但明确约定李某1、李某2以其名下全部财产进行担保；现汝州法院执行局作出查封裁定，对担保人李某1、李某2名下房产进行查封并无不妥。李某1、李某2要求确认执行和解协议无效、解除对其名下房产查封的异议请求，缺乏法律依据，异议理由不能成立，本院不予支持。

案例评析

当执行和解协议中加入了担保条款，那么协议兼具执行和解与执行担保的双重内容。在恢复执行原生效法律文书后，执行法院可对担保财产直接予以强制执行。但需要注意，执行担保财产不等同于将担保人追加为被执行人。

25 执行担保

关键词

担保被执行人履行义务、暂缓执行、解除执行措施、担保期限

实务要点

要点	具体内容
担保被执行人履行义务	•执行担保依据《民事诉讼法》第242条，担保人向法院担保被执行人履行义务； •公司作为担保人的，应当依据《公司法》第16条的规定，依照公司章程的规定，由董事会或者股东会、股东大会决议； •财产担保的，可以依据《民法典》的规定办理担保物权登记，享有优先受偿权；申请人也可以申请法院查封、冻结、扣押担保财产
暂缓执行	暂缓执行期限最长1年，期满未履行的，法院可以直接裁定执行担保财产或保证人财产，不得将担保人追加为被执行人
担保期限	担保期限自暂缓执行期限届满起计算，约定不明的为1年

要点解析

执行担保是指被执行人向法院申请暂缓执行，向人民法院进行的担保。该担保一般要征得申请执行人的同意，并经执行法院审查确认，并以执行法院的认可为担保成立的条件。向执行法院提出申请，经申请执行人同意和执行法院认可，是执行担保设立的必要条件。执行担保，如设立不动产抵押，法院应当对抵押财产的权属凭证予以扣押，发出协助执行通知书，要求相关部门在规定的时间内不予办理抵押财产的转移手续；如设立动产质押，财产必须移交执行法院保管；如权利出质，应扣押权利凭证，并向有关部门发出协助执行通知书。在被执行人逾期不履行时，人民法院有权执行担保财产。为保护申请人的权益，要熟知执行担保的规定。

法律适用

□《中华人民共和国民事诉讼法》第242条

在执行中，被执行人向人民法院提供担保，并经申请执行人同意的，人民法院可以决定暂缓执行及暂缓执行的期限。被执行人逾期仍不履行的，人民法院有权执行被执行人的担保财产或者担保人的财产。

□《最高人民法院关于执行担保若干问题的规定》(2020修正)第11条

暂缓执行期限届满后被执行人仍不履行义务，或者暂缓执行期间担保人有转移、隐藏、变卖、毁损担保财产等行为的，人民法院可以依申请执行人的申请恢复执行，并直接裁定执行担保财产或者保证人的财产，不得将担保人变更、追加为被执行人。

执行担保财产或者保证人的财产，以担保人应当履行义务部分的财产为限。被执行人有便于执行的现金、银行存款的，应当优先执行该现金、银行存款。

以案析法

案号:(2021)湘11执复128号

基本案情

张某与王某、李某某民间借贷纠纷一案，因被执行人未自动履行该民事判决确定的金钱给付义务，申请执行人张某向法院申请执行。2016年8月2日，永州市某玩具有限公司作为担保人出具了一份担保书给申请执行人张某。

担保书的内容为:“因王某、李某某资金暂时困难，由永州市某玩具有限公司提供担保，保证在2019年10月底前全部还清。永州市某玩具有限公司在担保期间，张某不得要求法院执行。如没有履行以上担保，由法院按判决执行永州市某玩具有限公司，本公司决无异议”。该担保书上，有某玩具公司作为“担保人”加盖的印章；“认可人”栏有王某、李某某的签名捺印，并加盖了某玩具公司的印章和张某的签名；“在场人”栏有黎某、熊某某的签名和捺印。

后法院扣留担保人某玩具公司在永州某广告印务文化传媒有限公司的案款收入274.5609万元。某玩具公司向该院提出执行异议。

裁判要旨

法院总结本案的争议焦点为：某玩具公司的担保书是否构成执行担保？

法院认为，执行担保应当具备以下条件：其一，担保人要向执行法院而不是向对方当事人提供担保；其二，该执行担保不但要取得申请执行人的同意，还应得到执行法院的批准。

从担保书的内容看，该担保书并不是向执行法院提供的担保，而是向对方当事人提供的担保，不属于法律及司法解释规定的执行担保。

概念辨析：执行担保与执行和解担保

执行担保，是被执行人为暂缓执行，向人民法院提供的担保。在被执行人逾期不履行时，人民法院有权执行担保财产。该担保不同于《民法典》规定的担保。

执行和解协议中的担保，是因被执行人暂时无法履行生效法律文书确定的给付义务或其他原因，申请人与被执行人之间自行协商达成和解协议，申请人要求被执行人提供物保或者第三人保证，该担保的性质与《民法典》规定的担保性质相同。

26 拒不执行生效判决、裁定罪①

关键词

《刑法》第313条拒执罪、有能力拒不履行、情节严重的、自诉案件

实务要点

要点	具体内容
《刑法》第313条拒执罪	对人民法院的判决、裁定有能力执行而拒不执行，情节严重；人民法院为依法执行支付令、生效的调解书、仲裁裁决、公证债权文书等所作的裁定属于该条规定的裁定
有能力拒不履行、情节严重的	被执行人隐藏、转移、故意毁损财产或者无偿转让财产、以明显不合理的低价转让财产，致使判决、裁定无法执行的；担保人或者被执行人隐藏、转移、故意毁损或者转让已向人民法院提供担保的财产，致使判决、裁定无法执行的；协助执行义务人接到人民法院协助执行通知书后，拒不协助执行，致使判决、裁定无法执行的
可以自诉	申请人有证据同时证明：被执行人拒不执行侵犯了申请人的人身、财产权利；申请人曾经提出控告，公安机关或者检察院不予追究刑事责任的，可以自诉申请立案

要点解析

《刑法》第313条规定的“人民法院的判决、裁定”，是指人民法院依法作出的具有执行内容并已发生法律效力的判决、裁定。人民法院为依法执行支付令、生效的调解书、仲裁裁决、公证债权文书等所

① 以下简称拒执罪。

作的裁定属于该条规定的裁定。法律明确将拒不执行行为限定在法律文书发生法律效力后，并未将拒不执行的主体仅限定为进入强制执行程序后的被执行人或者协助执行义务人等，更未将拒不执行判决、裁定罪的调整范围仅限于生效法律文书进入强制执行程序后发生的行为。

法律适用

□《中华人民共和国刑法》第313条

对人民法院的判决、裁定有能力执行而拒不执行，情节严重的，处三年以下有期徒刑、拘役或者罚金；情节特别严重的，处三年以上七年以下有期徒刑，并处罚金。

单位犯前款罪的，对单位判处罚金，并对其直接负责的主管人员和其他直接责任人员，依照前款的规定处罚。

□《全国人民代表大会常务委员会关于〈中华人民共和国刑法〉第三百一十三条的解释》全文

□《最高人民法院关于审理拒不执行判决、裁定刑事案件适用法律若干问题的解释》(2020修正)第2条

负有执行义务的人有能力执行而实施下列行为之一的，应当认定为全国人民代表大会常务委员会关于刑法第三百一十三条的解释中规定的“其他有能力执行而拒不执行，情节严重的情形”：

(一)具有拒绝报告或者虚假报告财产情况、违反人民法院限制高消费及有关消费令等拒不执行行为，经采取罚款或者拘留等强制措施后仍拒不执行的；

(二)伪造、毁灭有关被执行人履行能力的重要证据，以暴力、威胁、贿买方法阻止他人作证或者指使、贿买、胁迫他人作伪证，妨碍人民法院查明被执行人财产情况，致使判决、裁定无法执行的；

（三）拒不交付法律文书指定交付的财物、票证或者拒不迁出房屋、退出土地，致使判决、裁定无法执行的；

（四）与他人串通，通过虚假诉讼、虚假仲裁、虚假和解等方式妨害执行，致使判决、裁定无法执行的；

（五）以暴力、威胁方法阻碍执行人员进入执行现场或者聚众哄闹、冲击执行现场，致使执行工作无法进行的；

（六）对执行人员进行侮辱、围攻、扣押、殴打，致使执行工作无法进行的；

（七）毁损、抢夺执行案件材料、执行公务车辆和其他执行器械、执行人员服装以及执行公务证件，致使执行工作无法进行的；

（八）拒不执行法院判决、裁定，致使债权人遭受重大损失的。

□《最高人民法院关于审理拒不执行判决、裁定刑事案件适用法律若干问题的解释》（2020 修正）第 7 条

被执行人、协助执行义务人、担保人等负有执行义务的人对人民法院的判决、裁定有能力执行而拒不执行，情节严重的，应当依照刑法第三百一十三条的规定，以拒不执行判决、裁定罪处罚。

以案析法

案号：检例第 92 号[①]

基本案情

2017 年 8 月 16 日，上海市青浦区人民法院就合同履行纠纷一

① 最高人民检察院第二十四批指导性案例之三：上海甲建筑装饰有限公司、吕某拒不执行判决立案监督案。

案，判决甲公司（上海甲建筑装饰有限公司）支付乙公司（上海乙实业有限公司）3，250，995.5 元及相关利息。该判决生效后，乙公司向法院申请执行。执行过程中，在青浦区法院组织下，乙公司、甲公司达成执行和解协议，但甲公司经多次催讨仍拒绝履行协议。

2019 年 5 月 6 日，乙公司以甲公司拒不执行判决为由，向青浦公安分局报案，青浦公安分局决定不予立案。乙公司向青浦区人民检察院提出立案监督申请，青浦区检察院审查后向青浦公安分局发出《要求说明不立案理由通知书》。公安机关回复认为，本案尚在执行期间，甲公司未逃避执行判决，没有犯罪事实，不符合立案条件。青浦区检察院经调查核实认为，甲公司在诉讼期间更名并变更法定代表人，导致法院在执行阶段无法查找到甲公司资产，并裁定终结本次执行程序。在执行同期，甲公司还舍弃电子支付、银行转账等便捷方式，要求丙集团以银行汇票形式向其结算并支付大量款项，该款虽未进入甲公司账户，但实际用于甲公司日常经营活动，其目的就是利用汇票背书形式规避法院的执行。因此，甲公司存在隐藏、转移财产，致使法院生效判决无法执行的行为，已符合《刑法》第 313 条规定的有能力执行而拒不执行，情节严重的情形，公安机关的不立案理由不能成立。

2019 年 8 月 6 日，青浦区检察院向青浦公安分局发出《通知立案书》，并将调查获取的证据一并移送公安机关。青浦公安分局决定对甲公司以涉嫌拒不执行判决罪立案侦查，同年 9 月 4 日将甲公司实际经营人吕某传唤到案并刑事拘留，同月 6 日，甲公司向乙公司支付了全部执行款项 371 万元。青浦区检察院适用认罪认罚从宽制度，于 2019 年 11 月 28 日以甲公司、吕某犯拒不执行判决罪向青浦区法院提起公诉。青浦区法院全部采纳了检察机关的量刑建议，对甲公司判处罚金 15 万元，对吕某判处有期徒刑 10 个月、缓刑 1 年。一审宣判后，被告单位和被告人均未提出上诉，判决已生效。

裁判要旨

负有执行义务的单位和个人以更换企业名称、隐瞒到期收入等方式妨害执行，致使已经发生法律效力的判决、裁定无法执行，情节严重的，应当以拒不执行判决、裁定罪予以追诉。

附：相关司法数据

根据中国裁判文书网上公开的数据，截至 2023 年 3 月，以“拒不执行判决、裁定罪”为案由的文书 4 万多件。从 2019～2021 年来看，相关案件的数量呈递减趋势，2022 年略微有些反弹。（见图 2）

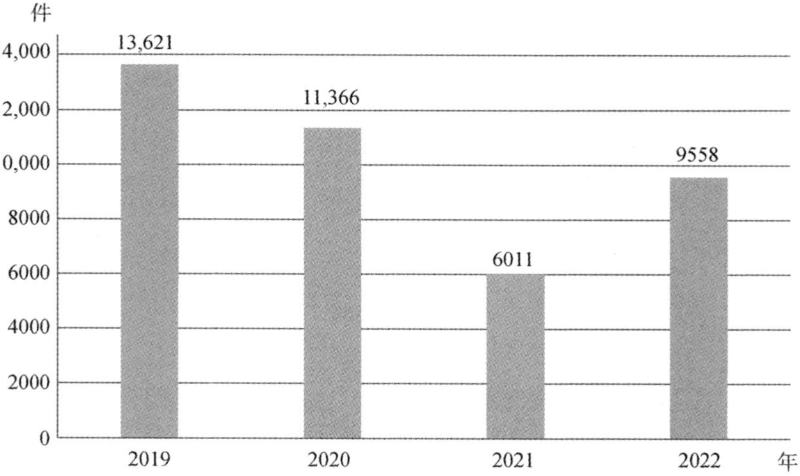

图 2　以拒执罪为案由的文书

注：统计时因 2023 年数据不全，故不统计 2023 年 1～3 月数据。

27 失信被执行人名单

关键词

失信名单、失信期限、申请删除情形、救济程序

实务要点

要点	具体内容
失信期限	纳入失信被执行人名单的期限为2年，情节严重或具有多项失信行为的，可以延长1～3年
不得纳入的情形	不得纳入的情形有：提供了充分有效担保的；已被采取查封、扣押、冻结等措施的财产足以清偿生效法律文书确定债务的；被执行人履行顺序在后，对其依法不应强制执行的；不属于有履行能力而拒不履行生效法律文书确定义务的情形；被执行人为未成年人的
可以申请删除的情形	可以申请删除的情形有：已履行或已执行完毕的；达成执行和解协议且已履行完毕的；申请执行人书面申请删除失信信息，人民法院审查同意的；终结本次执行程序后，通过网络执行查控系统查询被执行人财产两次以上，未发现有可供执行财产，且未提供有效财产线索的；因审判监督或破产程序，人民法院依法裁定对失信被执行人中止执行的；依法裁定不予执行的；依法裁定终结执行的。有纳入期限的，不适用前款规定。纳入期限届满后3个工作日内，人民法院应当删除失信信息
救济程序	对被纳入失信被执行人名单申请纠正的，执行法院应当自收到书面纠正申请之日起15日内审查，理由成立的，应当在3个工作日内纠正；理由不成立的，决定驳回。对驳回决定不服的，可以自决定书送达之日起10日内向上一级人民法院申请复议。上一级人民法院应当自收到复议申请之日起15日内作出决定。复议期间，不停止原决定的执行

要点解析

将拒不履行义务的被执行人纳入失信被执行人名单，是法律规定的一项执行措施，也是建设诚信社会，提高全民遵约守信的重要手段。但对于查封、扣押、冻结的财产足以清偿生效法律文书确定的债务的，执行法院不应将被执行人纳入失信被执行人名单。了解失信被执行人名单的纳入程序和救济方式，可以防止错误纳入，及时纠正。

法律适用

□《中华人民共和国民事诉讼法》第 266 条

被执行人不履行法律文书确定的义务的，人民法院可以对其采取或者通知有关单位协助采取限制出境，在征信系统记录、通过媒体公布不履行义务信息以及法律规定的其他措施。

□《最高人民法院关于公布失信被执行人名单信息的若干规定》(2017 修订)第 1 条

被执行人未履行生效法律文书确定的义务，并具有下列情形之一的，人民法院应当将其纳入失信被执行人名单，依法对其进行信用惩戒：

(一)有履行能力而拒不履行生效法律文书确定义务的；

(二)以伪造证据、暴力、威胁等方法妨碍、抗拒执行的；

(三)以虚假诉讼、虚假仲裁或者以隐匿、转移财产等方法规避执行的；

(四)违反财产报告制度的；

(五)违反限制消费令的；

(六)无正当理由拒不履行执行和解协议的。

□《最高人民法院关于公布失信被执行人名单信息的若干规定》（2017修订）第2条

被执行人具有本规定第一条第二项至第六项规定情形的，纳入失信被执行人名单的期限为二年。被执行人以暴力、威胁方法妨碍、抗拒执行情节严重或具有多项失信行为的，可以延长一至三年。

失信被执行人积极履行生效法律文书确定义务或主动纠正失信行为的，人民法院可以决定提前删除失信信息。

以案析法

案号：检例第78号[①]

基本案情

张某奎系某牧业公司法定代表人。乔某与某牧业公司、张某奎因民间借贷产生纠纷。2016年9月16日，尧都区人民法院判决张某奎、某牧业公司归还乔某借款本金18万元及利息6.14万元，自2016年2月1日起至判决生效之日止，按约定月息2分的利率承担该借款利息。

判决生效后，乔某向人民法院申请强制执行。法院作出执行裁定，冻结被执行人张某奎、某牧业公司银行存款281,280元，查封张某奎名下房产一套，同时还决定将某牧业公司、张某奎纳入失信被执行人名单。

裁判要旨

查封、扣押、冻结的财产足以清偿生效法律文书确定的债务的，

① 最高人民检察院第二十一批指导性案例之二：某牧业公司被错列失信被执行人名单执行监督案。

执行法院不应将被执行人纳入失信被执行人名单。

检察机关监督情况

经审查执行案卷，检察机关发现：被执行人被法院冻结、查封的财产足以清偿生效法律文书确定的债务，不符合纳入失信被执行人名单的法定情形。同时，检察机关了解到，某牧业公司被纳入失信被执行人名单后，银行贷款被暂停发放，经营陷入困境。

监督结果：检察院向法院提出检察建议，建议该院依法纠正违法执行行为。法院采纳了检察建议，撤销了将张某奎、某牧业公司纳入失信被执行人名单的决定。

28 网络司法拍卖

关键词

网络拍卖优先、起拍价、不限竞买人、保证金

实务要点

要点	具体内容
网络拍卖优先	人民法院以拍卖方式处置财产的，应当采取网络司法拍卖方式，但法律、行政法规和司法解释规定必须通过其他途径处置，或者不宜采用网络拍卖方式处置的除外
起拍价	起拍价由人民法院参照评估价确定；未作评估的，参照市价确定，并征询当事人意见。起拍价不得低于评估价或者市价的 70%；再次拍卖的起拍价降价幅度不得超过前次起拍价的 20%

续表

要点	具体内容
不限竞买人	网络司法拍卖不限制竞买人数量。一人参与竞拍，出价不低于起拍价的，拍卖成交
保证金	保证金数额由人民法院在起拍价的 20%～50% 范围内确定。竞买人应当在参加拍卖前以实名交纳保证金，未交纳的，不得参加竞买。申请执行人参加竞买的，可以不交保证金

要点解析

网拍的优势是显而易见的，它利用互联网平台将拍卖变成了平民交易。无论是谁，无论在哪里，只要上网就可以参与竞拍，节约了时间、交通、住宿成本。网络拍卖已经成为司法程序处置财产的主要途径，拍卖过程通过互联网拍卖平台淘宝、京东以及人民法院诉讼资产网等处置平台向全社会公开，接受社会监督，杜绝了暗箱操作、违法处置的行为。

法律适用

□《最高人民法院关于人民法院网络司法拍卖若干问题的规定》第 26 条

网络司法拍卖竞价期间无人出价的，本次拍卖流拍。流拍后应当在三十日内在同一网络司法拍卖平台再次拍卖，拍卖动产的应当在拍卖七日前公告；拍卖不动产或者其他财产权的应当在拍卖十五日前公告。再次拍卖的起拍价降价幅度不得超过前次起拍价的百分之二十。

再次拍卖流拍的，可以依法在同一网络司法拍卖平台变卖。

以案析法

案号:(2021)粤 20 执异 121 号

基本案情

2021 年 4 月 9 日,广东省中山市中级人民法院通过淘宝网司法拍卖网络平台公开拍卖被执行人蔡某名下的车位。罗某以 35,000 元的最高价竞得 63 号小车位。罗某发现 63 号小车位无法使用后,于 2021 年 6 月 8 日向法院提出书面异议,法院于次日立案审查。2021 年 6 月 16 日,法院作出执行裁定,将蔡某名下 63 号小车位按照 35,000 元成交价拍卖给罗某,该 63 号小车位财产权自本裁定送达时转移给买受人罗某。

另查,法院拍卖公告第 6 条用红色字体特别提示:“标的物以实物现状为准,本院不承担拍卖标的瑕疵保证。特别提醒,有意者请亲自实地看样,本案标的物无产权证,仅办理了合同备案登记,竞买人决定参与竞买的,视为对拍卖财产完全了解,并接受拍卖财产一切已知和未知瑕疵。本次拍卖标的物仅办理了合同备案未办理产权证,现场仅有物业公司提供的平面图,具体位置以办理产权证后图纸为准。”网络拍卖平台上同时附有案涉车位的物业平面图及现场照片,物业平面图显示 62 号、63 号小车位南侧为车库通道,可以自由进出车位;现场照片只显示 62 号、63 号小车位的编号,周边环境没有展示。

经法院向中山市自然资源局调取负一层地下车库平面图,与网络拍卖平台所附案涉车位的物业平面图一致。经法院现场勘查,62

号及63号小车位实际情况与平面图不一致：按平面图设计，62号及63号小车位南侧为车库通道，通过该通道可自由进出小车位，但南侧实际为一面墙，车辆进出62号及63号小车位只能通过北侧相邻的66号及67号小车位；62号及63号小车位东侧是一排铁围栏，即使拆除也无足够空间进出车位。62号与63号小车位无法独立使用，只有与北侧相邻的66号、67号小车位结合使用方能满足正常的停车需求。

裁判要旨

本案中，拍卖公告所附物业平面图与实际严重不符，所附现场照片只显示车位编号，没有客观展示南侧没有通道、无法自由进出的已知瑕疵，63号小车位实际与北侧相邻的67号小车位为母子车位，无法独立使用，只能与67号小车位结合使用方能满足正常的停车需求。买受人罗某基于对人民法院拍卖公告的信赖参与竞拍，但由于拍卖公告没有客观、充分地披露63号小车位的已知瑕疵，致使罗某产生重大误解，购买目的无法实现，其请求撤销网络司法拍卖并返还35,000元拍卖款，理由正当，应予支持。

案例评析

信息公开是网络司法拍卖的一个重要原则，只有信息披露客观、充分，才可以充分保护竞买人的知情权，吸引更多竞买人参与竞买。本案63号小车位不具有独立使用功能，为拍卖当时的已知瑕疵，该瑕疵严重影响到拍卖财产自身的使用价值及其他经济价值，拍卖公告未披露该瑕疵严重影响买受人购买目的的实现，相应的拍卖成交裁定应予撤销，以维护司法拍卖的公信力。

实务操作

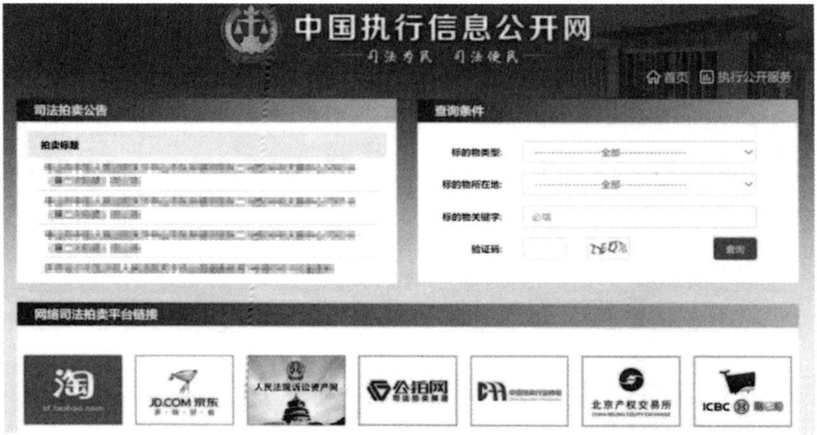

图为中国执行信息公开网首页

图为淘宝司法拍卖首页

29 网络拍卖优先权

关键词

网络拍卖、通知义务、优先购买权、实现方式

实务要点

要点	具体内容
通知义务	网络司法拍卖的事项应当在拍卖公告发布 3 日前以书面或者其他能够确认收悉的合理方式，通知已知优先购买权人
优先购买权	•优先购买权人经通知未参与竞买的，视为放弃优先购买权； •优先购买权人经人民法院确认后，取得优先竞买资格，未经确认的，不得以优先购买权人身份参与竞买。顺序不同的优先购买权人申请参与竞买的，人民法院应当确认其顺序，赋予不同顺序的优先竞买代码； •优先购买权人参与竞买的，可以与其他竞买人以相同的价格出价，没有更高出价的，拍卖财产由优先购买权人竞得。顺序不同的优先购买权人以相同价格出价的，拍卖财产由顺序在先的优先购买权人竞得。顺序相同的优先购买权人以相同价格出价的，拍卖财产由出价在先的优先购买权人竞得

要点解析

优先购买权在网络拍卖中也是存在的，如何实现优先购买权值得关注。优先购买权人的身份需要预先审核，在相同价格出价的情况下，优先权人竞得财产。所以，参与网络竞买，需要确认是否存在优先购买权人的情形。

法律适用

□《最高人民法院关于人民法院网络司法拍卖若干问题的规定》全文

以案析法

案号:(2021)京01执复227号

基本案情

北京中融万通资产管理有限公司与张某民间借贷纠纷一案经审理后,北京市海淀区人民法院于2020年11月2日依法在淘宝网司法拍卖平台对张某名下位于北京市海淀区的房屋进行司法拍卖。

张某前妻肖某提出异议,请求撤销拍卖,称其系房屋共有人和实际居住人,法院司法拍卖案涉房屋损害了其优先购买权。

裁判要旨

经审查,法院认为:根据相关证据材料,案涉房屋登记在被执行人张某名下,肖某所提交的案涉房屋购房合同、离婚协议等证据不能证明其对案涉房屋享有法定的优先购买权。且,海淀区人民法院在拍卖案涉房屋前查询了房屋产权,并按照网络司法拍卖程序规定发布了拍卖公告和竞拍须知,符合法律规定。

综上,肖某的主张不符合撤销拍卖的法定情形,对其申请应予驳回。

案例评析

作为网络拍卖财产的优先购买权人,应在执行法院发布公告后的合理期间内,提供足够的证据证明其权利,并经人民法院确认其优先购买资格。

30 网络查控机制

关键词

网络查控机制、金融机构、同等效力、其他财产参照

实务要点

要点	具体内容
网络查控机制	人民法院与金融机构已建立网络执行查控机制的，可以通过网络实施查询、冻结被执行人存款等措施
金融机构	人民法院通过网络查询被执行人存款时，应当向金融机构传输电子协助查询存款通知书。多案集中查询的，可以附汇总的案件查询清单
同等效力	人民法院通过网络查询、冻结、续冻、解冻被执行人存款，与执行人员赴金融机构营业场所查询、冻结、续冻、解冻被执行人存款具有同等效力
其他财产参照	人民法院与工商行政管理、证券监管、土地房产管理等协助执行单位已建立网络执行查控机制，通过网络执行查控系统对被执行人股权、股票、证券账户资金、房地产等其他财产采取查控措施的，参照《最高人民法院关于网络查询、冻结被执行人存款的规定》执行

要点解析

网络查控机制的建立，提高了法院执行工作的效率。法院采取点对点、总对总的方式，及时查控被执行人财产，实现秒封秒冻，法官足不出户，便可第一时间通过全国法院网络执行查控系统和法院执行司法查控系统调查被执行人的银行存款、开户信息、证券、车辆、不动产等财

产情况。目前网络查控范围还在不断扩大，让我们拭目以待，中国法院执行工作的效率在数字智能和网络优势的助能下，必将有新的突破。

法律适用

□《最高人民法院关于网络查询、冻结被执行人存款的规定》第2条

人民法院实施网络执行查控措施，应当事前统一向相应金融机构报备有权通过网络采取执行查控措施的特定执行人员的相关公务证件。办理具体业务时，不再另行向相应金融机构提供执行人员的相关公务证件。

人民法院办理网络执行查控业务的特定执行人员发生变更的，应当及时向相应金融机构报备人员变更信息及相关公务证件。

□《最高人民法院关于网络查询、冻结被执行人存款的规定》第3条

人民法院通过网络查询被执行人存款时，应当向金融机构传输电子协助查询存款通知书。多案集中查询的，可以附汇总的案件查询清单。

对查询到的被执行人存款需要冻结或者续行冻结的，人民法院应当及时向金融机构传输电子冻结裁定书和协助冻结存款通知书。

对冻结的被执行人存款需要解除冻结的，人民法院应当及时向金融机构传输电子解除冻结裁定书和协助解除冻结存款通知书。

□《最高人民法院关于网络查询、冻结被执行人存款的规定》第5条

人民法院通过网络查询、冻结、续冻、解冻被执行人存款，与执行人员赴金融机构营业场所查询、冻结、续冻、解冻被执行人存款具有同等效力。

□《最高人民法院关于网络查询、冻结被执行人存款的规定》第7条

人民法院应当依据法律、行政法规规定及相应操作规范使用网络执行查控系统和查控信息，确保信息安全。

人民法院办理执行案件过程中，不得泄露通过网络执行查控系统取得的查控信息，也不得用于执行案件以外的目的。

人民法院办理执行案件过程中，不得对被执行人以外的非执行义务主体采取网络查控措施。

□《最高人民法院关于网络查询、冻结被执行人存款的规定》第10条

人民法院与工商行政管理、证券监管、土地房产管理等协助执行单位已建立网络执行查控机制，通过网络执行查控系统对被执行人股权、股票、证券账户资金、房地产等其他财产采取查控措施的，参照本规定执行。

以案析法

海南某混凝土公司与四川某建设工程公司混凝土买卖合同纠纷执行案[①]

基本案情

海南某混凝土公司与四川某建设工程公司混凝土买卖合同纠

① 参见《申请执行人海南某混凝土公司与被执行人四川某建设工程公司混凝土买卖合同纠纷执行案》，载证保通，http://www.360 zbt. cn/news/2188/2018/0917/2655755.html。

纷一案因被执行人四川某建设工程公司未在判决指定期限内履行义务，申请执行人某混凝土公司向海南省第一中级人民法院申请强制执行。

该执行案件立案后，法官第一时间通过全国法院网络执行查控系统和海南法院执行司法查控系统调查被执行人的银行、网络银行、证券、车辆、工商、不动产等财产情况，冻结其有存款的 10 个银行账户并告知当事人。

账户被冻结 5 天后，被执行人向申请执行人支付了混凝土货款及利息，并缴纳了执行费。立案后第 6 天，该案件顺利执行终结。

案例评析

网络查控为法院强制执行提效增绩起到了重要的作用，查控范围涵盖了银行、不动产、证券、工商，还支持线上划扣存款。但网络查控也存在一些问题，如只能查询存款余额不能查询流水；案件本次执行程序终结后，不能直接再次发起查询；查控系统实际未能覆盖所有银行；存在查询信息缺失的情况；社保、保险、公积金网络查控信息并不准确；无法直接查询婚姻档案、户籍关联信息等。故法院执行不能过度依赖查控系统。

31 限制高消费措施

关键词

生效法律文书、不履行义务、限制高消费、被限高主体

实务要点

要点	具体内容
前提条件	被执行人未按执行通知书指定的期间履行生效法律文书确定的给付义务的，人民法院可以限制其高消费
被采取限制消费措施后不得采取的高消费及非生活和工作必需的消费行为	•购买飞机、列车软卧、G 字头动车组列车全部座位、其他动车组列车一等以上座位、轮船二等以上舱位； •在星级以上宾馆、酒店、夜总会、高尔夫球场等场所进行高消费； •购买不动产或者新建、扩建、高档装修房屋； •租赁高档写字楼、宾馆、公寓等场所用以办公； •购买非经营必需车辆； •旅游、度假； •子女就读高收费私立学校； •支付高额保费购买保险理财产品
单位作为被执行人被限制高消费	禁止单位及其法定代表人、主要负责人、影响债务履行的直接责任人员以单位财产实施上述行为；因私消费以个人财产实施上述行为的，可以向执行法院提出申请，执行法院审查属实的，应予准许
违反限高令的后果	被执行人违反限制高消费令，依照《民事诉讼法》第 114 条的规定，予以拘留、罚款；情节严重，构成犯罪的，追究其刑事责任

要点解析

限制消费措施已经在民事执行程序中得到了普遍适用，但仍需注意限高措施被滥用的情况。在实务中存在因单位被限制高消费，单位的直接责任人员的私人活动受限的情况，所以了解限高措施的一般规定及被滥用后的救济程序非常有必要。公民、法人或其他组织可以对被纳入失信被执行人名单向执行法院申请纠正，若被驳回，可以自驳回决定书送达之日起 10 日内向上一级人民法院申请复议。需要注意的是，申请人负有较高的证明义务，必须证明其并非单位的实际控制人、影响债务履行的直接责任人员。

法律适用

□《最高人民法院关于限制被执行人高消费及有关消费的若干规定》(2015修正)第1条

被执行人未按执行通知书指定的期间履行生效法律文书确定的给付义务的,人民法院可以采取限制消费措施,限制其高消费及非生活或者经营必需的有关消费。

纳入失信被执行人名单的被执行人,人民法院应当对其采取限制消费措施。

□《最高人民法院关于限制被执行人高消费及有关消费的若干规定》(2015修正)第3条

被执行人为自然人的,被采取限制消费措施后,不得有以下高消费及非生活和工作必需的消费行为:

(一)乘坐交通工具时,选择飞机、列车软卧、轮船二等以上舱位;

(二)在星级以上宾馆、酒店、夜总会、高尔夫球场等场所进行高消费;

(三)购买不动产或者新建、扩建、高档装修房屋;

(四)租赁高档写字楼、宾馆、公寓等场所办公;

(五)购买非经营必需车辆;

(六)旅游、度假;

(七)子女就读高收费私立学校;

(八)支付高额保费购买保险理财产品;

(九)乘坐G字头动车组列车全部座位、其他动车组列车一等以上座位等其他非生活和工作必需的消费行为。

被执行人为单位的，被采取限制消费措施后，被执行人及其法定代表人、主要负责人、影响债务履行的直接责任人员、实际控制人不得实施前款规定的行为。因私消费以个人财产实施前款规定行为的，可以向执行法院提出申请。执行法院审查属实的，应予准许。

□《最高人民法院关于限制被执行人高消费及有关消费的若干规定》(2015 修正)第 11 条

被执行人违反限制消费令进行消费的行为属于拒不履行人民法院已经发生法律效力的判决、裁定的行为，经查证属实的，依照《中华人民共和国民事诉讼法》第一百一十一条的规定，予以拘留、罚款；情节严重，构成犯罪的，追究其刑事责任。

有关单位在收到人民法院协助执行通知书后，仍允许被执行人进行高消费及非生活或者经营必需的有关消费的，人民法院可以依照《中华人民共和国民事诉讼法》第一百一十四条的规定，追究其法律责任。

以案析法

案号：(2020)最高法执监 102 号

基本案情

2015 年 8 月 12 日，唐山仲裁委员会就某木业公司与某科技公司合同纠纷一案作出仲裁裁决，因科技公司未履行仲裁裁决确定的义务，木业公司向河北省唐山市中级人民法院申请强制执行。2018 年 3 月 16 日，执行法院针对科技公司及其法定代表人徐某作出限制高消费及有关消费令。

2018 年 9 月 5 日，科技公司将法定代表人由徐某变更为王某，徐某将其持有的 62% 的股份一并转让给王某，执行法院撤销了对徐某的限制高消费及有关消费令，变更为对科技公司的现任法定代表人王某采取相关措施。

木业公司向唐山中院提出执行异议，认为法院解除限高措施的决定过于草率，有失公允。唐山中院认为徐某已不是科技公司的法定代表人，且其持有的股份已全部转让给现法定代表人王某，在执行机构已对王某采取限制高消费及有关消费措施的情况下，再对徐某采取该项措施显然缺乏事实和法律依据，故唐山中院驳回了木业公司的异议请求。木业公司对唐山中院的裁定不服，向河北省高级人民法院提出复议，河北高院认为唐山中院的裁定并无不当，驳回了木业公司的复议申请。木业公司不服，向最高人民法院申诉。

裁判要旨

最高人民法院认为，本案的争议焦点问题在于：徐某作为被执行人科技公司的法定代表人被限制高消费后，由于被执行人科技公司变更法定代表人，对其是否应解除限制高消费措施？

经审理，最高人民法院指出：在执行过程中，若被执行人的法定代表人发生变化，应判断原法定代表人是否为被执行人的主要负责人或者影响债务履行的直接责任人员。本案中，虽然被执行人的法定代表人已完成变更，但申诉人提交的证据可以证明徐某与王某之间的股权转让合同系双方恶意串通，损害第三人利益，应被认定为无效合同，不应产生股权转让、变更法定代表人的效果。故唐山中院、河北高院认定的“徐某已不是某科技公司的法定代表人，且其持有的股份已全部转让给现法定代表人王某”的裁定依据已发生变化。两法院裁定驳回木业公司的异议、复议请求确有不当，应予撤销。执行法院应根据案件执行情况，决定对徐某是否继续采取限制高消费措施。

案例评析

根据前述案例以及相关法律规定，被执行人变更法定代表人后，应解除对原法定代表人采取的限高措施，但也有例外。为避免原法定代表人采取各种方式逃避执行和限高措施的情况出现，若法定代表人变更所依据的法律文件无效，解除限高措施没有合法依据，法院应保持对原法定代表人采取的限高措施，而非直接对新法定代表人采取相应措施。

那么作为被执行人的法定代表人，如何合法地变更身份，并申请解除限高呢？根据《最高人民法院关于在执行工作中进一步强化善意文明执行理念的意见》的规定，若单位被执行人的法定代表人、主要负责人确因经营管理需要发生变更，原法定代表人、主要负责人申请解除对其本人的限制消费措施的，应举证证明其并非单位的实际控制人、影响债务履行的直接责任人员。人民法院经审查属实的，应予准许，并对变更后的法定代表人、主要负责人依法采取限制消费措施。

此外，关于限高措施的救济途径，根据《最高人民法院关于公布失信被执行人名单信息的若干规定》第 12 条的规定，公民、法人或其他组织可以就被纳入失信被执行人名单向执行法院申请纠正。若申请被驳回，可以自驳回决定书送达之日起 10 日内向上一级人民法院申请复议。需要注意的是，申请人在此时负有较高的证明义务，必须证明其并非单位的实际控制人、影响债务履行的直接责任人员。

32 商请移送财产处置权

关键词

查封在先法院、优先权执行法院、商请移送、财产处置权

实务要点

要点	具体内容
主体	对查封财产有顺位在先受偿的担保物权、优先权的执行法院，可以商请查封在先法院移送财产处置权
前提条件	自首先查封之日起已超过 60 日，且首先查封法院就该查封财产尚未发布拍卖公告或者进入变卖程序
处分财产所需材料	财产处置权移送执行后，优先债权执行法院在处分或继续查封该财产时，可以持首先查封法院移送执行函办理相关手续
执行财产如何清偿	优先债权执行法院对移送的财产变价后，应当按照法律规定的清偿顺序分配，并将相关情况告知首先查封法院

要点解析

执行过程中，应当由首先查封法院负责处分查封财产，首封法院依法享有对查封财产的处置权。但对于恶意申请查封在先、拒不申请执行的情况，严重妨碍其他债权人合法权益的及时实现，其他债权人（包括优先权人、普通债权人）可以申请本案件的执行法院商请查封在先法院移送财产处置权，以保障其他债权人的合法权益。

法律适用

□《最高人民法院关于首先查封法院与优先债权执行法院处分查封财产有关问题的批复》第1条

执行过程中，应当由首先查封、扣押、冻结(以下简称查封)法院负责处分查封财产。但已进入其他法院执行程序的债权对查封财产有顺位在先的担保物权、优先权(该债权以下简称优先债权)，自首先查封之日起已超过60日，且首先查封法院就该查封财产尚未发布拍卖公告或者进入变卖程序的，优先债权执行法院可以要求将该查封财产移送执行。

□《最高人民法院关于首先查封法院与优先债权执行法院处分查封财产有关问题的批复》第3条

财产移送执行后，优先债权执行法院在处分或继续查封该财产时，可以持首先查封法院移送执行函办理相关手续。

优先债权执行法院对移送的财产变价后，应当按照法律规定的清偿顺序分配，并将相关情况告知首先查封法院。

首先查封债权尚未经生效法律文书确认的，应当按照首先查封债权的清偿顺位，预留相应份额。

以案析法

案号:(2016)最高法执协5号

基本案情

海南省高级人民法院在办理中国某银行股份有限公司海口新华支行申请执行案的过程中，与山东省青岛市中级人民法院办理的诉讼保全案，发生了执行争议，具体情况如下：

根据（2014）琼民二初字第16号民事判决，新华支行对被执行人海南某公司所有的位于海南省儋州市某项目全部土地使用权以及地上、地下建筑物享有抵押权，并对抵押财产拍卖、变卖所得价款在18，100万元范围内优先受偿。因此，依据该判决，海南高院轮候查封了案涉财产。

而案涉财产的首先查封法院为青岛市中级人民法院。青岛中院在审理某银行股份有限公司青岛分行与青岛某商贸有限公司、北京某商贸有限公司等共计四件金融借款合同纠纷案过程中，根据当事人申请，对上述案涉财产采取了诉讼保全措施。但青岛中院就相关案件作出裁判后，债权人青岛分行始终没有申请人民法院强制执行。

海南高院受理新华支行的强制执行申请后，与山东省高级人民法院、青岛中院商请移送查封财产。但是，两地法院未就移送和处分案涉查封财产达成一致意见，海南高院依法向最高人民法院提请协调。

裁判要旨

最高人民法院认为，本案的焦点问题是：首先查封法院是否应将案涉财产移送优先债权执行法院执行。

根据《最高人民法院关于首先查封法院与优先债权执行法院处分查封财产有关问题的批复》第1条的规定，“已进入其他法院执行程序的债权对查封财产有顺位在先的担保物权、优先权，自首先查封之日起已超过60日，且首先查封法院就该查封财产尚未发布拍卖公告或者进入变卖程序的，优先债权执行法院可以要求将该查封财产移送执行”。其中，首先查封包括了诉讼保全过程中的查封。

本案中，新华支行作为案涉不动产的抵押权人，对案涉财产享有的优先债权为生效法律文书所确认，且海南高院办理案件已进入执行程序。相反，首先查封法院办理案件的债权人青岛分行，在生效法律文书作出后，始终未申请强制执行，已经超过一年时间。而且，查封财产位于海南省内，因此，由海南高院负责对两地法院争议不动产的执行，更为妥当。

综上，最高人民法院依法决定：山东高院应督促青岛中院在收到海南高院商请移送函之日起 15 日内出具移送执行函，将案涉财产移送海南高院执行。海南高院对移送财产变价后，应当按照法律、司法解释规定的清偿顺序分配，并将执行中的情况和结果及时函告山东高院。

案例评析

根据上述案例可知，为了避免首先查封法院长时间不处置查封财产，对查封财产有顺位在先受偿的担保物权、优先权的执行法院可以商请首先查封法院移送执行。如果两个法院就执行发生争议，可以提请上一级法院进行协调。而在协调过程中，上一级法院会考虑首先查封法院是否存在恶意查封的行为，以及如果由轮候查封法院执行是否会更加便利等因素。一旦确定移送的，首先查封法院不需要征得在该法院申请强制执行的申请人的同意，但应当告知其移送执行的情况。

那么，在什么情况下，首先查封法院可以不予移送执行呢？根据《上海市高级人民法院关于首先查封不动产移送执行有关问题的解答》，若符合以下情形的，首先查封法院可以不予移送执行：首先查封系保全查封，且查封不动产属于争议标的物的；查封不动产尚在执行异议审查或异议之诉审理过程中的；查封不动产涉及刑事案件执行，尚在协调处理中的；首先查封法院认为有其他不宜移送处分的情形。

实务操作

××××人民法院
商请移送执行函

（××××）××号

××××人民法院：

××（写明当事人姓名或名称和案由）一案的……（写明生效法律文书名称）已经发生法律效力。由于……［写明本案债权人依法享有顺位在先的担保物权（优先权）和首先查封法院没有及时对查封财产进行处理的情况，以及商请移送执行的理由］。根据《最高人民法院关于首先查封法院与优先债权执行法院处分查封财产有关问题的批复》之规定，请你院在收到本函之日起15日内向我院出具移送执行函，将……（写明具体查封财产）移送我院执行。

1. 据以执行的生效法律文书。

2. 有关案件情况说明［内容包括本案债权依法享有顺位在先的担保物权（优先权）的具体情况、案件执行情况、执行员姓名及联系电话、申请执行人地址及联系电话等］。

3. 其他必要的案件材料。

××××年××月××日

（院印）

本院地址：××× 邮 编：×××

联 系 人：××× 联系电话：×××

33 执行通知书

关键词

执行通知、强制措施、非前置条件

实务要点

要点	具体内容
作为执行员	执行员接到申请执行书或者移交执行书，应当向被执行人发出执行通知，并可以立即采取强制执行措施
作为被执行人	被执行人未按执行通知履行法律文书确定的义务，应当报告当前以及收到执行通知之日前一年的财产情况
作为法院	被执行人未按执行通知履行法律文书确定的义务，人民法院有权： • 扣留、提取被执行人应当履行义务部分的收入； • 查封、扣押、冻结、拍卖、变卖被执行人应当履行义务部分的财产

要点解析

执行通知书是人民法院启动强制执行程序的标志，1991 年《民事诉讼法》中规定，“执行员应当向被执行人发出执行通知，责令其在指定的期间履行，逾期不履行的，强制执行”，所以在发出执行通知书前或同时，不能采取强制措施。2012 年《民事诉讼法》对此作出修改，增加了“并可以立即采取强制执行措施”的规定，提高了执行效率，避免财产转移；之后的《民事诉讼法》都保留了该内容。

法律适用

□《中华人民共和国民事诉讼法》第 251 条

执行员接到申请执行书或者移交执行书，应当向被执行人发出执行通知，并可以立即采取强制执行措施。

□《中华人民共和国民事诉讼法》第 252 条

被执行人未按执行通知履行法律文书确定的义务，应当报告当前以及收到执行通知之日前一年的财产情况。被执行人拒绝报告或者虚假报告的，人民法院可以根据情节轻重对被执行人或者其法定代理人、有关单位的主要负责人或者直接责任人员予以罚款、拘留。

□《中华人民共和国民事诉讼法》第 253 条

被执行人未按执行通知履行法律文书确定的义务，人民法院有权向有关单位查询被执行人的存款、债券、股票、基金份额等财产情况。人民法院有权根据不同情形扣押、冻结、划拨、变价被执行人的财产。人民法院查询、扣押、冻结、划拨、变价的财产不得超出被执行人应当履行义务的范围。

人民法院决定扣押、冻结、划拨、变价财产，应当作出裁定，并发出协助执行通知书，有关单位必须办理。

□《中华人民共和国民事诉讼法》第 254 条

被执行人未按执行通知履行法律文书确定的义务，人民法院有权扣留、提取被执行人应当履行义务部分的收入。但应当保留被执行人及其所扶养家属的生活必需费用。

人民法院扣留、提取收入时，应当作出裁定，并发出协助执行通知书，被执行人所在单位、银行、信用合作社和其他有储蓄业务的单位必须办理。

□《中华人民共和国民事诉讼法》第 255 条

被执行人未按执行通知履行法律文书确定的义务，人民法院有权查封、扣押、冻结、拍卖、变卖被执行人应当履行义务部分的财产。但应当保留被执行人及其所扶养家属的生活必需品。

采取前款措施，人民法院应当作出裁定。

以案析法

案号：（2020）最高法民申 214 号

基本案情

再审申请人大连某房地产开发有限公司因与被申请人中国某资产管理股份有限公司、一审第三人某集团某国际股份有限公司执行异议之诉一案，不服辽宁省高级人民法院（2018）辽民终 903 号民事判决，向最高人民法院申请再审，称大连市中级人民法院在（2005）大民合初字第 221 号案件的执行程序中，自 2007 年至今对诉争标的物进行的查封均不发生法律效力，二审判决的认定适用法律错误。且房地产公司已经合法取得案涉标的物，大连中院不应再将案涉标的物列入被执行财产进行查封和处置。

裁判要旨

根据某房地产公司申请再审的理由，最高人民法院认为，本案主要审查大连中院的诉争查封是否发生效力以及查封效力的期限问题。

根据原审查明的事实，因大连市商业银行股份有限公司与某集团大连生物工程有限公司、某集团大连药业股份有限公司等借款合同纠纷一案，大连中院于 2005 年 6 月 20 日作出（2005）大民特字第 38 号民事裁定书，查封药业公司所有的案涉标的物，查封期限为两年，并向大连市国土资源和房屋局高新技术产业园区国土资源分局送达了协助执行通知书。

此后，大连中院于 2007 年 6 月 21 日、7 月 5 日继续查封案涉标的物时，分别向大连高新技术产业园区房产局、大连市国土资源和房屋局高新技术产业园区国土资源分局送达了协助执行通知书；后续又采取相应续封措施并向相关协助执行部门送达了协助执行的法律文书并张贴查封公告，续封期至 2018 年 8 月 15 日。

依据 2017 年《民事诉讼法》第 100 条、第 101 条，《最高人民法院关于人民法院民事执行中查封、扣押、冻结财产的规定》第 1 条第 2 款之规定，人民法院的查封裁定从作出时发生法律效力，查封措施在查封裁定和协助执行通知书送达时发生法律效力。某房地产公司提出诉争查封裁定未向某集团股份公司等被执行人送达，不发生法律效力的理由，缺乏法律依据，不能成立。某房地产公司主张的大连中院在执行（2012）大民三初字第 51 号民事调解书时案涉标的物上并无查封的申请再审理由，亦无事实根据。二审判决依据该案生效判决对诉争查封行为的效力作出认定，并无不当。

案例评析

根据《民事诉讼法》及其司法解释的相关规定，被执行人在收到执行通知书后，应当及时按照执行通知书上写明的期限履行生效法律文书所确定的义务，否则法院有权就被执行人的财产采取强制执行措施。

但需要注意的是，结合上述案例来看，是否向被执行人成功送达执行通知书并不影响法院采取的强制执行措施的效力。被执行人若以未收到执行通知书为由，主张强制执行措施无效的，法院不予支持。因此，即使未收到执行通知书，被执行人也应当按照生效法律文书确定的期限履行相应的义务，以避免发生被纳入失信被执行人名单等不利后果。

实务操作

××××人民法院

执行通知书

（××××）××执××号

×××：

你/你单位与×××……（写明案由）一案，本院（或其他生效法律文书的作出机关）(××××)……号民事判决（或写明其他生效法律文书）已发生法律效力。申请执行人（或委托、移送、报请执行的单位）×××于××××年××月××日向本院申请/委托/移送/报请强制执行，本院于××××年××月××日立案。依照《中华人民共和国民事诉讼法》第二百四十条、《最高人民法院关于人民法院执行工作若干问题

的规定(试行)》第二十四条之规定,责令你/你单位履行下列义务:

……

开户银行:××××

账户名称:××××

账　　号:××××

特此通知。

××××年××月××日

(院印)

联 系 人:×××　　　联系电话:×××

本院地址:×××　　　邮　　编:×××

风险提示

根据《最高人民法院关于公布失信被执行人名单信息的若干规定》第1条的规定,被执行人未履行生效法律文书确定的义务,并具有下列情形之一的,人民法院将其纳入失信被执行人名单,依法对其进行信用惩戒:

(1)有履行能力而拒不履行生效法律文书确定义务的;

(2)以伪造证据、暴力、威胁等方法妨碍、抗拒执行的;

(3)以虚假诉讼、虚假仲裁或者以隐匿、转移财产等方法规避执行的;

(4)违反财产报告制度的;

(5)违反限制消费令的;

(6)无正当理由拒不履行执行和解协议的。

34 终结本次执行程序的条件

关键词

终结本次执行程序、结案方式、告知申请人

实务要点

要点	具体内容
终结本次执行程序的条件	人民法院终结本次执行程序，应当同时符合下列条件： •已向被执行人发出执行通知、责令被执行人报告财产； •已向被执行人发出限制消费令，并将符合条件的被执行人纳入失信被执行人名单； •已穷尽财产调查措施，未发现被执行人有可供执行的财产或者发现的财产不能处置； •自执行案件立案之日起已超过 3 个月； •被执行人下落不明的，已依法予以查找； •被执行人或者其他人妨害执行的，已依法采取罚款、拘留等强制措施，构成犯罪的，已依法启动刑事责任追究程序
终结本次执行的前置程序	终结本次执行程序前，人民法院应当将案件执行情况、采取的财产调查措施、被执行人的财产情况、终结本次执行程序的依据及法律后果等信息告知申请执行人，并听取其对终结本次执行程序的意见
结案	终结本次执行程序裁定书送达申请执行人后，执行案件可以作结案处理

要点解析

终结本次执行程序是法院针对无财产可供执行的案件，或者财产暂时无法变现或者变现条件尚不具备的案件，在采取相关执行查控措施后，依法终结本次案件执行。为避免案件堆积，减轻法院办案压力，实践中适时终结相关案件的执行，有利于减少法院存案，提高结案率，终结本次执行程序也是法院的结案方式之一，同时终结执行程序的民事裁定书也是公司企业核销债务的法律凭证，在司法实践中被普遍采用。对于不符合法律规定条件的终结程序行为，当事人、利害关系人或案外人可以提出异议救济。同时申请执行人若发现被执行人有可供执行的财产，可以向法院申请恢复执行，申请恢复执行不受申请执行时效期间的限制。

法律适用

□《最高人民法院关于严格规范终结本次执行程序的规定(试行)》全文

以案析法

案号:(2014)执申字第 250 号

基本案情

2014 年，长沙市中级人民法院作出裁定，申请执行人某航天工业(集团)有限公司与被执行人某电器集团公司买卖合同货款纠纷执行一案，因被执行人破产，终结执行湖南省高级人民法院(2006)湘高法民二终字第 2 号民事判决。

航天公司不服，认为电器公司及其主管单位和关联公司在股份改制上市、资产重组、置换以及破产清算过程中隐匿财产，侵害航天公司的合法权益。航天公司先后向长沙中院、湖南高院提出恢复执行的申请，被驳回后，向最高人民法院申诉。

裁判要旨

经审查，最高人民法院认为本案的争议焦点在于：其一，长沙中院终结执行是否合法；其二，本案是否符合恢复执行的条件。

就终结执行裁定的合法性，根据《最高人民法院关于人民法院执行工作若干问题的规定（试行）》第 105 条的规定，在执行中，被执行人被人民法院裁定宣告破产的，执行法院应当依法裁定终结执行。因此，本案中，长沙中院在裁定宣告某电器公司破产后终结执行程序，符合法律规定。

就本案是否可以恢复执行，最高人民法院指出，执行程序属于个别清偿，目的在于实现特定债权人的债权，而破产程序则注重对所有债权的公平清偿。破产程序终结后，债权人发现破产人有应当供分配的相关财产的，若通过恢复已经终结的执行程序行使权利，有违破产程序公平保护所有债权人的精神。因此，本案中，不应申请恢复执行程序。

案例评析

虽然终结执行是法院的一种结案方式，但终结执行并不意味着案件走到了终局。首先，如果终结执行裁定的作出不符合法律规定，当事人、利害关系人或案外人可以向法院提出异议。其次，在作出终结执行裁定后的 5 年内，执行法院应当每 6 个月通过网络执行查控系统查询一次被执行人的财产情况，并将查询结果告知申请执行人。而作为申请执行人，若发现被执行人有可供执行的财产，可以向法院申请恢复执行。申请恢复执行不受申请执行时效期间的限制。

需要注意的是，若案件情况类似于前述（2014）执申字第 250 号案件，执行程序因被执行人破产而被终结，则为了公平地保护所有债权人的利益，执行程序不可恢复。

35 财产处置参考价的确定方式

关键词

处置财产、确定起拍价、首先议价、再次询价、最后评估价

实务要点

要点	具体内容
启动程序期限	人民法院查封、扣押、冻结财产后，对需要拍卖、变卖的财产，应当在 30 日内启动确定财产处置参考价程序
确定方式	人民法院确定财产处置参考价，可以采取当事人议价、定向询价、网络询价、委托评估等方式
参考价的作用	进行司法拍卖的，参照参考价确定起拍价；直接变卖的，参照参考价确定变卖价

要点解析

在执行程序中，法院拍卖财产应当先行确定财产处置价格，2005 年 1 月《最高人民法院关于人民法院民事执行中拍卖、变卖财产的规定》第 4 条规定，“对拟拍卖的财产，人民法院应当委托具有相应资质的评估机构进行价格评估。对于财产价值较低或者价格依照通常方法容易确定的，可以不进行评估”，根据该规定，拍卖财产的参考价首

选评估价。现根据《最高人民法院关于人民法院确定财产处置参考价若干问题的规定》，将拍卖参考价首先规定为当事人议价，议价不成再询价，无法询价的再选择评估价。其目的在于将财产处置的参考价权利交给当事人，让拍卖起拍价更符合当事人的价格意愿和市场行情，也更易于拍卖的成交，不易发生严重损害当事人权益的行为，即便因参考价原因导致拍卖流拍，责任也不归于法院。

法律适用

□《最高人民法院关于人民法院确定财产处置参考价若干问题的规定》全文

以案析法

案号：(2021)鲁03执复120号

基本案情

山东某商业银行股份有限公司与刘某等金融借款合同纠纷一案，法院判决执行刘某名下房屋，以偿还相应债务。执行过程中，被执行人刘某向山东省高青县人民法院提出书面异议，请求撤销中国工商融e购电商平台、阿里拍卖大数据询价平台、京东大数据询价平台作出的询价报告，并对案涉不动产重新评估。

申请被驳回后，刘某又向山东省淄博市中级人民法院申请复议，理由为：(1)确定参考价的机构不当。法院应当委托具有合法资质的评估机构对案涉房产进行评估，不应通过中国工商融e购电商平台、阿里拍卖大数据询价平台、京东大数据询价平台进行网络询价。

（2）确定参考价的方式不当。房产坐落的位置、四周的地理条件、户型等对价格影响较大，为避免作出的鉴定结论失衡，确定房屋价值应委派估价师现场实地考察勘验。（3）确定参考价的计算方法不当。中国工商融 e 购电商等平台仅仅是参照同区域其他“限价商品房”的价值进行估价，标准和评估依据不准确，计算方法有误。（4）确定参考价的结果不当。询价报告所载明的评估价与实际价值差距较大，评估价格明显过低，不符合当地市场行情，严重损害被执行人权益。

裁判要旨

经审查，淄博中院认为本案争议的焦点问题在于复议申请人刘某针对案涉网络询价报告提出的异议是否成立。

首先，确定参考价的过程符合法律规定。案件进入执行程序后，高青县法院曾传唤刘某和某银行到法院确定财产处置参考价，但双方均未向法院报告财产处置参考价的确定方式。根据《最高人民法院关于人民法院确定财产处置参考价若干问题的规定》第 7 条的规定，定向询价不能或者不成，财产无须由专业人员现场勘验或者鉴定，且具备网络询价条件的，人民法院应当通过司法网络询价平台进行网络询价。本案的案涉财产为普通房地产，并非需要政府定价的特殊物品，在不能采用定向询价且具备网络询价条件的前提下，高青县法院可以将案涉房产通过网络询价确定起拍价。

其次，刘某要求撤销网络询价报告的请求于法无据。根据《最高人民法院关于人民法院确定财产处置参考价若干问题的规定》第 22 条的规定，当事人、利害关系人认为网络询价报告或者评估报告具有下列情形之一的，可以在收到报告后 5 日内提出书面异议：（1）财产基本信息错误；（2）超出财产范围或者遗漏财产；（3）评估机构或者评估人员不具备相应评估资质；（4）评估程序严重违法。本案中，刘某提出异议仅仅是因为参考价定价过低，并不属于上述执行异议的审查情形。

最后，执行程序中对拍卖财产进行评估只是辅助执行法院确定拍卖保留价的手段，最终的成交价格仍需通过市场等因素决定。被执行人如认为评估价过低，可以在网络拍卖前履行生效文书确定的义务或者参与竞买。

案例评析

根据上述案例可知，确定待处置财产的参考价有相应的方式和流程，若确定参考价的方式违反了法律法规规定的顺序和要求，当事人可以依法提出书面异议，请求撤销确定的参考价，但当事人需要注意提出异议的内容应当符合法律规定的情形，而非仅仅只是对参考价本身有异议。

那么，确定财产处置参考价的各个方式之间的顺序如何呢？

笔者结合《最高人民法院关于人民法院确定财产处置参考价若干问题的规定》，将确定财产处置参考价的各个方式的适用顺序及条件总结如下，以供参考：

（1）除非一方当事人拒绝或者下落不明，确定参考价的首选方式应当是双方当事人进行协商议价。

（2）若当事人无法协商议价，或者协商议价不能达成一致，且待处置的财产有计税基准价、政府定价或者政府指导价的，应当采取向确定参考价时财产所在地的有关机构进行定向询价的方式。

（3）定向询价不能或者不成的，待处置的财产无须由专业人员现场勘验或者鉴定，且具备网络询价条件的，应当采取通过司法网络询价平台进行网络询价的方式。

（4）网络询价不能或不成的，或者法律、行政法规规定必须委托评估的，应当采取委托评估机构进行评估的方式。

当然，基于意思自治原则，若双方当事人协商一致，可以直接要求法院采取上述任意一种确定参考价的方式，但需要注意的是，待确定价值的财产自身仍需符合当事人所选取的相应方式所要求的前提条件。

36 司法拘留措施

关键词

拒不履行行为、司法拘留

实务要点

要点	具体内容
采取司法拘留措施的条件	《民事诉讼法》第 114 条第 1 款第 6 项规定，拒不履行人民法院已经发生法律效力的判决、裁定的，法院可以根据情节轻重予以拘留
拒不履行行为	• 隐藏、转移、毁损财产、无偿转让财产、放弃债权等致使法院无法执行的行为； • 转移担保财产； • 违反限高令； • 有能力拒不履行； • 有协助义务拒不协助
拘留的期限	拘留的期限，为 15 日以下。在拘留期间，被拘留人承认并改正错误的，人民法院可以决定提前解除拘留
拘留的地点	被拘留的人，由人民法院交公安机关看管

要点解析

对拒不履行义务的被执行人及协助义务人采取拘留措施，是维护司法权威、保障当事人特别是申请人合法权益的有力措施，采取拘留措施必须严格按照《民事诉讼法》第114条及相关司法解释的规定执行，同时必须履行相关的审批程序。司法实践中，采取拘留措施应当逐级审批，直至法院院长签发决定，交司法警察执行。拘留措施往往可以极大震慑拒不履行义务的被执行人，对于执行案件起到积极的作用。

法律适用

□《中华人民共和国民事诉讼法》第114条

诉讼参与人或者其他人有下列行为之一的，人民法院可以根据情节轻重予以罚款、拘留；构成犯罪的，依法追究刑事责任：

（一）伪造、毁灭重要证据，妨碍人民法院审理案件的；

（二）以暴力、威胁、贿买方法阻止证人作证或者指使、贿买、胁迫他人作伪证的；

（三）隐藏、转移、变卖、毁损已被查封、扣押的财产，或者已被清点并责令其保管的财产，转移已被冻结的财产的；

（四）对司法工作人员、诉讼参加人、证人、翻译人员、鉴定人、勘验人、协助执行的人，进行侮辱、诽谤、诬陷、殴打或者打击报复的；

（五）以暴力、威胁或者其他方法阻碍司法工作人员执行职务的；

（六）拒不履行人民法院已经发生法律效力的判决、裁定的。

人民法院对有前款规定的行为之一的单位，可以对其主要负责人或者直接责任人员予以罚款、拘留；构成犯罪的，依法追究刑事责任。

□《最高人民法院关于适用〈中华人民共和国民事诉讼法〉的解释》（2022 修正）第 178 条

人民法院依照民事诉讼法第一百一十三条至第一百一十七条的规定采取拘留措施的，应经院长批准，作出拘留决定书，由司法警察将被拘留人送交当地公安机关看管。

典型案例

杨某某司法拘留案[①]

2012 年 9 月 19 日，贵州省息烽县人民法院就王某诉杨某某承揽合同纠纷一案作出判决，判令被告杨某某限期支付原告王某工程款 92,800 元。

执行过程中，杨某某只在规定期限内支付了 1 万余元工程款，剩余价款迟迟不肯给付。执行法官多次催促，其仍不履行义务，甚至长期外出、逃避执行。

2015 年 5 月 31 日，在息烽县公安局的协助下，出逃的杨某某被找到，息烽县法院对其采取了司法拘留 15 天的强制措施。拘留期间，被执行人杨某某的家属主动到法院交纳了应当支付的剩余工程款 7 万余元。

① 贵州省高级人民法院 2016 年度失信被执行人典型案例之八。参见《贵州省十起失信被执行人典型案例》，载晴隆县人民法院 2017 年 4 月 27 日，http://qinglong.guizhoucourt.gov.cn/ckal/17967.jhtml。

实务操作

××××人民法院
拘留决定书

（××××）××执×字第××-××号

被拘留人×××……（写明姓名及有效证件和号码等基本情况）。

本院在执行……（写明当事人姓名或名称、案由和案号）一案中，查明……（写明被拘留人妨害执行的事实以及予以拘留的理由）。依照《中华人民共和国民事诉讼法》第一百零二条、第一百零三条、第一百零四条第二款、第一百零五条第三款（或根据妨害执行的具体情况引用《最高人民法院关于适用〈中华人民共和国民事诉讼法〉若干问题的意见》第一百二十三条、第一百二十四条，《最高人民法院关于人民法院执行工作若干问题的规定（试行）》第一百条）的规定，决定如下：

对×××拘留××日。

如不服本决定，可以在收到决定书后，向××××人民法院申请复议一次。复议期间，不停止决定的执行。

××××年××月××日

（院印）

37 替代履行

关键词

被执行人不履行义务、义务可替代履行、申请人可以替代履行、替代履行费用

实务要点

要点	具体内容
前提条件	被执行人不履行生效法律文书确定的义务（多指行为），该义务可以由他人完成的，法院可以选定替代履行人
替代履行人的确定	• 法律、行政法规对履行该义务有资格要求的，应当从有资格的人中选定替代履行人，必要时可以招标； • 申请人可以推荐他人或者自己代为履行，是否准许由法院决定
履行费用	替代履行后，履行费用由法院确定，并指定被执行人支付，未支付的可强制执行
除外情形	该行为只能由被执行人完成的，法院可以根据《民事诉讼法》第 114 条第 1 款第 6 项的规定处理

要点解析

替代履行作为一种高效实用的履行方式，主要发生在被执行人的义务为行为的情形下，其重点是在替代履行的情况下，费用能否及时收回。案件申请人也可以申请自己作为代履行人，根据案情的不同，

如果申请人替代履行更便捷、更优惠，且不会损害被执行人的利益，法院应该准许。但对于只能由被执行人完成的义务，例如，提供公司账册供申请人查询、探视未成年子女等，被执行人拒不履行的，法院可以依据《民事诉讼法》对其采取拘留、罚款等强制措施。

法律适用

□《最高人民法院关于适用〈中华人民共和国民事诉讼法〉的解释》(2022修正)第503条

被执行人不履行法律文书指定的行为，且该项行为只能由被执行人完成的，人民法院可以依照民事诉讼法第一百一十四条第一款第六项规定处理。

被执行人在人民法院确定的履行期间内仍不履行的，人民法院可以依照民事诉讼法第一百一十四条第一款第六项规定再次处理。

□《最高人民法院关于适用〈中华人民共和国民事诉讼法〉的解释》(2022修正)第504条

被执行人迟延履行的，迟延履行期间的利息或者迟延履行金自判决、裁定和其他法律文书指定的履行期间届满之日起计算。

□《最高人民法院关于适用〈中华人民共和国民事诉讼法〉的解释》(2022修正)第505条

被执行人未按判决、裁定和其他法律文书指定的期间履行非金钱给付义务的，无论是否已给申请执行人造成损失，都应当支付迟延履行金。已经造成损失的，双倍补偿申请执行人已经受到的损失；没有造成损失的，迟延履行金可以由人民法院根据具体案件情况决定。

以案析法

案号：（2021）粤0606执恢2410号

基本案情

佛山市顺德区某实业发展有限公司与某建设集团股份有限公司建设工程施工合同纠纷一案中，广东省佛山市顺德区人民法院依法向被执行人某建设公司发出执行通知书，责令其在限期内向申请执行人某实业公司提交某建设工程竣工验收资料缺失部分。被执行人未按照执行通知书的要求履行，也未在限期内采取补作、第三方代为履行等方式承担相应义务。

根据某实业公司提交的《工程竣工验收资料完善工程报价书》，顺德区人民法院同意由佛山市顺德区某建筑工程有限公司作为代履行人，代履行工作进度由某实业公司自行协商、督促，在代履行过程中因资格瑕疵、违约等与第三方发生的争议由某实业公司自行解决。某实业公司因第三方代履行而实际垫付的代履行费用以上述报价书确定的数额为限，未超出的部分可在代履行行为完成后向某建设公司主张，超出的部分由某实业公司自行负担。

案例评析

在被执行人拒不履行行为义务的情况下，申请执行人可以向法院申请由有资质的第三方代为履行完成其应承担的义务。但需要注意的是：

第一，关于代履行义务的性质，被执行人不履行的义务必须是可以由第三方代为履行的。如生效判决文书要求拆除设施设备，拆除行为由被执行人作出或第三方作出并不会影响最终的拆除结果，亦不会损害申请执行人的相关权益，故拆除义务可以由第三方代为履行。若该义务必须由被执行人履行，法院只能采取强制执行措施或者追究被执行人的刑事责任。

第二，关于代履行费用，由于实际费用必须在义务履行后才能确认，因此在履行前，法院只能根据代履行人作出的履行方案大致预估数额，由被执行人先行支付。在数额的确定方面，若有必要，法院可以委托第三方机构进行评估或鉴定。当然，作为被执行人，有权在代履行结束后查阅费用支付凭证，以确认代履行费用的合理性。

那么，申请执行人是否可以向法院申请由自己作为代履行人呢？参考最高法（2010）执监字第183号案件，若结合案情，由申请执行人代为履行更为便利、更有利于执行，同时不违背公平合理的原则，法院应准许申请执行人作为代履行人。

38 公司股权如何强制执行

关键词

股权冻结、股权价值判断、股权处置方式

实务要点

要点	具体内容
冻结股权价额	人民法院冻结被执行人的公司股权，以其价额足以清偿生效法律文书确定的债权额及执行费用为限，不得明显超标的额冻结。股权价额无法确定的，可以根据申请执行人申请冻结的比例或者数量进行冻结

续表

要点	具体内容
主体	冻结股权应到公司登记机关(市场监督管理局)进行冻结,并由登记机关进行公示
冻结顺序	多个人民法院冻结同一股权的,以在公示系统先办理公示的为在先冻结
股权的强制执行	在确定拍卖参考价时,法院有权对拒绝提供相关材料的被执行人、股权所在公司以及控制相关材料的其他主体强制提取。在此之后,法院可依当事人申请委托审计机构对公司进行审计

要点解析

公司股权执行变现向来是法院执行工作中的难点,难点之一就是股权价格难确定,导致处置参考价无法确定。为更好地维护当事人及利害关系人的合法权益,最高人民法院于 2021 年 12 月 20 日公布了《关于人民法院强制执行股权若干问题的规定》。该规定于 2022 年 1 月 1 日起施行,规定内容较好地阐述了股权执行的实务操作,有助于股权的有效处置。

法律适用

□《最高人民法院关于人民法院强制执行股权若干问题的规定》全文

以案析法

案号:(2022)鲁 15 执复 126 号

基本案情

王某 1 与王某 2 之间的民间借贷纠纷一案,经(2020)鲁 15 民终

3853 号民事调解书确认，但王某 2 逾期未按调解书履行还款义务，故王某向山东省东阿县人民法院申请强制执行。在执行过程中，东阿法院依法裁定冻结、查封、提取被执行人王某 2 在山东某建筑工程有限公司持有的 50% 股权（价值 2000 万元）的红利、股息 45 万元，并于 2022 年 7 月 4 日冻结了某建筑公司银行存款 45 万元。

某建筑公司对冻结其银行存款不服，向东阿法院提起书面异议，称：该民间借贷纠纷案件的主体为王某 1 和王某 2，异议人某建筑公司与申请执行人王某不存在任何法律关系，其无权申请法院冻结异议人的公司账户。被执行人王某 2 系异议人的股东，根据相关法律规定，法院只能冻结王某 2 在异议人公司的股权或股息、分红。异议人被冻结的账户中的财产是公司财产，与被执行人王某 2 无关，不应被冻结。东阿法院认定本案径行冻结某建筑公司的银行存款，措施不当，应予纠正。

申请执行人王某 1 不服，向山东省聊城市中级人民法院申请复议，称：被执行人王某 2 在某建筑公司处持有公司 50% 的股权（价值 2000 万元），公司运营多年，目前也有正在施工的建设项目，按照王某 2 在公司的地位及持股比例，其每年应当有股息及红利等收益。法院向某建筑公司下达协助执行裁定书后，某建筑公司在未提供任何公司账务证明的情况下，仅口头以王某 2 没有分红为由，拒绝配合，造成本案至今未执行完毕。东阿法院基于王某 1 的申请冻结了公司银行账户，只是冻结了王某 2 在公司的股息及红利 45 万元，该款项系王某 2 的财产，并非公司财产。

裁判要旨

聊城中院经审理后认为，本案的争议焦点为：东阿法院裁定冻结某建筑公司银行存款是否符合法律规定。

根据《最高人民法院关于人民法院强制执行股权若干问题的规定》第2条、第9条的规定，被执行人是公司股东的，人民法院可以强制执行被执行人在公司持有的股权和基于股权享有的股息、红利等收益，但不得直接执行公司的财产。人民法院冻结被执行人基于股权享有的股息、红利等收益，应当向股权所在公司送达裁定书，并要求其在该收益到期时通知人民法院。股息、红利等收益到期后，人民法院可以书面通知股权所在公司向申请执行人或者人民法院履行。

本案中，被执行人王某2在某建筑公司享有股权，东阿法院可以遵照有关法律程序执行王某2基于某建筑公司股权享有的股息、红利等收益，但不得直接执行某建筑公司的财产。

银行存款属于种类物、非特定物，某建筑公司银行账户内的存款应被认定为某建筑公司的财产。东阿法院在未查明被执行人王某2在某建筑公司是否存在股息、红利，股息、红利是否到期，以及未经必要法定程序的情况下直接冻结某建筑公司的银行账户存款，显然违反法律规定。东阿法院裁定某建筑公司请求解除对其银行账户冻结的异议成立，不违反法律规定，应予维持。

案例评析

根据上述案例可知，公司系具有独立人格的法律主体，其财产应独立于公司股东的个人财产，否则容易造成人格混同。因此，在执行过程中，人民法院不能直接处分公司的财产，仅能冻结被执行人对公司享有的股权。

根据《最高人民法院关于人民法院强制执行股权若干问题的规定》第8条第1款的规定，人民法院冻结被执行人股权的，可以向股权所在公司送达协助执行通知书，要求其在实施增资、减资、合并、分立等对被冻结股权所占比例、股权价值产生重大影响的行为前向人民法院书面报告有关情况。人民法院收到报告后，应当及时通知申请执行人，但是涉及国家秘密、商业秘密的除外。

那么，作为申请执行人，若被执行人确实利用股东身份逃避债务执行，该如何救济呢？根据《最高人民法院关于人民法院强制执行股权若干问题的规定》第8条第3款的规定，若公司或公司董事、高级管理人员故意通过增资、减资、合并、分立、转让重大资产、对外提供担保等行为，严重贬损被冻结股权价值，影响申请执行人债权实现的，申请执行人可以依法提起诉讼。

实务操作

笔者团队曾处理过一起股权转让纠纷，案件保全过程中法院查封冻结了被保全人名下三家银行的账户以及被保全人持有的某电子科技有限公司41%的股权。考虑到股权价值超2400万元，法院的冻结行为已经明显构成超额冻结，故被申请人提出异议，并附上投资协议以证明股权价额，表明超额冻结的比例为5%。人民法院审查后裁定异议成立，并及时对超额部分解冻。

39 执行案件合并执行

关键词

同一被执行人、多件执行案件、受偿顺序

实务要点

要点	具体内容
含义	执行法院将同一被执行人的多起案件合并执行，留存一件案件作为执行案件，其余案件作结案处理
优势	合并为一件案件后，案件申请人增加，债权数额增加，方便执行法院出具执行裁定、采取执行措施
不足	原则上，合并执行的案件在执行过程中应当按照采取执行措施的先后顺序予以清偿。但实务中，存在合并案件的清偿顺序按照债权数额的比例进行分配的情况。这种方案对于之前先采取查封冻结措施的案件申请人不公平

要点解析

合并执行是实务中常见的一种方式，同一法院对同一被执行人的多起案件进行合并执行可以有效节省执行资源、提高执行绩效考核数据，但由于清偿顺序将按照债权数额的比例清偿，因此合并执行容易对首封案件的申请执行人产生不利影响。合并执行不以当事人的申请作为依据，是法院依职权进行的，在出具一个执行裁定时，可能出现多个案号，也存在一个案号但债权数额为多件案件的总额的情形。

法律适用

□《最高人民法院关于执行案件立案、结案若干问题的意见》全文

以案析法

案号：(2018)最高法执监 848、847、845 号

基本案情

河南省平顶山市中级人民法院在执行陈某某、郭某某、春某某、贾某某申请执行汝州某观光医疗主题园区开发有限公司、闫某某、孙某某民间借贷纠纷四案中，原申请执行人陈某某、郭某某、春某某、贾某某分别将其依据生效法律文书拥有的对园区开发公司、闫某某、孙某某的债权转让给了河南某实业发展有限公司。依据实业公司的申请，平顶山中院于 2017 年 4 月 4 日作出（2016）豫 04 执 57—4 号执行裁定，变更实业公司为上述四案的申请执行人，并将四案合并执行。

2017 年 4 月 1 日，平顶山中院在淘宝网对园区开发公司部分土地使用权及部分地上建筑物进行拍卖，因无人竞买而流拍，后实业公司申请将流拍财产以物抵债。

园区开发公司另案债权人赵某某不服，向平顶山中院提出异议称，其诉园区开发公司一案，已进入执行程序。且在案件诉讼过程中，郑州市二七区人民法院对案涉土地使用权进行了查封，查封顺位先于原债权人春某某、贾某某。根据《民事诉讼法》和《最高人民法院关于首先查封法院与优先债权执行法院处分查封财产有关问题的批复》的相关规定，法院应当在实现查封在前的债权人债权以后，严格按照查封顺位对申请人的债权予以保护、清偿。

针对赵某某的异议，平顶山中院认为，当事人、利害关系人提出的执行异议必须针对具体的执行行为。赵某某依据相关法律规定，请求该院实现查封在前债权人的债权后，严格按照查封顺序对异议人的债权予以保护，不属人民法院执行异议的审查范围。平顶山中院遂裁定驳回赵某某的异议。

赵某某不服，向河南省高级人民法院申请复议称：在案件诉讼过程中，二七区法院已对园区开发公司土地进行查封，案涉土地查封顺序为陈某某首封，郭某某为 2 轮候，还有张某某、郭某 1、杨某某、蔡某某、王某某、赵某某等人依次为 3~10 轮候查封，贾某某、春某某分别为第 15、16 轮候。平顶山中院将案涉土地拍卖后以物抵债给实业公司，拍卖行为违法。

河南高院经审理查明，除本案外，另有二七区法院、汝州市人民法院查封土地、房产，按时间先后顺序为：(1) 陈某某一案，平顶山中院于 2014 年 8 月 28 日查封土地（系首封案涉土地）；(2) 郭某某一案，平顶山中院于 2014 年 9 月 1 日查封土地；(3) 郭某 1 等案，二七区法院轮候查封土地；(4) 贾某某一案，平顶山中院轮候查封土地及地上 B-29、B14-03 房产（系首封案涉房产）；(5) 春某某一案，平顶山中院轮候查封土地，并分别查封地上 R21-03 地块 13-1# 及 13-4# 住宅楼，B14-01 地块内 1#、2# 宿舍楼。

河南高院认为，本案中，被执行人园区开发公司的土地、房产从 2014 年到 2016 年被多个案件查封或者轮候查封，陈某某、郭某某先后首封、二封土地；贾某某、春某某分别首封地上两个地块的房产，但二人查封土地时间均在陈某某、郭某某及上述所列申请执行人之后。平顶山中院在陈某某、郭某某、春某某、贾某某将债权转让给实业公司后将四案合并执行，但该四案查封土地、房产的顺位情况不一，也并非全部首封案涉土地或房产，在此情况下，平顶山中院未按照上述法律规定按采取执行措施的先后顺序执行，将园区开发公司的部分土地使用权及地上部分建筑物裁定以物抵债给实业公司，该执行行为违反法律规定，侵害了顺位在先的其他债权人的利益，明显不当，应予纠正。

同时，《物权法》（已废止）第 146 条确立了土地使用权与地上建筑物、构筑物及附属设施一体化处理原则，人民法院拍卖建设用地使用权时，应当严格遵循上述法律原则，将建设用地使用权与地上建筑物、构筑物一并处分。平顶山中院将案涉土地全部土地使用权及地上房产以物抵债给实业公司，将导致其中两栋建筑物的产权人与该建筑物所占用土地的使用权人不一致的情况。平顶山中院没有充分考虑同一土地上存在建筑物权利主体不同的情况，裁定把案涉土地及地上两栋建筑物以物抵债给实业公司，这就形成同一土地，多个房产主体，土地与房产权属不一致的情况，严重违反法律规定，侵害当事人利益，并遗留纠纷隐患，应予撤销。

实业公司不服河南高院的执行裁定书，向最高人民法院申诉称：平顶山中院及河南高院错误启动法律程序，河南高院错误认定执行措施违法，导致实业公司合法债权无法实现，严重损害其合法权益，使企业生产经营陷入困境，请求撤销异议及复议裁定。

裁判要旨

最高人民法院认为，本案争议焦点之一是：以物抵债裁定是否损害查封顺位在先的其他债权人的利益。

关于执行顺位，《最高人民法院关于人民法院执行工作若干问题的规定（试行）》第 88 条第 1 款规定，多个债权人对同一被执行人申请执行，各债权人对执行标的物均无担保物权的，按照执行法院采取执行措施的先后顺序受偿。平顶山中院在陈某某、郭某某、春某某、贾某某将债权转让给实业公司后将四案合并执行，但该四案查封土地、房产的顺位情况不一，也并非全部首封案涉土地或房产。贾某某虽申请执行法院对案涉土地某地块运营商总部办公楼采取了查封措施，但该建筑占用范围内的土地使用权此前已被查封。根据《最高人民法院关于人民法院民事执行中查封、扣押、冻结财产的规定》第 23 条第 1 款有关查封土地使用权的效力及于地上建筑物的规定精神，贾某某对该建筑物及该建筑物占用范围内的土地使用权均系轮候查封，且陈某某、郭某某对本案所涉建筑物的查封顺序亦同于对土地使用权的查封顺序。

执行法院虽将春某某、贾某某的案件与陈某某、郭某某的案件合并执行，但仍应按照春某某、贾某某、陈某某、郭某某依据相应债权申请查封的顺序确定受偿顺序。对原债权人陈某某、郭某某相应债权抵债后剩余部分财产价值，应当由查封顺序在郭某某之后，在贾某某、春某某之前，且未受偿的债权人优先受偿。

因实业公司受让了贾某某、春某某及陈某某、郭某某债权，平顶山中院裁定将全部案涉财产抵债给实业公司，实质上是将查封顺位在后的原债权人贾某某、春某某的债权受偿顺序提前，影响了在先轮候的债权人的合法权益。平顶山中院未根据法律规定按照采取执行措施的先后顺序确定受偿顺序，将园区开发公司的部分土地使用权及地上部分建筑物裁定以物抵债给实业公司，该执行行为违反法律规定，侵害了顺位在先的其他债权人的利益。

综上，河南高院（2017）豫执复 148、149、158 号执行裁定认定事实清楚，适用法律正确，应予维持。实业公司申诉请求不能成立，法院不予支持。

案例评析

不同案件的被执行人一致，执行标的物种类相同，为便于案件执行，法院可将多起案件合并执行。原则上法院在合并执行后应当按照合并前各法院裁定对同一执行标的的查封先后顺序来清偿。但实务中也的确存在同一被执行人的多个执行案件合并执行后，法院按照不同债权人的债权比例进行清偿的案例。如果查封在前的债权人由于合并执行，债权受到损害，可以通过提起执行异议而予以救济。

40 轮候查封的法律效力

关键词

正式查封、轮候查封、生效时间

实务要点

要点	具体内容
含义	轮候查封就是执行法院对其他人民法院已经查封的财产依次按时间先后在登记机关进行登记，或者在该其他人民法院进行记载，排队等候，正式查封依法解除后，在先的轮候查封自动转化为正式查封的制度
查封期限	实践中，轮候查封也有查封期限，也要及时办理续封登记，否则轮候顺位将发生变化
法律效力	轮候查封在性质上不属于“查封”，它只有一种“预期”效力，轮候查封实质上没有产生法律效力
起算点	正式查封已经超过查封期间没有续封，导致查封失效，正式查封的失效时间就是下一顺序轮候查封的生效时间。轮候查封的效力以及期限从查封生效时开始计算，不能把正式查封的期限计算至轮候查封的期限范围内
解除查封	正式查封法院在司法处置查封财产时，可以解除查封及全部轮候查封，不需要征得其他轮候查封法院的同意。由于其他轮候查封的查封效力并没有实际产生，被处置的财产在过户时也不需要以其他轮候查封人的解封为先决条件

要点解析

轮候查封的规定最早出现在最高人民法院、国土资源部[①]、建设

① 现为自然资源部，后文不再赘述。

部[①]联合发布的《关于依法规范人民法院执行和国土资源房地产管理部门协助执行若干问题的通知》中，第 19 条规定："两个以上人民法院对同一宗土地使用权、房屋进行查封的，国土资源、房地产管理部门为首先送达协助执行通知书的人民法院办理查封登记手续后，对后来办理查封登记的人民法院作轮候查封登记，并书面告知该土地使用权、房屋已被其他人民法院查封的事实及查封的有关情况。"此后，《最高人民法院关于人民法院民事执行中查封、扣押、冻结财产的规定》第 26 条拓展了关于轮候查封的规定，即："对已被人民法院查封、扣押、冻结的财产，其他人民法院可以进行轮候查封、扣押、冻结。查封、扣押、冻结解除的，登记在先的轮候查封、扣押、冻结即自动生效。其他人民法院对已登记的财产进行轮候查封、扣押、冻结的，应当通知有关登记机关协助进行轮候登记，实施查封、扣押、冻结的人民法院应当允许其他人民法院查阅有关文书和记录。"

轮候查封是指两个以上人民法院对同一财产进行查封时，对后来办理查封登记的人民法院作轮候查封登记。轮候查封登记的顺序按照人民法院送达协助执行通知书的时间先后进行排列。查封法院依法解除查封的，排列在先的轮候查封自动转为查封；查封法院对查封物作出处理后，排列在后的轮候查封自动失效。

在司法实务中往往会遇到债权人数量众多，但债务人财产数量有限的情况，因此轮候查封是执行财产查封中非常常见的形式。作为轮候查封人，了解轮候查封的生效时间及期限很重要。轮候查封人应当关注轮候查封何时转化为正式查封。在轮候过程中，也要及时办理续封，确保轮候顺位靠前且不会发生变化。

① 现为住房和城乡建设部，后文不再赘述。

法律适用

□《最高人民法院关于人民法院民事执行中查封、扣押、冻结财产的规定》(2020 修正)第 26 条

对已被人民法院查封、扣押、冻结的财产,其他人民法院可以进行轮候查封、扣押、冻结。查封、扣押、冻结解除的,登记在先的轮候查封、扣押、冻结即自动生效。

其他人民法院对已登记的财产进行轮候查封、扣押、冻结的,应当通知有关登记机关协助进行轮候登记,实施查封、扣押、冻结的人民法院应当允许其他人民法院查阅有关文书和记录。

其他人民法院对没有登记的财产进行轮候查封、扣押、冻结的,应当制作笔录,并经实施查封、扣押、冻结的人民法院执行人员及被执行人签字,或者书面通知实施查封、扣押、冻结的人民法院。

以案析法

案号:(2020)最高法执监 520 号

基本案情

2009 年 4 月 8 日,山东省高级人民法院在审理某银行股份有限公司山东省分行与山东某集团有限责任公司、山东某城市建设有限责任公司、山东某发展有限公司借款担保合同纠纷一案过程中,依法查封了某集团公司持有的齐鲁银行 4000 万股权。此后,执行法院对案涉股权作出续封裁定,续封期限直到 2021 年 11 月 12 日。

2016 年 5 月 10 日,在申请执行人某银行股份有限公司张店支行与被执行人山东某商务服务有限公司、某集团公司、某城市建设公司等借款合同纠纷二案中，山东省淄博市中级人民法院轮候查封上述股权及股息，查封期限自2016年5月10日至2019年5月9日。2019年4月28日，淄博中院对案涉股权进行了续封。

2019年10月16日，淄博中院向齐鲁银行发出协助执行通知书，将案涉股权中1000万股股份的股息、红利1102万元扣划至淄博中院。利害关系人某银行股份有限公司青岛市分行向淄博中院提出书面异议，称山东高院对案涉股权及股息享有优先的执行权益，淄博中院作为轮候查封法院，无权采取扣划行为。

淄博中院指出，根据《最高人民法院关于人民法院民事执行中查封、扣押、冻结财产的规定》第9条第2款[①]的规定，查封、扣押、冻结已登记的不动产、特定动产及其他财产权，应当通知有关登记机关办理登记手续。未办理登记手续的，不得对抗其他已经办理了登记手续的查封、扣押、冻结行为。《最高人民法院、国家工商总局[②]关于加强信息合作规范执行与协助执行的通知》第11条第1款、第13条规定，人民法院冻结股权、其他投资权益时，应当向被执行人及其股权、其他投资权益所在市场主体送达冻结裁定，并要求工商行政管理机关协助公示。工商行政管理机关在多家法院要求冻结同一股权、其他投资权益的情况下，应当将所有冻结要求全部公示。首先送达协助公示通知书的执行法院的冻结为生效冻结。送达在后的冻结为轮候冻结。

故淄博中院认为，本案中，淄博中院查封案涉股权时，严格按照以上规定，分别向股权所在市场主体即齐鲁银行和工商行政管理机关

① 现为《最高人民法院关于人民法院民事执行中查封、扣押、冻结财产的规定》(2020修正)第7条第2款。

② 现为国家市场监督管理总局，后文不再赘述。

（山东省市场监督管理局）送达了有关冻结的法律文件，执行实施程序完备，且淄博中院系首先向工商行政管理机关送达协助公示通知书的执行法院，淄博中院的冻结为生效冻结。而青岛分行有关案件虽先向股权所在市场主体（齐鲁银行）送达有关冻结的法律文件，但始终未按照前述两个法律规范的相关规定向工商行政管理机关即山东省市场监督管理局送达有关冻结的法律文件，依法不得对抗淄博中院已经办理了登记手续的查封、冻结行为。

而案涉股权红利，根据《最高人民法院关于人民法院民事执行中查封、扣押、冻结财产的规定》第22条①的规定，查封、扣押的效力及于查封、扣押物的从物和天然孳息。故淄博中院对案涉股权的查封、冻结行为效力及于其天然孳息，即案涉股权红利。

基于上述理由，淄博中院于2019年11月20日作出（2019）鲁03执异178号执行裁定，驳回青岛分行的异议请求。青岛分行不服，向山东高院申请复议，山东高院支持了青岛分行的复议请求。张店支行不服山东高院的裁定，向最高人民法院申诉。

裁判要旨

最高人民法院认为，本案的争议焦点为：两个法院对同一标的股权分别进行了首查封和轮候查封后，均进行了续封，而轮候查封的法院又向市场监管部门送达协助公示通知书等，并进而扣划了部分股权的股息、红利，首封案件当事人提出异议是否应予支持。即淄博中院在轮候查封的情况下，仅因其先于首封法院向相关市场监管部门送达协助公示通知书等，从而扣划案涉款项是否具有事实和法律依据。

① 现为《最高人民法院关于人民法院民事执行中查封、扣押、冻结财产的规定》（2020修正）第20条。

第一，关于冻结非上市股份有限公司股权是否必须以向市场监管部门送达协助执行公示通知等作为生效要件的问题。《最高人民法院关于人民法院民事执行中查封、扣押、冻结财产的规定》第 9 条第 2 款中“通知有关登记机关办理登记手续”这一条件能否适用，应以确实存在就相关财产权利进行登记的义务机关为前提。根据《公司法》及相关法律法规的规定，就非上市股份有限公司而言，除发起人以外，其他股东及其股权的变动不属于工商行政管理机关的法定登记事项。因此，对于非上市股份有限公司的股权采取查封、冻结等执行行为的效力不应以是否向相关市场监管部门登记公示为必要条件。

本案中，齐鲁银行系非上市股份有限公司，山东高院冻结其非发起人股东的股权，且已经向齐鲁银行送达了有关冻结该股权的协助执行通知书，该冻结合法有效，是否向市场监管部门送达协助执行公示通知书等不影响该效力。

第二，关于执行顺位问题的判断。执行顺位问题应当依据生效的冻结时间来进行判断。本案中，淄博中院系在山东高院查封几年后进行轮候查封，且两个法院均按期进行了续封，此时执行顺序是明确的，轮候查封法院亦明知前面仍有首封法院。淄博中院于 2019 年 5 月 6 日将其中 1000 万股股份的股息、红利 1102 万元扣划至该院的做法实际上是意图否定事实上已经形成多年的执行顺位，损害了首封当事人的合法权益，不应得到支持。

案例评析

结合上述案例可知，鉴于轮候查封仅有预期效力，并不产生实际查封的效力，因此如果轮候查封法院强制执行被执行人的财产，相当于否定了原有的执行顺位，会损害首封人及其他轮候查封人的合法权益，其行为不应得到支持。

那么轮候查封人有什么方式可以维护自己的合法权益呢？

首先，如果轮候查封人享有的是优先债权，且该优先债权已经进入执行程序，而自首先查封之日起，首封法院未就该财产发布拍卖公告或者进入变卖程序超过 60 日，优先债权执行法院可以要求首封法院将查封财产移送执行，此为商请移送。其次，若被执行人是企业，且确实无财产可供执行，轮候查封人可以考虑申请被执行人破产。最后，根据《最高人民法院关于适用〈中华人民共和国民事诉讼法〉的解释》第 506 条、第 507 条的规定，若被执行人为公民或其他组织，在被执行人的财产不足以清偿所有债权时，轮候查封人可以向法院申请参与分配。

41　预处罚措施

关键词

预处罚、拒不协助执行、协助义务

实务要点

要点	具体内容
适用条件	•个人和单位在收到协助执行通知书后，要配合法院及时履行协助执行的义务，配合法院的执行，如协助执行确有不便，应说明相应法律依据； •否则，承办法官可在作出正式处罚前，向拒不履行协助义务的个人和单位发出预处罚通知书，要求其在法院规定的时间内履行协助执行义务，并表明若其逾期不履行，法院将依法予以处罚

要点解析

案件的执行工作不仅需要法院执行法官、执行干警的勤勉尽职，更需要案件相关当事人的支持和配合。在执行过程中，执行法官会依据执行裁定向与执行标的相关的单位或个人发出协助执行通知书，有时可能会出现单位或个人拒不配合法院执行工作的情况。采取预处罚措施，向拒不履行协助执行义务的单位或个人发出预处罚通知书，不仅可以督促、警示当事人及时履行协助义务，也可以避免直接采取处罚措施对当事人造成的不利影响，属于较为柔性的处理方案。

法律适用

□《中华人民共和国民事诉讼法》第 117 条

有义务协助调查、执行的单位有下列行为之一的，人民法院除责令其履行协助义务外，并可以予以罚款：

（一）有关单位拒绝或者妨碍人民法院调查取证的；

（二）有关单位接到人民法院协助执行通知书后，拒不协助查询、扣押、冻结、划拨、变价财产的；

（三）有关单位接到人民法院协助执行通知书后，拒不协助扣留被执行人的收入、办理有关财产权证照转移手续、转交有关票证、证照或者其他财产的；

（四）其他拒绝协助执行的。

人民法院对有前款规定的行为之一的单位，可以对其主要负责人或者直接责任人员予以罚款；对仍不履行协助义务的，可以予以拘留；并可以向监察机关或者有关机关提出予以纪律处分的司法建议。

□《中华人民共和国民事诉讼法》第 118 条

对个人的罚款金额，为人民币十万元以下。对单位的罚款金额，为人民币五万元以上一百万元以下。

拘留的期限，为十五日以下。

被拘留的人，由人民法院交公安机关看管。在拘留期间，被拘留人承认并改正错误的，人民法院可以决定提前解除拘留。

□《最高人民法院关于审理拒不执行判决、裁定刑事案件适用法律若干问题的解释》第 1 条

被执行人、协助执行义务人、担保人等负有执行义务的人对人民法院的判决、裁定有能力执行而拒不执行，情节严重的，应当按照刑法第三百一十三条的规定，以拒不执行判决、裁定罪处罚。

以案析法

基本案情[①]

在某破产清算案件办理过程中，经破产管理人与债务人股东核实，破产企业设立的网商店铺尚有保证金，故破产管理人向法院申请将保证金划拨至管理人账户。2022 年 4 月，法官作出同意划拨的裁定，并将裁定书、协助执行通知书邮寄至网商店铺所属的某网络科技公司。但网络公司收到上述材料后，将全部材料退回法院。经法院多次询问，网络公司作出口头回复，称根据公司内部的规定，只能将钱款划拨至法院的执行账户，而不能划拨至其他账户。

① 参见《执不执行〈协助执行通知书〉？预罚款 50 万元》，载微信公众号“中山市中级人民法院”2022 年 7 月 29 日。

处理结果

鉴于网络公司在接收到协助执行通知书后，拒不履行协助划拨款项的义务，亦未说明不履行的法律依据，2022 年 6 月，法院向网络公司发出了预处罚通知书，要求其在规定时间内按照协助执行通知书的内容履行相应义务。若逾期不履行，法院将依法对其拒不履行协助义务的行为予以处罚，罚款金额 50 万元。网络公司收到该通知书后，立即按照要求履行了相应义务。

案例评析

“预处罚”的推出很好地体现了最高人民法院“柔性执法、善意执行”的办案理念。发出预处罚通知书相当于法院向被执行人、协助义务人发出的“黄牌警告”[①]，提前告知被执行人、协助义务人可能面临的处罚，既能起到有效的警示作用，也能给当事人留出履行义务的空间，避免直接面临严重处罚。

① 参见《执不执行〈协助执行通知书〉？预罚款 50 万元》，载微信公众号“中山市中级人民法院”2022 年 7 月 29 日。

第三部分

执行异议救济

42 超额查封的救济

关键词

足额清偿、明显超额、解除查封、不可分物除外

实务要点

要点	具体内容
查封的限额	查封、冻结财产，以其价额足以清偿债权及执行费用为限
超额查封的救济	明显超过标的额的查封应当依据申请或依职权解除
超额查封的例外情形	查封财产为不可分物，且无其他财产可以清偿或者其他财产不足以清偿的，不属超额查封

要点解析

超额查封并不是一个简单意义的数字比较，往往是一个复杂的综合分析，不能单纯以查封物评估价格是否超过执行标的额认定超额查封。申请执行人为了防止被执行人逃避债务的履行，会在诉讼前或诉讼过程中申请财产保全，由于查封时，债权金额尚未得到生效法律文书确认，实践中会发生超额查封的情况。面对超额查封，债务人应当及时向法院提出异议，申请解除超额查封的财产，以保护自身的合法利益。

法律适用

□《最高人民法院关于人民法院民事执行中查封、扣押、冻结财产的规定》(2020 修正)第 19 条

查封、扣押、冻结被执行人的财产,以其价额足以清偿法律文书确定的债权额及执行费用为限,不得明显超标的额查封、扣押、冻结。

发现超标的额查封、扣押、冻结的,人民法院应当根据被执行人的申请或者依职权,及时解除对超标的额部分财产的查封、扣押、冻结,但该财产为不可分物且被执行人无其他可供执行的财产或者其他财产不足以清偿债务的除外。

以案析法

案号:(2022)冀 0203 执异 24 号

基本案情

某银行股份有限公司唐山分行与河北迁西某旅游发展有限责任公司、迁西县某矿业有限责任公司及王某 1、王某 2、张某借款合同纠纷一案,河北省唐山市路北区人民法院判决旅游公司偿还唐山分行借款本金及利息 13,735,248.96 元。旅游公司提供了价值 6065.04 万元的房产和 100 万投出质股权作为担保,若旅游公司不能按期偿还上述借款本息,唐山分行有权就某房产和某出质股权折价或者以拍卖、变卖的价款优先受偿。

判决书生效后,唐山分行向法院申请强制执行。2021 年 9 月,路北区法院依据判决书查封了矿业公司的采矿权。2021 年 10 月 12 日,因矿业公司的采矿权已到期,需办理采矿权的延续。为保证矿业公司的合法权益，唐山分行同意其续办采矿权，但请求继续查封矿业公司的采矿权，不得为其办理采矿权的变卖、抵押、质押、赠予和转让手续，查封有效期至2024年10月11日止。

被执行人向路北区法院提出异议，称唐山分行针对采矿权的查封已经给异议人矿业公司造成了无法估量的损失。另外，申请执行人依法享有对异议人旅游公司名下土地、王某名下房产和出质股权折价或拍卖、变卖的优先受偿权，上述抵押和质押财产价值早已经超过了法院裁判确定偿还金额的数倍，现法院于2021年10月再次查封矿业公司的采矿权，属于严重的超标查封，请求法院解除申请执行人对采矿权的查封。

裁判要旨

路北区法院认为，根据民事判决书，旅游公司欠唐山分行借款本息1370万元，而旅游公司提供的担保物价值早已超过应偿还金额的数倍，且担保物尚未被折价或者拍卖、变卖，再次查封矿业公司的采矿权属于严重的超标查封，不应得到支持。

案例评析

就被执行人而言，超额查封会对其正常的生活和生产经营产生负担和不利影响，因此一旦法院的查封行为构成超额查封，被执行人应当及时向法院申请解除查封，以维护其自身的合法权益。

同样地，超额查封也可能会给申请执行人造成不利影响。根据《民事诉讼法》第108条的规定，保全申请有错误的，保全申请人应当赔偿被申请人因保全所遭受的损失。当法院在超额保全中有过错的，被申请人甚至可以请求国家赔偿。

为了有效避免超额查封的情形发生，尽量准确地判断财产价值至关重要。首先，在判断查封财产的价值时，可以参考第三方评估机构作出的评估报告中确定的价格和查封财产的普遍市场价值；其次，判断价值时必须将财产上是否存在其他优先权利人这一因素考虑在内。若标的财产上存在其他抵押权人，考虑到其债权能够在最终财产的处置价值中优先受偿，查封财产的价值超过被执行人应履行的债务未必会构成超额查封，可以扣除抵押权人的债权数额后再进行判断。此外，以（2015）执复字第 12 号案件为例，司法拍卖过程中可能发生的价格波动也应当纳入判断的考量范围内。

需要注意的是，如果财产上存在轮候查封，由于轮候查封并不具有正式查封的效力，且顺位在前的查封的执行情况会直接影响轮候查封的财产价值，因此轮候查封通常不会被认定为超额查封。

43 申请撤销网络拍卖

关键词

网络司法拍卖、当事人、利害关系人、提出异议、撤销的情形

实务要点

要点	具体内容
撤销拍卖的条件	当事人、利害关系人对于网络拍卖有异议的，可以提出异议，请求撤销拍卖

续表

要点	具体内容
允许提出异议的情形	•拍卖财产瑕疵严重，致使买受人产生重大误解； •网络系统故障、病毒入侵、黑客攻击，致使拍卖结果错误； •竞买人恶意串通，损害他人利益； •买受人不具有竞买资格； •违法限制竞买人参加竞买，或者对享有同等权利的竞买人规定不同竞买条件
拍卖撤销的救济	拍卖被法院撤销，如果认为是法院行为违法，可以申请国家赔偿；其他主体违法，可以另行提起诉讼

要点解析

网络司法拍卖作为目前主流的拍卖方式，有拍卖公开、拍卖佣金少、竞买人众多等优势，受到当事人及司法机构的认可。但网络拍卖也可能存在损害当事人及利害关系人利益的情形，若对于拍卖存在异议，当事人或利害关系人可以依据《民事诉讼法》第236条的规定提出异议，请求撤销拍卖。

法律适用

□《最高人民法院关于人民法院网络司法拍卖若干问题的规定》第31条

当事人、利害关系人提出异议请求撤销网络司法拍卖，符合下列情形之一的，人民法院应当支持：

（一）由于拍卖财产的文字说明、视频或者照片展示以及瑕疵说明严重失实，致使买受人产生重大误解，购买目的无法实现的，但拍卖时

的技术水平不能发现或者已经就相关瑕疵以及责任承担予以公示说明的除外;

(二)由于系统故障、病毒入侵、黑客攻击、数据错误等原因致使拍卖结果错误,严重损害当事人或者其他竞买人利益的;

(三)竞买人之间,竞买人与网络司法拍卖服务提供者之间恶意串通,损害当事人或者其他竞买人利益的;

(四)买受人不具备法律、行政法规和司法解释规定的竞买资格的;

(五)违法限制竞买人参加竞买或者对享有同等权利的竞买人规定不同竞买条件的;

(六)其他严重违反网络司法拍卖程序且损害当事人或者竞买人利益的情形。

□《最高人民法院关于人民法院网络司法拍卖若干问题的规定》第32条

网络司法拍卖被人民法院撤销,当事人、利害关系人、案外人认为人民法院的拍卖行为违法致使其合法权益遭受损害的,可以依法申请国家赔偿;认为其他主体的行为违法致使其合法权益遭受损害的,可以另行提起诉讼。

□《最高人民法院关于人民法院网络司法拍卖若干问题的规定》第33条

当事人、利害关系人、案外人认为网络司法拍卖服务提供者的行为违法致使其合法权益遭受损害的,可以另行提起诉讼;理由成立的,人民法院应当支持,但具有法定免责事由的除外。

以案析法

案号:(2022)辽04执复34号

基本案情

因某银行股份有限公司抚顺东洲支行与抚顺市某木业有限公司借款合同纠纷一案,辽宁省新宾满族自治县人民法院依法拍卖木业公司名下的土地及房屋,庄某通过司法程序购得拍卖物。

2021年12月1日,庄某提出书面异议,称在办理产权过户登记手续过程中发现拍卖物存在重大瑕疵,且法院未在拍卖公告中予以披露,使自己产生重大误解,致使购买拍卖财产的目的无法实现,因此请求法院撤销拍卖。

新宾法院审查后支持了庄某的申请,东洲支行不服异议裁定,向辽宁省抚顺市中级人民法院申请复议。

裁判要旨

抚顺中院认为,设立拍卖公告及信息公示的目的在于最大限度地保障竞买人对拍卖信息的知情权。全面了解拍卖标的财产状况、权利负担等情况,对于拍卖标的物可能存在的瑕疵问题和缺陷形成初步的心理预期,有助于竞买人最终决定是否参与竞买以及以何种价格参与竞买。基于此,拍卖公告和信息公示对拍卖标的各类信息应当全面、准确且尽可能详尽。

本案中,新宾法院未对拍卖房屋包含违法占用未经审批的土地这一瑕疵进行审查,且在拍卖公告中对案涉土地存在超出土地红线无法办理不动产权属证书的情形未予告知,该瑕疵足以使庄某产生重大误解,最终导致其购买房屋居住、使用的目的无法实现。因此庄某的撤销请求应该得到支持。

案例评析

根据《最高人民法院关于人民法院网络司法拍卖若干问题的规定》第 6 条第 1 项、第 2 项的规定，法院应当在实施网络司法拍卖前查明并披露拍卖财产的真实状况。如果未予说明或者说明不清，导致竞买人权利受损，竞买人有权撤销拍卖。例如，(2017)沪 01 执复 109 号案件，由于拍卖公告中未指出拍卖房产无法办理房地产证，致使竞买人的购买目的无法实现，法院裁定撤销拍卖。需要注意的是，申请撤销司法拍卖必须在执行终结前提出。

那么，在什么情形下，法院会裁定不予撤销司法拍卖呢？

第一，以(2020)最高法执监 171 号案件为例，若拍卖房屋存在承租人，承租人仅以自己未收到司法拍卖通知，导致其优先购买权受到侵害为由申请撤销司法拍卖的，法院不予认可。

第二，以(2016)苏执复 93 号案件为例，竞买人主张针对执行标的财产做出的评估报告部分内容与实际不符，财产评估价值明显低于实际价值，损害了竞买人的合法权益。而法院认为，评估报告只是确定财产处置价的参考依据，在评估、拍卖过程公开、透明、合法的前提下，竞买人一般不能因为评估价不准确而申请撤销司法拍卖。

44 案外人申请不予执行仲裁裁决

关键词

案外人、不予执行、仲裁裁决

实务要点

要点	具体内容
申请不予执行的条件	•案外人自知道或者应当知道人民法院对该标的采取执行措施之日起30日内提出； •执行标的尚未执行终结； •有证据证明仲裁案件当事人恶意申请仲裁或者虚假仲裁，损害其合法权益； •仲裁裁决主文或者仲裁调解书处理当事人民事权利义务的结果部分或者全部错误，损害案外人合法权益
申请被驳回的救济	人民法院裁定驳回或者不予受理申请，案外人不服的，可以自裁定送达之日起10日内向上一级人民法院申请复议

要点解析

仲裁裁决具有一裁终裁、程序简便、效率高等诸多特点，越来越受合同当事人的欢迎。但当事人利用仲裁裁决或达成仲裁调解，损害案外人利益的情况时有发生。为了保护自己的合法权益，案外人可以依据相关法律规定申请不予执行，以达到救济目的。

法律适用

□《最高人民法院关于人民法院办理仲裁裁决执行案件若干问题的规定》第9条

案外人向人民法院申请不予执行仲裁裁决或者仲裁调解书的，应当提交申请书以及证明其请求成立的证据材料，并符合下列条件：

（一）有证据证明仲裁案件当事人恶意申请仲裁或者虚假仲裁，损害其合法权益；

（二）案外人主张的合法权益所涉及的执行标的尚未执行终结；

（三）自知道或者应当知道人民法院对该标的采取执行措施之日起三十日内提出。

□《最高人民法院关于人民法院办理仲裁裁决执行案件若干问题的规定》第18条

案外人根据本规定第九条申请不予执行仲裁裁决或者仲裁调解书，符合下列条件的，人民法院应当支持：

（一）案外人系权利或者利益的主体；

（二）案外人主张的权利或者利益合法、真实；

（三）仲裁案件当事人之间存在虚构法律关系，捏造案件事实的情形；

（四）仲裁裁决主文或者仲裁调解书处理当事人民事权利义务的结果部分或者全部错误，损害案外人合法权益。

□《最高人民法院关于人民法院办理仲裁裁决执行案件若干问题的规定》第22条

人民法院裁定不予执行仲裁裁决、驳回或者不予受理不予执行仲裁裁决申请后，当事人对该裁定提出执行异议或者申请复议的，人民法院不予受理。

人民法院裁定不予执行仲裁裁决的，当事人可以根据双方达成的书面仲裁协议重新申请仲裁，也可以向人民法院起诉。

人民法院基于案外人申请裁定不予执行仲裁裁决或者仲裁调解书，当事人不服的，可以自裁定送达之日起十日内向上一级人民法院申请复议；人民法院裁定驳回或者不予受理案外人提出的不予执行仲裁裁决、仲裁调解书申请，案外人不服的，可以自裁定送达之日起十日内向上一级人民法院申请复议。

以案析法

案号:(2022)湘执复48号

基本案情

2014年5月28日,朱某1、任某、朱某4与杨某委托人朱某2、转委托人朱某3签订了一份调解协议,约定杨某将自己在多个单位的承包工程结算款用以偿还朱某1、任某及朱某4的相应欠款,并共同申请湘潭仲裁委员会按调解协议的内容制作调解书。2014年5月30日,朱某1、任某、朱某4向湖南省湘潭市中级人民法院申请执行调解书。在执行过程中,湘潭中院对被执行人杨某所有的、登记在王某名下的三套商铺予以查封并拍卖。2017年3月28日,张家界某国际健康养生管理有限公司作为案外人以其已善意取得该三套商铺为由提出排除执行异议。

经湘潭中院查明,2014年11月30日,某养生公司与王某签订商品房转让合同,后双方发生纠纷。

裁判要旨

湘潭中院经审理后发现,杨某的委托代理人朱某3与案件中的债权人朱某1系亲戚关系,且经双方确认的朱某1对杨某享有债权中包含朱某3的债权,故不能排除代理人与第三人串通损害被代理人利益的可能性。且仲裁调解书中所确认的债务,无相应转账凭证证实,无法确认债权真实存在,仲裁案件当事人之间存在虚构借贷关系、捏造案件事实的情形。

本案中，案外人某养生公司已按合同约定支付了全部购房款，其申请不予执行本案仲裁调解书系基于其享有请求办理房屋过户登记的权利。上述虚假仲裁调解的执行，将因拍卖杨某案涉财产而直接影响某养生公司权利的实现，因此某养生公司提出的排除执行的异议应得到支持。

案例评析

根据《最高人民法院关于人民法院办理仲裁裁决执行案件若干问题的规定》第 18 条的规定，若仲裁案件当事人之间存在虚构法律关系、捏造事实的情形，且依此作出的仲裁裁决或调解书损害了案外人的合法权益，案外人可以申请不予执行仲裁裁决或仲裁调解书。

当然，在实务中也可能存在被执行人与案外人恶意串通，利用不予执行仲裁裁决或调解书的申请来拖延执行时间的情形，因此法院在审查案外人的申请时往往会注意以下两点：

第一，申请人主体是否适格。首先，提出不予执行申请的案外人应是该执行案件的利害关系人，即仲裁裁决或调解书的内容牵涉甚至损害案外人的合法权益。其次，案外人不应与被执行人存在关联，若案外人是被执行人的关联公司，则不能排除两者之间存在恶意串通之嫌。

第二，申请人提出不予执行申请的期限。案外人需在知道或应当知道法院对标的采取执行措施之日起 30 日内提出申请。逾期提出申请的，法院不予受理，已经受理的，法院应裁定驳回申请。

45 终结本次执行程序的救济

关键词

提出异议、申请恢复、执行措施

实务要点

要点	具体内容
救济措施	• 当事人、利害关系人认为终结本次执行程序违反法律规定的，可以在60日内提出执行异议，人民法院应当依照《民事诉讼法》第232条的规定进行审查； • 终结本次执行程序后，申请执行人发现被执行人有可供执行财产的，可以向执行法院申请恢复执行，申请恢复执行不受申请执行时效期间的限制； • 终结本次执行程序后，人民法院已对被执行人依法采取的执行措施和强制措施继续有效； • 终结本次执行程序后，被执行人或者其他人妨害执行的，人民法院可以依法予以罚款、拘留；构成犯罪的，依法追究刑事责任

要点解析

终结本次执行程序是指人民法院已穷尽一切执行措施，未发现被执行人有可供执行的财产或者发现的财产不能处置的，将暂时终结执行程序并作结案处理，待发现可供执行财产后继续恢复执行的一项制度。2016年，最高人民法院发布《关于严格规范终结本次执行程序的规定（试行）》，对终结本次执行程序的实质标准和程序标准做了严格规定，包括要求必须依法发出执行通知、责令被执行人报告财产、将符合条件的被执行人纳入失信名单、依法查找下落不明的被执行人、穷尽财产调查措施、约谈申请执行人等。本次执行程序的终结不是案件执行的终结，更不是申请人权利的终结。当事人及利害关系人可以对法院作出的终结裁定提出异议，申请执行人也可以在发现被执行人有财产可供执行时申请恢复执行。

法律适用

□《最高人民法院关于严格规范终结本次执行程序的规定（试行）》全文

以案析法

案号：（2018）云29司惩复17号

基本案情

复议申请人陈某不服云南省祥云县人民法院就申请执行人普某与被执行人陈某、付某买卖合同纠纷作出的（2018）祥拘字第52号决定，向云南省大理白族自治州中级人民法院申请复议，称：（1）祥云县人民法院拘留复议申请人的程序不合法，不应在案件未恢复执行时就采取拘留措施；（2）复议申请人并不存在拒不履行生效判决的行为，对复议申请人作出拘留决定缺乏事实依据；（3）复议申请人已在应当承担责任的范围内承担了相应责任，不得重复要求复议申请人承担责任；（4）祥云县人民法院无权单方面认定复议申请人与被申请人之间的执行和解协议无效，在没有证据证明和解协议无效的情况下，法院应当以执行和解协议作为复议申请人履行义务的依据。

裁判要旨

白族自治州中院经审查后认为:

第一,对于复议申请人提出拘留程序不合法的问题,根据《最高人民法院印发〈关于严格规范终结本次执行程序的规定(试行)〉的通知》第17条的规定,执行程序终结后,若被执行人妨害执行的,法院可以依法予以拘留。故祥云县人民法院在案件终结本次执行程序后,采取拘留措施的程序合法。

第二,对于复议申请人并不存在拒不履行生效判决行为,依法不应当对申请人进行司法拘留的问题,根据祥云县人民法院2018年11月21日的询问笔录记载,被执行人陈某曾明确表示对案件剩下未履行的本金及利息不作表态,且经执行干警提醒后仍拒绝配合法院在询问笔录上签字,其行为已构成拒不履行法律文书和抗拒执行,故祥云县人民法院采取拘留措施的事实清楚。

第三,对于复议申请人不应当重复承担责任的问题,根据《最高人民法院关于执行和解若干问题的规定》第5条以及2017年《民事诉讼法》第230条[①]的规定,在执行中,当事人协商一致,可以变更执行和解协议,并向人民法院提交变更后的协议,或者由执行人员将变更后的内容记入笔录,并由双方当事人签名或者盖章。当事人不履行和解协议的,人民法院可以根据当事人的申请,恢复对原生效法律文书的执行。

本案中,复议申请人陈某提出后续与普某签订了执行和解协议及补充协议,但未及时依法向人民法院提交,且无被执行人付某的签字,

① 现为第241条。

祥云县人民法院2018年11月21日的询问笔录中被执行人付某也明确表示对协议不清楚、不认可，故该案件中不存在超出责任范围承担责任的情况。

第四，对于复议申请人提出祥云县人民法院执行局无权单方面认定执行和解协议无效的问题，不属于本案复议问题范畴，法院不作处理。

综上，复议申请人陈某的复议申请，无任何事实和法律依据，其复议请求，法院不予支持。祥云县人民法院认定被执行人陈某拒不履行人民法院生效法律文书确定的义务，对其作出司法拘留15日的决定，认定事实清楚，适用法律正确，程序合法，应予维持。

案例评析

根据上述案例我们可以知道，终结本次执行程序后，若被执行人存在妨害执行的行为，例如被执行人拒不履行人民法院生效法律文书确定的义务，法院可以对被执行人采取司法拘留。除此以外，在本次执行终结后，申请执行人和法院还可以针对本次执行做些什么呢？

首先，就申请执行人来说，在收到终结本次执行的裁定书后，应当及时确认是否需要就该裁定提起异议。若不在60日内提起异议，申请执行人将丧失针对终本裁定提起异议的权利。其次，鉴于当发现被执行人还有可供执行的财产时，申请执行人可以向法院申请恢复已经终结的本次执行，且该恢复请求不受两年诉讼时效的限制，因此申请执行人即使收到终本裁定，仍然可以积极主动地关注、了解被执行人的财产状况。

同样地，对于执行法院来说，即使本次执行案件被终结，也不意味着法院能够彻底结束这个案件的所有工作。其应当在终结本次执行程序后的5年内，每6个月通过网络执行查控系统查询一次被执行人的财产，并将查询结果告知申请执行人。符合恢复执行条件的，执行法院应当及时恢复执行。如果法院没有及时完成这份工作，申请执行人可以直接就该问题联系法院和承办法官。

46 执行程序共有物代位析产之诉

关键词

执行程序、共有物、分割析产诉讼

实务要点

要点	具体内容
诉讼目的	被执行人的财产与他人共同共有，分割析产后有利于处置
诉讼主体	因被执行人不提出析产请求，申请人作为原告，代位提起诉讼
诉讼程序	执行程序因析产诉讼中止执行，待诉讼结果生效后恢复执行
裁判结果	共有人可以协议分割方式，达不成协议的，共有的不动产或动产可以分割且不会因分割减损价值的，应当对实物予以分割，难以分割的，应当对折价或者拍卖价款予以分割

要点解析

《最高人民法院关于人民法院民事执行中查封、扣押、冻结财产的规定》设立了债权人代位析产诉讼，申请执行人以自己的名义行使代位析产诉讼，其目的是排除被执行人与他人的财产以共有状态对债权人实现债权的妨碍。对被执行人与他人共同共有的财产，法院可以查封，但不能直接处分。实务中，申请人作为被执行人的债权人，可以依据司法解释的规定代位提起析产诉讼，但诉讼请求只能是主张将被执行人与其他共有人的共有财产进行析产分割，而不能直接主张以被执行人所得的财产向申请人为给付义务，这是与代位权诉讼的重大区别。申请人债权的实现，只能等析产诉讼结束后，从恢复执行中得以实现。

法律适用

□《最高人民法院关于人民法院民事执行中查封、扣押、冻结财产的规定》（2020 修正）第 12 条

对被执行人与其他人共有的财产，人民法院可以查封、扣押、冻结，并及时通知共有人。

共有人协议分割共有财产，并经债权人认可的，人民法院可以认定有效。查封、扣押、冻结的效力及于协议分割后被执行人享有份额内的财产；对其他共有人享有份额内的财产的查封、扣押、冻结，人民法院应当裁定予以解除。

共有人提起析产诉讼或者申请执行人代位提起析产诉讼的，人民法院应当准许。诉讼期间中止对该财产的执行。

以案析法

案号:（2022）湘 07 民终 2671 号

基本案情

就梅某与左某附带民事赔偿纠纷一案，湖南省常德市鼎城区人民法院于 2018 年 9 月 17 日作出(2018)湘 0703 刑初 201 号刑事附带民事判决书。因被执行人左某未按时履行生效判决确认的义务，申请执行人梅某于 2019 年 1 月 14 日向鼎城法院申请强制执行。2019 年 5 月 24 日，因并未发现被执行人有可供执行财产，申请执行人也未能提供其他可供执行财产线索，鼎城法院依法裁定终结本次执行程序。后梅某发现左某与第三人沈某于 2015 年购买了位于鼎城区的某房屋，并于 2019 年 5 月 5 日与沈某签订离婚协议，约定房屋归属于沈某一人。于是，梅某向鼎城区人民法院起诉，要求分割左某、沈某共同共有的房屋。

鼎城法院认为，本案中，梅某享有对左某的债权已经人民法院生效判决确认，并已申请强制执行。后因左某无其他财产可供执行，裁定执行程序终结。而案涉房产已经执行程序查明属左某与沈某共有财产，但共有人未进行析产，左某作为共有人也未提起析产诉讼，导致执行程序终结，阻却了梅某债权的实现，已构成对债权的侵害。因此，梅某提起代位析产诉讼，于法有据。

左某、沈某不服，向湖南省常德市中级人民法院提起上诉，称案涉房屋已于 2018 年抵押给案外人，若进行分割会影响抵押权人的合法权益。

裁判要旨

常德中院认为，本案的争议焦点为：一是梅某是否有权代位提起对案涉房屋进行析产的诉讼；二是左某是否享有案涉房产 50% 份额。

关于焦点一，债权人代位析产诉讼是指人民法院在民事执行程序中，被执行人无其他财产可供执行或其财产不足以清偿债务却与他人有共有财产，而被执行人及其他共有人拒不主动析产以供债务人履行债务的情况下，由申请执行人以自己的名义代被执行人之位，依法提起的诉讼，请求共有人对共有财产进行析产。本案中，左某犯交通肇事罪一案刑事附带民事判决已经发生法律效力，并由一审法院强制执行，左某未提供证据证明其个人所有的财产足以清偿其所欠债务，亦未主动对夫妻共同财产进行析产，因此梅某有权以申请执行人的身份代位提起诉讼，请求对左某、沈某的夫妻共同财产份额进行析产。

关于焦点二，左某、沈某在双方婚姻关系存续期间购买案涉房屋，双方离婚时虽约定将案涉房屋分割给沈某，但并未办理过户登记，且左某犯交通肇事罪刑事附带民事生效判决在前，离婚在后，左某明知自己尚未履行赔偿义务，而故意将案涉房屋全部分割给沈某，有损债权人的合法权益，故案涉房屋应当认定为左某、沈某的夫妻共同财产，两人对案涉房屋各享有50%的份额。

关于左某、沈某提出案涉房屋已抵押给案外人的上诉意见，因该抵押并未办理抵押登记，且案外人在一审法院执行案涉房屋时，曾提出执行异议，被一审法院裁定驳回，该裁定书已经发生法律效力，故该上诉理由不成立，法院不予采纳。

案例评析

依据《最高人民法院关于人民法院民事执行中查封、扣押、冻结财产的规定》第12条第3款的规定，在执行过程中，为避免被执行人逃避履行债务，致使债权受损，申请执行人可以依据享有的债权代被执行人提起析产诉讼。

那么在代位析产诉讼过程中，如何确定被执行人在共有财产中所享有的份额呢？根据《民法典》第308条、第309条的规定，共有人对共有的不动产或者动产没有约定为按份共有或者共同共有，或者约定不明确的，除共有人具有家庭关系等外，视为按份共有。按份共有人对共有的不动产或者动产享有的份额，没有约定或者约定不明确的，按照出资额确定；不能确定出资额的，视为等额享有。

根据上述条款，在确定被执行人的份额时可以参照以下顺序：按照共有人之间合法有效的约定确定份额→没有约定或约定不明的，按照购买财产时的出资额确定份额→不能确定出资额的，视为等额。其中，需要注意的是，若共有财产为不动产，且不动产所有权证上登记了共有人的份额，则应当依据不动产的登记确定份额。

47 执行程序标的物灭失之诉

关键词

执行程序、交付特定物、灭失

实务要点

要点	具体内容
诉讼目的	通过诉讼程序确定已经毁损或灭失的标的物的价值
受理条件	•执行标的物是特定物，而非种类物； •执行标的物原物已经毁损或灭失； •当事人对折价赔偿不能协商一致； •执行法院裁定终结执行
诉讼主体	原告为执行标的物权利人

要点解析

在执行程序中，执行标的已经毁损或者灭失，执行依据对该标的没有确定价值的，若申请执行人与被执行人对于特定物的价值也不能达成一致，且执行法院不能在执行程序中通过评估、询价等程序进行确认处置价格的，法院应当裁定终结执行，并要求执行标的物权利人另行提起诉讼，确定价值后予以赔偿。

法律适用

□《最高人民法院关于适用〈中华人民共和国民事诉讼法〉的解释》(2022修正)第492条

执行标的物为特定物的，应当执行原物。原物确已毁损或者灭失的，经双方当事人同意，可以折价赔偿。

双方当事人对折价赔偿不能协商一致的，人民法院应当终结执行程序。申请执行人可以另行起诉。

以案析法

案号：(2019)川0182民初3693号

基本案情

彭州市某市场服务有限责任公司与四川省彭州某房地产开发有限公司因履行土地使用权转让合同发生争议，某市场公司诉至四川省彭州市人民法院。彭州法院作出(2007)彭州民初字第813号民事判决，判决房地产公司于房屋验收合格后10日内将在购买的某服务公司土地上修建房屋的二楼1800平方米的建筑面积，按约定每平方米960元的价格出售给某服务公司24套住宅房。

房地产公司上诉至成都市中级人民法院，成都中院作出(2008)

成民终字第1003号民事判决，判决驳回上诉，维持原判。某服务公司向彭州法院申请强制执行。

因房地产公司仅向某服务公司出售了其中9套房屋，剩余15套住房已经向其他人出售，且某服务公司与房地产公司对折价赔偿未协商一致，彭州法院于2016年11月20日作出（2016）川0182执恢63号执行裁定，终结执行。某服务公司向彭州法院提起标的物灭失之诉，请求法院判令房地产公司赔偿某服务公司损失6,828,224元，并由房地产公司承担本案鉴定评估费用。

案件审理过程中，经某服务公司申请，彭州法院于2020年3月31日委托某房地产土地资产评估（四川）有限公司就房屋价值进行鉴定。评估公司对案涉住宅房进行评估，出具了《房地产咨询性估价结果报告》，确定估价对象于价值时点2016年11月20日的市场价值如下：彭州市房屋的平均单价为3070元/平方米（按建筑面积计）。

裁判要旨

彭州法院认为，本案系执行中特定执行标的物灭失，不能执行替代物且各方未就折价赔偿达成一致所产生的损害赔偿纠纷，本案的争议焦点为房地产公司是否应向某服务公司赔偿损失以及损失金额确定的问题。

第一，就房地产公司是否应赔偿的问题，房地产公司应向某服务公司出售24套住宅房的义务以及出售房屋的面积和出售价格已经由法院生效判决予以确认。判决生效后，因房地产公司未履行生效法律文书确定的义务，导致标的物灭失，案件执行不能，某服务公司本应通过支付房屋价款而取得的对房屋的占有、使用、收益的权利受到了侵害，房地产公司作为归责主体，应向某服务公司承担损害赔偿责任。

第二，就损害赔偿金额的确定，鉴于房地产公司未能交付的房屋为 15 套，其应承担的损害赔偿责任的范围应为 15 套住宅房的价值，因此如何认定房屋价值是确定损害赔偿金额的关键。根据原《合同法》第 113 条（现为《民法典》第 584 条）的规定，“当事人一方不履行合同义务或者履行合同义务不符合约定，给对方造成损失的，损失赔偿额应当相当于因违约所造成的损失，包括合同履行后可以获得的利益，但不得超过违反合同一方订立合同时预见到或者应当预见到的因违反合同可能造成的损失”。

彭州法院认为，损失的范围应当包括合同履行后的可期待利益。故确定住宅房价值的时点应为在执行程序中作出执行标的物灭失无法交付认定之时为宜，即 2016 年 11 月 20 日作出（2016）川 0182 执恢 63 号执行裁定，认定房地产公司无法向某服务公司出售已修建的 24 套住宅房并裁定终结执行的时间节点。

案例评析

因标的物的灭失，权利人无法通过原物的交付享有对标的物占有、使用、收益的权利，故执行标的物灭失之诉的存在有助于帮助权利人通过要求损害赔偿维护自己的合法权益。

需要补充的是，若执行标的物的灭失是基于被执行人的主观恶意，例如在执行过程中，被执行人拒绝履行生效法律文书确定的义务，将应当交付的房屋拆除，该行为构成了拒不执行判决、裁定罪，依法应当对被执行人定罪处罚。

当然，笔者认为，若执行标的物灭失是申请执行人的原因导致的，被执行人不必承担相应的赔偿责任；若执行标的物的灭失是案外人的原因导致的，被执行人就原物毁损、灭失承担相应责任后，可以向案外人追偿。

48 执行分配异议之诉

关键词

执行分配、异议、诉讼

实务要点

要点	具体内容
诉讼流程	•执行程序中，被执行人的其他债权人向法院申请参与分配； •多个债权人对执行财产申请参与分配的，执行法院应当制作财产分配方案，并送达债权人和被执行人； •债权人和被执行人对分配方案有异议的，在收到分配方案之日起15日内提出书面异议，未提出异议的债权人、被执行人可提出反对意见； •异议人收到法院通知后，以提出反对意见的债权人和被执行人为被告，向执行法院提起分配异议之诉
诉讼主体	原告为异议人，被告为就分配方案异议提出反对意见的债权人和被执行人
期限	债权人和被执行人应当在收到分配方案之日起15日内提出书面异议

要点解析

对于同一被执行人的多个债权人来说，执行案款的分配方案与各债权人的清偿有重大关系。因此为了尽力保障所有债权人的合法权益，法律规定若执行程序不能达成分配方案，对分配方案有异议的一方有权另行诉讼解决。

法律适用

□《最高人民法院关于适用〈中华人民共和国民事诉讼法〉的解释》(2022 修正)第 509 条

多个债权人对执行财产申请参与分配的，执行法院应当制作财产分配方案，并送达各债权人和被执行人。债权人或者被执行人对分配方案有异议的，应当自收到分配方案之日起十五日内向执行法院提出书面异议。

□《最高人民法院关于适用〈中华人民共和国民事诉讼法〉的解释》(2022 修正)第 510 条

债权人或者被执行人对分配方案提出书面异议的，执行法院应当通知未提出异议的债权人、被执行人。

未提出异议的债权人、被执行人自收到通知之日起十五日内未提出反对意见的，执行法院依异议人的意见对分配方案审查修正后进行分配；提出反对意见的，应当通知异议人。异议人可以自收到通知之日起十五日内，以提出反对意见的债权人、被执行人为被告，向执行法院提起诉讼；异议人逾期未提起诉讼的，执行法院按照原分配方案进行分配。

诉讼期间进行分配的，执行法院应当提存与争议债权数额相应的款项。

以案析法

案号：(2021)豫 9001 民初 3628 号

基本案情

2015 年至 2016 年，河南省济源市人民法院先后立案执行了闫某等与郭某、杨某1、薛某、杨某2、杨某3、杨某4之间六起债务清偿纠纷，并于2018年10月28日作出执行裁定，裁定对登记在杨某5(已过世的债务人，闫某等系其继承人)名下的房屋予以查封。

2019年3月7日，济源市法院依法拍卖案涉房产，并根据评估公司的估价报告以及司法拍卖平台的最终成交价，作出执行拍卖款分配方案，分别送达申请执行人。

郭某对分配方案提出异议，其他申请执行人均不同意其异议意见，于是郭某提起执行分配方案异议之诉，称:(1)应优先受偿其所有债权，剩余款项再按照比例分配给其他申请执行人;(2)分配方案遗漏了房产保全期间所产生的房租以及债务人迟延履行所产生的利息，属于方案存在明显错误。

裁判要旨

首先，济源市法院认为，因郭某和其他申请执行人起诉闫某等人的案由均为被继承人债务清偿纠纷，闫某等人只需在继承遗产实际价值范围内对债务承担责任。执行中，执行机构认为被执行人，即杨某5的财产不能清偿所有债权，准予其他债权人参与分配，并无不当。

其次，因本案系执行分配方案异议之诉纠纷，分配的财产是指主持分配的法院已控制的被执行人的财产，至于查封期间的租金不属于本次分配方案中可支配款项。根据《最高人民法院关于执行程序中计算迟延履行期间的债务利息适用法律若干问题的解释》第4条的规定，被执行人的财产不足以清偿全部债务的，应当先清偿生效法律文书确定的金钱债务，再清偿加倍部分债务利息，但当事人对清偿顺序另有约定的除外。即执行款项不足以支付所有生效法律文书确认的金钱债务的，迟延履行利息不再计入债权数额参与分配。

综上，济源市法院作出裁判，本案应按原分配方案进行分配。

案例评析

债权人或被执行人就分配方案提出异议后，若未提出异议的债权人、被执行人就该异议提出反对意见，异议人应当以提出反对意见的债权人、被执行人作为被告提起执行分配异议之诉。那么，未提出反对意见的债权人或被执行人是否必须参与本次诉讼呢？

根据《民事审判指导与参考》总第 90 辑的观点，未提出反对意见的债权人或被执行人是否必须参加执行分配异议之诉，应结合其与执行分配方案异议之诉案件的处理结果是否具有法律上的利害关系来判断，不宜一概而论。

例如，若执行分配异议之诉的结果并不会对某些债权人的债权产生影响，审理法院就没有将这些债权人列为第三人的必要；若执行分配异议之诉的产生是由于部分债权人未通过生效法律文书确定债权就直接申请参与分配，而其他债权人或被执行人对于这部分债权有异议的，诉讼结果会直接影响被执行人以及其他债权人的债务清偿顺位，因此在这种情况下，将其他未提出反对意见的债权人或被执行人列为第三人是有必要的。

49 执行行为异议

关键词

法院执行行为、违法、书面异议、复议

实务要点

要点	具体内容
执行行为的分类	•执行措施：令状措施（搜查令、申报令）、查控措施、流程措施（暂缓执行、中止终结）、限制措施； •执行程序：法定期限、法定顺序（未经查封不得处分、清偿顺序）
异议主体	当事人、利害关系人认为执行行为违反法律规定的，可以向负责执行的人民法院提出书面异议；对同一执行行为存在多项异议事由，应当一并提出
执行异议的处理	人民法院应当自收到书面异议之日起15日内审查，理由成立的，裁定撤销或者改正；理由不成立的，裁定驳回
执行异议的救济	当事人、利害关系人对裁定不服的，可以自裁定送达之日起10日内向上一级人民法院申请复议

要点解析

执行行为异议是当事人、利害关系人享有的一项重要权利，如果认为执行法院存在以下情形，可以提出异议：（1）认为人民法院的执行行为违法，妨碍其轮候查封、扣押、冻结的债权受偿的；（2）认为人民法院的拍卖措施违法，妨碍其参与公平竞价的；（3）认为人民法院的拍卖、变卖或者以物抵债措施违法，侵害其对执行标的的优先购买权的；（4）认为人民法院要求协助执行的事项超出其协助范围或者违反法律规定的；（5）认为其他合法权益受到人民法院违法执行行为侵害的。正确行使该项权利可以有效阻止权利受损。

法律适用

□《中华人民共和国民事诉讼法》第236条

当事人、利害关系人认为执行行为违反法律规定的，可以向负责执行的人民法院提出书面异议。当事人、利害关系人提出书面异议的，人民法院应当自收到书面异议之日起十五日内审查，理由成立的，裁定撤销或者改正；理由不成立的，裁定驳回。当事人、利害关系人对裁定不服的，可以自裁定送达之日起十日内向上一级人民法院申请复议。

以案析法

案号：(2022)浙0212执异46号

基本案情

宁波市江东区人民法院在审理原告周某、吴某与被告宁波某电器有限公司、宁波市某精密钢管有限公司、宁波某消防器材有限公司、上海某投资管理有限公司、浙江省某投资服务有限公司、应某1、应某2、应某3借贷纠纷四案过程中，经两原告申请，于2008年9月1日查封了登记在上海某投资公司名下位于浙江省长兴县的土地使用权及地上建筑。

四案判决生效后，因被执行人未履行判决确定的义务，四案进入执行程序，转由浙江省宁波市鄞州区人民法院执行。在执行过程中，鄞州法院对上海某投资公司名下的上述财产依法进行了多次查封，并进行了多轮拍卖、变卖，但均流拍，其中最后一次于2021年11月结束，变卖的保留价为1860万元。在此期间，周某未提出抵债申请。最后一次变卖结束后，周某向鄞州法院提出以物抵债申请，认为除上海某投资公司尚有上述财产外，其余被执行人已无其他财产可供执行，而上述财产系由本案首轮查封，为减少损失，要求以变卖确定的保留价抵偿债务。

2021 年 11 月 26 日，鄞州法院作出（2021）浙 0212 执恢 686 号之二执行裁定书，认为上述财产不能交付周某抵债，且未发现被执行人有其他可供执行的财产，故裁定终结本次执行程序。

周某对鄞州法院终结该案本次执行程序不服，向鄞州法院提出书面异议，称：依据《最高人民法院关于人民法院民事执行中拍卖、变卖财产的规定》第 16 条的规定，异议人可以申请抵债。

鄞州法院在审理过程中另查明：上海某投资公司已被工商行政部门吊销营业执照，其作为被执行人涉及多个执行案件，仅鄞州法院正在执行的案件涉及金额就已超过 1 亿元，其中现正在进行审理的一起纠纷的主体为另一申请执行人吴某，其作为本案债权人的资格有待该诉讼确认。

裁判要旨

鄞州法院认为，根据《企业破产法》第 2 条第 1 款的规定，企业法人不能清偿到期债务，并且资产不足以清偿全部债务或者明显缺乏清偿能力的，依照本法规定清理债务。本案中，上海某投资公司拖欠巨额债务，现有资产不足以清偿全部债务，已符合上述法律规定情形。

根据《最高人民法院关于适用〈中华人民共和国民事诉讼法〉的解释》（2022 修正）第 514 条，《最高人民法院关于人民法院民事执行中拍卖、变卖财产的规定》第 16 条、第 25 条的规定，执行案件是否移送破产、不破产时各债权的清偿顺序、是否将流拍财产以物抵债等事项均有可能因为申请执行人的意愿表态产生不同结果。本案中，执行案件是否移送破产、是否申请执行标的以物抵债，均涉及上海某投资公司除异议人周某外的其他申请执行人。由于上海某投资公司的申请执行人之一吴某的债权人资格存在纠纷，故本案需待另案的结果才能确定真正的申请执行人，以征求其移送破产或者抵债等意见。直接将本案所涉财产交付异议人抵债，可能损害其他债权人的利益，故不能支持异议人的抵债请求。

此外，《最高人民法院关于执行案件立案、结案若干问题的意见》第 16 条第 1 款对“终结本次执行程序”方式结案的情形作了规定，其中第 4 项规定：被执行人的财产无法拍卖变卖，或者动产经两次拍卖、不动产或其他财产权经三次拍卖仍然流拍，申请执行人拒绝接受或者依法不能交付其抵债，经人民法院穷尽财产调查措施，被执行人确无其他财产可供执行的。据此，鄞州法院终结本次执行程序符合法律规定。

综上，异议人的请求缺乏法律依据，鄞州法院不予支持。

案例评析

根据《民事诉讼法》第 236 条的规定，当事人、利害关系人认为执行行为违反法律规定的，可以向负责执行的人民法院提出书面异议。若当事人、利害关系人提出的异议内容不符合法律规定的情形，法院将依法驳回该异议。

由于《民事诉讼法》第 236 条的规定较为笼统，在实务中常常会遇到障碍。而《最高人民法院关于人民法院办理执行异议和复议案件若干问题的规定》针对《民事诉讼法》第 236 条（2017 年《民事诉讼法》第 225 条）有关执行行为异议的规定进行了细化，现笔者将相关要点总结如下，以供参考：

提出执行行为异议的主体：有权提起该异议的主体包括执行案件当事人（申请执行人、被执行人）和利害关系人。而其中“利害关系人”包括符合以下条件的当事人以外的自然人、法人和非法人组织：(1)认为人民法院的执行行为违法，妨碍其轮候查封、扣押、冻结的债权受偿的；(2)认为人民法院的拍卖措施违法，妨碍其参与公平竞价的；(3)认为人民法院的拍卖、变卖或者以物抵债措施违法，侵害其对执行标的的优先购买权的；(4)认为人民法院要求协助执行的事项超出其协助范围或者违反法律规定的；(5)认为其他合法权益受到人民法院违法执行行为侵害的。

提出执行行为异议的期限：应当在执行程序终结之前提出，但对终结执行措施提出异议的除外。而就终结执行行为提出异议的期限，规定在《最高人民法院关于对人民法院终结执行行为提出执行异议期限问题的批复》中，即自收到终结执行法律文书之日起 60 日内，或未收到法律文书的，应当自知道或者应当知道人民法院终结执行之日起 60 日内。

可以提出执行行为异议的行为范围：(1)查封、扣押、冻结、拍卖、变卖、以物抵债、暂缓执行、中止执行、终结执行等执行措施；(2)执行的期间、顺序等应当遵守的法定程序；(3)人民法院作的侵害当事人、利害关系人合法权益的其他行为。被执行人以债权消灭、丧失强制执行效力等执行依据生效之后的实体事由提出排除执行异议的，人民法院应参照《民事诉讼法》第 236 条的规定进行审查。

执行行为异议的立案期限：执行异议符合《民事诉讼法》第 236 条和《最高人民法院关于人民法院办理执行异议和复议案件若干问题的规定》(2020 修正)第 7 条规定条件的，人民法院应当在 3 日内立案，并在立案后 3 日内通知异议人和相关当事人。

50 唯一住房执行异议

关键词

被执行人唯一住房、生活必需住房、评判标准

实务要点

要点	具体内容
含义	法院拍卖被执行人唯一住房，被执行人以执行标的系本人及所扶养家属维持生活必需的居住房屋为由提出异议
法院不予支持的情形	• 对被执行人有扶养义务的人名下有其他能够维持生活必需的居住房屋的； • 执行依据生效后，被执行人为逃避债务转让其名下其他房屋的； • 申请执行人按照当地廉租住房保障面积标准为被执行人及所扶养家属提供居住房屋，或者同意参照当地房屋租赁市场平均租金标准从该房屋的变价款中扣除 5 年至 8 年租金的； • 执行依据确定被执行人交付居住的房屋，自执行通知送达之日起，已经给予 3 个月的宽限期，被执行人以该房屋系本人及所扶养家属维持生活的必需品为由提出异议的

要点解析

唯一住房作为生存权的基础，一直以来是法院不愿触碰的执行禁区。而如今，随着人们的住房环境和生活条件的改善，可以通过以大换小、调整差价、更换环境等方式，用置换差价方式清偿债务，所以唯一住房的强制执行具备法律依据、理论依据和执行条件。但执行中，申请执行人还是要准备被执行人及其家属的安置预案、提交处置唯一

住房的必要性分析，以及衍生风险预判等配套措施，以取得执行法院的支持。

法律适用

□《中华人民共和国民事诉讼法》第238条

执行过程中，案外人对执行标的提出书面异议的，人民法院应当自收到书面异议之日起十五日内审查，理由成立的，裁定中止对该标的的执行；理由不成立的，裁定驳回。案外人、当事人对裁定不服，认为原判决、裁定错误的，依照审判监督程序办理；与原判决、裁定无关的，可以自裁定送达之日起十五日内向人民法院提起诉讼。

□《最高人民法院关于人民法院办理执行异议和复议案件若干问题的规定》(2020修正)第20条

金钱债权执行中，符合下列情形之一，被执行人以执行标的系本人及所扶养家属维持生活必需的居住房屋为由提出异议的，人民法院不予支持：

(一)对被执行人有扶养义务的人名下有其他能够维持生活必需的居住房屋的；

(二)执行依据生效后，被执行人为逃避债务转让其名下其他房屋的；

(三)申请执行人按照当地廉租住房保障面积标准为被执行人及所扶养家属提供居住房屋，或者同意参照当地房屋租赁市场平均租金标准从该房屋的变价款中扣除五至八年租金的。

执行依据确定被执行人交付居住的房屋，自执行通知送达之日起，已经给予三个月的宽限期，被执行人以该房屋系本人及所扶养家属维持生活的必需品为由提出异议的，人民法院不予支持。

以案析法

案号:(2021)粤执复 776 号

基本案情

某银行股份有限公司深圳市分行与李某1、李某2借款合同纠纷一案,深圳国际仲裁院作出(2020)深国仲裁5813号裁决,裁决:(1)李某1向深圳分行偿还借款本金及利息、复利,并补偿深圳分行因该案发生的律师费、财产保全费和仲裁费;(2)深圳分行有权就依法处置李某1、李某2名下位于深圳市龙岗区的案涉房屋所得价款优先受偿上述债权及实现债权的费用;(3)李某1应在该裁决作出之日起15日内向深圳分行履行上述裁决所定义务,未能按上述期间履行的,应向深圳分行加倍支付迟延履行期间的债务利息。

因上述生效仲裁裁决确定的给付义务,深圳分行向广东省深圳市中级人民法院申请强制执行,执行案号为(2021)粤03执3165号。执行过程中,深圳中院查明案涉房屋被深圳市福田区人民法院首先查封,经发函商请,福田法院同意将案涉房屋移送深圳中院执行。因李某1、李某2在指定期限内拒不履行生效法律文书确定的义务,深圳中院裁定强制拍卖、变卖案涉房屋以清偿债务。2021年8月31日,深圳中院作出(2021)粤03执3165号拍卖通知书,通知双方当事人该院定于2021年10月11日在淘宝网司法拍卖网络平台予以拍卖案涉房屋。

李某1、李某2不服,向深圳中院提出执行异议,称案涉房屋是李某1、李某2一直以来唯一生活居住用房,李某1失业且患有抑郁症,还有未满14岁的儿子要抚养,另外还有母亲一起生活,而申请执行人深圳分行未提供安置方案，请求终止对案涉房屋的强制执行。深圳中院驳回了李某1、李某2的异议，李某1、李某2不服，向广东省高级人民法院申请复议。

裁判要旨

广东高院认为，本案的争议焦点在：是否应该终止对案涉房屋的强制处分程序。

根据《最高人民法院关于人民法院办理执行异议和复议案件若干问题的规定》第20条第1款的规定，如果被执行人有扶养义务的人名下有其他能够维持生活必需的居住房屋，即使执行标的系被执行人及所扶养家属维持生活必需的居住房屋，法院仍然可以强制执行该房屋。

本案中，深圳分行已经书面表示，如若查明案涉房屋系被执行人的唯一住房，深圳分行同意按照深圳房屋租赁市场平均租金标准从案涉房屋的变卖价款中扣除5年至8年租金。深圳中院亦在异议裁定中明确，后续执行过程中，将根据被执行人及其所扶养家属的实际居住情况等因素，决定是否需要以及应当如何制定相应安置方案，以保障被执行人及其所扶养家属的临时居住问题得以妥善处理。为此，李某1、李某2以深圳分行未提供安置方案为由提出异议依据不足，广东高院不予支持。

案例评析

结合上述案例和《最高人民法院关于人民法院办理执行异议和复议案件若干问题的规定》第20条的规定可知，被执行人及其所扶养家属维持生活必需的居住房屋不当然可以直接豁免执行。若申请执行人愿意按照当地廉租住房保障面积标准为被执行人及所扶养家属提供居住房屋，或者同意参照当地房屋租赁市场平均租金标准从该房屋的变价款中扣除 5 年至 8 年租金，法院是可以继续强制执行案涉房屋的。

但在实务中，由于难以判断案涉房屋是否超出“唯一住房”的标准，为避免出现民生问题，法院往往会采取仅查封、不处理的消极方式。那么，我们可以以何种标准就房屋是否构成“维持生活所必需的唯一居住房屋”进行一个初步判断呢？其一，房屋自身的性质必须为居住用房，若为商用，很难认定该房屋是“唯一居住房屋”；其二，被执行人及其有扶养关系的人名下确无其他房产可供居住；其三，被执行人及其有扶养关系的人没有能力租赁其他房屋用以居住。

51 不动产买受人排除执行异议

关键词

不动产买卖、查封前签订买卖合同、排除执行异议

实务要点

要点	具体内容
一手房排除执行的条件	•在人民法院查封之前已签订合法有效的书面买卖合同； •所购商品房系用于居住，且买受人名下无其他用于居住的房屋； •已支付的价款超过合同约定总价款的 50%
二手房排除执行的条件	•在人民法院查封之前已签订合法有效的书面买卖合同； •在人民法院查封之前已合法占有该不动产； •已支付全部价款，或者已按照合同约定支付部分价款且将剩余价款按照人民法院的要求交付执行； •非因买受人自身原因未办理过户登记

续表

要点	具体内容
预售房排除执行的条件	查封前办理预售登记的受让人可以提出停止处分异议，符合物权登记条件的可以提出排除执行异议

要点解析

实践中二手房排除执行审查难度最大，对于二手房的买受人，对于房屋查封所提出的异议，必须证明以下事实：在签订书面买卖合同前房屋没有被查封、房款支付后或者同时合法占有房屋、房款支付方式符合合同约定、非因买受人自身原因未办理过户登记，方可排除法院执行。

法律适用

□《中华人民共和国民事诉讼法》第238条

执行过程中，案外人对执行标的提出书面异议的，人民法院应当自收到书面异议之日起十五日内审查，理由成立的，裁定中止对该标的的执行；理由不成立的，裁定驳回。案外人、当事人对裁定不服，认为原判决、裁定错误的，依照审判监督程序办理；与原判决、裁定无关的，可以自裁定送达之日起十五日内向人民法院提起诉讼。

□《最高人民法院关于人民法院办理执行异议和复议案件若干问题的规定》(2020修正)第28条

金钱债权执行中，买受人对登记在被执行人名下的不动产提出异议，符合下列情形且其权利能够排除执行的，人民法院应予支持：

(一)在人民法院查封之前已签订合法有效的书面买卖合同；

（二）在人民法院查封之前已合法占有该不动产；

（三）已支付全部价款，或者已按照合同约定支付部分价款且将剩余价款按照人民法院的要求交付执行；

（四）非因买受人自身原因未办理过户登记。

□《最高人民法院关于人民法院办理执行异议和复议案件若干问题的规定》（2020 修正）第 29 条

金钱债权执行中，买受人对登记在被执行的房地产开发企业名下的商品房提出异议，符合下列情形且其权利能够排除执行的，人民法院应予支持：

（一）在人民法院查封之前已签订合法有效的书面买卖合同；

（二）所购商品房系用于居住且买受人名下无其他用于居住的房屋；

（三）已支付的价款超过合同约定总价款的百分之五十。

□《最高人民法院关于人民法院办理执行异议和复议案件若干问题的规定》（2020 修正）第 30 条

金钱债权执行中，对被查封的办理了受让物权预告登记的不动产，受让人提出停止处分异议的，人民法院应予支持；符合物权登记条件，受让人提出排除执行异议的，应予支持。

以案析法

案号：（2021）京 0115 民初 12087 号

基本案情

2012 年 7 月 20 日，王某与李某签订购房合同，约定李某将位于北京市大兴区的某房屋出售给王某，同时王某向李某支付了购房首付款。2015年10月29日，北京市大兴区人民法院作出（2015）大民初字第05107号民事判决，认定王某与李某已以事实行为实际解除了购房合同，据此判决李某返还王某购房款以及违约金。

判决生效后，王某向大兴法院申请强制执行，大兴法院予以立案执行，案号为（2016）京0115执1725号。执行过程中，大兴法院于2016年9月28日查封了登记在李某名下的案涉房屋。后经法院查明，该房屋已被邵某合法占有，大兴法院裁定不予执行。

王某不服，向大兴法院提起申请执行人执行异议之诉，称案涉房屋尚不具备上市交易条件，邵某与李某之间的房屋买卖合同应属无效合同。法院查封案涉房屋是为了保护王某的债权，王某债权基础也源于案涉房屋，法院应当对案涉房屋继续执行。且邵某早就应当知道案涉房屋被查封，还继续向李某支付款项，不属于善意第三人，法院不应当保护其权利。故请求法院强制执行李某名下的房屋。

被告邵某辩称：其一，2014年4月2日，邵某与李某签订了有关案涉房屋买卖的补充协议，其内容不违反法律、行政法规的强制性规定，合法有效，并且早于案涉房屋被查封时间；其二，根据中国联合网络通信有限公司北京市分公司通信业务收据、北京歌华有线电视网络股份有限公司客户确认单，邵某在自2014年5月就开始居住于案涉房屋，对于该房屋的合法占有早于法院查封；其三，邵某已经按照合同约定支付了房款净得价，并清偿了案涉房屋的抵押贷款，两部分款项之和已超过双方约定的购房款总金额；其四，当时未能完成房屋过户登记系因房屋上有抵押，并非自身原因。

裁判要旨

大兴法院认为，依据《最高人民法院关于人民法院办理执行异议和复议案件若干问题的规定》第 28 条之规定，金钱债权执行中，买受人对登记在被执行人名下的不动产提出异议，符合下列情形且其权利能够排除执行的，人民法院应予支持：(1)在人民法院查封之前已经签订合法有效的书面买卖合同；(2)在人民法院查封之前已合法占有该不动产；(3)已支付全部价款，或者已按照合同约定支付部分价款且将剩余价款按照人民法院的要求交付执行；(4)非因买受人自身原因未办理过户登记。

本案中，首先，案涉房屋在 2016 年 9 月 28 日进行了查封，而邵某与李某签订补充协议的时间为 2014 年 4 月 2 日，早于本院查封案涉房屋的时间。补充协议的内容实为双方就案涉房屋签订的买卖合同，且该合同约定的内容并不违反我国法律、行政法规的强制性规定，应当认定有效。其次，结合相关证据能够认定邵某在法院查封之前就已实际合法占有、使用了案涉房屋。再次，邵某如约支付了李某房款“净得价”部分的款项，并已清偿案涉房屋的抵押贷款，且两部分款项之和已超过双方约定的购房款总金额，亦满足房款给付的相关要求。最后，案涉房屋因负有抵押而不具备办理过户登记条件，后续大兴法院的查封也导致邵某无法办理过户登记，故未办理过户登记并非邵某自身原因。综上，王某要求恢复执行案涉房屋的诉讼请求，缺乏事实和法律依据，不予支持。

案例评析

为了保障善意第三人的合法权益，《最高人民法院关于人民法院办理执行异议和复议案件若干问题的规定》第 28 条规定，若买受人与被执行人之间已经签订了合法的不动产购房合同，并支付了相应价款，且在人民法院查封之前买受人已合法占有该不动产，即使未办理过户登记，只要未登记并非买受人自身原因，其权利即可以排除执行。

那么，在什么情况下，买受人的行为可能会被认定为就未办理过户登记的事实存在过错呢？

《全国法院民商事审判工作会议纪要》第127条第2款指出，一般而言，买受人只要有向房屋登记机构递交过户登记材料、向出卖人提出办理过户登记的请求等积极行为，或者买受人虽无上述积极行为，但其未办理过户登记有合理的客观理由，就可以认定为未办理过户登记属于非买受人自身的原因。相反，若买受人在购房过程中态度消极，未主动履行一些买受人的义务，就可能被认定为存在过错。

例如，(2020)最高法民再75号案件，案涉房屋为预售商品房，最高人民法院认为，就预售商品房的出售，买卖双方签订购房合同后应当及时办理商品房买卖合同网签和备案登记，以保障买受人的合法权益不会因为预售的性质受到影响。且案涉房屋买卖合同也约定了"本合同的备案采用网上签约联机备案的方式进行"。故买受人无论是否知晓房屋上存在抵押权的情况，都应积极办理案涉房屋的网签和备案登记，以便有助于后续成功取得房屋的所有权。然而买受人并未办理网签和备案登记，亦未举证证明其曾积极主张办理网签和备案登记。虽然案涉房屋抵押在前，但是该种消极行使自身权利的行为，亦导致其未能够在法院查封之前通过其他途径主张相应权利，因此买受人不能排除申请执行人对案涉房屋的强制执行。

52 不动产租赁权异议

关键词

不动产租赁、承租人排除执行异议

实务要点

要点	具体内容
法院支持异议的条件	•承租人请求在租赁期内阻止向受让人移交占有被执行的不动产; •在人民法院查封之前已签订合法有效的书面租赁合同并占有使用该不动产; •按约定支付租金、支付物业管理费用
法院不予支持异议的情形	承租人与被执行人恶意串通,以明显不合理的低价承租被执行的不动产或者伪造交付租金证据

要点解析

在不动产拍卖案件中,根据买卖不破租赁的原则,承租人依法可以请求阻止交付不动产,维持法院查封前的租赁现状,并按照《民事诉讼法》第 238 条的规定提出执行异议之诉。实践中,存在利用虚构的长期租赁合同,恶意串通案外人,妨碍竞买,阻碍法院执行的案例,这种行为是不可取的,将受到执行法院的严肃处罚。

法律适用

□《中华人民共和国民事诉讼法》第238条

执行过程中，案外人对执行标的提出书面异议的，人民法院应当自收到书面异议之日起十五日内审查，理由成立的，裁定中止对该标的的执行；理由不成立的，裁定驳回。案外人、当事人对裁定不服，认为原判决、裁定错误的，依照审判监督程序办理；与原判决、裁定无关的，可以自裁定送达之日起十五日内向人民法院提起诉讼。

□《最高人民法院关于人民法院办理执行异议和复议案件若干问题的规定》(2020修正)第31条

承租人请求在租赁期内阻止向受让人移交占有被执行的不动产，在人民法院查封之前已签订合法有效的书面租赁合同并占有使用该不动产的，人民法院应予支持。

承租人与被执行人恶意串通，以明显不合理的低价承租被执行的不动产或者伪造交付租金证据的，对其提出的阻止移交占有的请求，人民法院不予支持。

以案析法

案号:(2022)浙0212执异50号

基本案情

2021年5月28日，宁波市鄞州区人民法院就原告宁波市农业科学研究院与被告宁波某文化产业发展有限公司房屋租赁合同纠纷一案，作出(2020)浙0212民初13155号民事判决，判决如下:(1)原告与被告的租赁合同关系于 2020 年 7 月 16 日终止;(2)被告向原告腾退、返还案涉租赁合同约定的租赁房屋、场地以及案涉租赁区域内的部分大楼。

上述判决生效后,因被执行人未履行生效法律文书确定的义务,经申请执行人的执行申请,鄞州法院予以立案执行,案号为(2021)浙 0212 执 8777 号。执行过程中,鄞州法院决定对被执行人原租赁于申请执行人的房屋、场地等实施强制腾退,并于 2021 年 11 月 23 日作出公告进行了张贴。

执行过程中,案外人宁波市某五金厂向鄞州法院提出书面异议,称案外人与被执行人的法定代表人曹某签订房屋租赁协议,租赁申请执行人的房屋作为厂房使用,约定租期 3 年,至 2011 年 1 月 30 日。到期后曹某同意续租,案外人每年交付一次租金。现法院拟腾退案外人实际承租的房屋,为了保障案外人的租赁权,请求法院停止对案涉房屋的腾退。

裁判要旨

鄞州法院认为,承租人请求在租赁期内阻止向受让人移交占有被执行的不动产,在人民法院查封之前已签订合法有效的书面租赁合同并占有使用该不动产的,人民法院应予支持。但本案审查期间,案外人既未提交合法且现行有效的书面租赁合同,也未提交租金支付凭证,无法证明其在案涉不动产上存在合法的租赁关系,故案外人要求停止腾退的主张缺乏事实依据,不予支持。

案例评析

根据《最高人民法院关于人民法院办理执行异议和复议案件若干问题的规定》第 31 条第 1 款的规定,承租人在人民法院查封之前已签订合法有效的书面租赁合同并占有使用该不动产的，可以请求在租赁期内阻止向受让人移交占有被执行的不动产，但实务中承租人必须提供足够的证据支持其主张。

故，通常情况下，承租人若提起异议，其不仅要提供证据证明与被执行人之间存在合法有效的书面租赁合同，而且合同签订于执行标的查封之前，还要出具证据证明其已经实际占有、使用了案涉不动产，如水、电、燃气费用的缴纳，宽带网络的安装等。

此外，如果法院判断承租人与被执行人之间签订的租赁合同明显是为了妨碍执行，损害申请执行人的合法权益，承租人与被执行人会构成《最高人民法院关于人民法院办理执行异议和复议案件若干问题的规定》第 31 条第 2 款所称的“恶意串通”，承租人排除执行的异议会被法院驳回。

实务中，若出现以下情形，法院可能会更加注意判断承租人与被执行人是否存在恶意串通：(1)租赁合同约定的租金明显不合理，相较于市场价过高或过低；(2)承租人与被执行人存在关联关系，如亲属、关联公司；(3)出租人明显未从租赁关系中获利或者获利极少；(4)承租人对房屋的使用情况不明或不正常等。

53 申请人执行异议之诉

关键词

执行异议之诉、申请人提出、继续执行

实务要点

要点	具体内容
诉讼目的	在法院对案外人的异议申请裁定中止执行的情形下，申请人执行异议之诉能够救济申请人在执行程序下的请求权
受理条件	异议审查前置。收到执行法院异议裁定后 15 日内提出、请求法院继续执行
诉讼主体	•申请人为原告； •案外人为被告； •被执行人反对的为共同被告，不反对的为第三人
判决方式	案外人对执行标的不享有足以排除执行的民事权益的，判决准予执行该标的；享有足以排除执行的民事权益的，判决驳回诉讼请求

要点解析

《民事案件案由规定》明确了我国执行异议之诉包括案外人执行异议之诉、申请执行人执行异议之诉。申请人提出执行异议之诉的目的是阻止案外人对执行标的的异议，维持执行措施。

法律适用

□《最高人民法院关于适用〈中华人民共和国民事诉讼法〉的解释》(2022 修正)第 306 条

申请执行人提起执行异议之诉的，以案外人为被告。被执行人反对申请执行人主张的，以案外人和被执行人为共同被告；被执行人不反对申请执行人主张的，可以列被执行人为第三人。

□《最高人民法院关于适用〈中华人民共和国民事诉讼法〉的解释》(2022 修正)第 311 条

对申请执行人提起的执行异议之诉，人民法院经审理，按照下列情形分别处理：

（一）案外人就执行标的不享有足以排除强制执行的民事权益的，判决准许执行该执行标的；

（二）案外人就执行标的享有足以排除强制执行的民事权益的，判决驳回诉讼请求。

以案析法

案号：（2021）辽0115民初161号

基本案情

就原告刘某1与被告刘某2、被告沈阳某房地产开发有限公司的借款合同纠纷案件，沈阳市辽中区人民法院作出（2016）辽0122民初3332号民事判决，判决被告刘某2偿还原告刘某1借款本金600万元及利息，被告沈阳某房地产开发有限公司对上述借款本金及利息承担偿还责任。

该判决书生效后，原告刘某1作为申请执行人向法院申请执行被告房地产公司开发的位于辽宁省辽中区的某房屋。案件执行过程中，案外人金某对执行标的即查封的楼房提出书面异议，称其在辽中法院查封案涉房屋之前就与被告房地产公司签订了买卖合同，双方存在合法、有效的房屋买卖关系，且金某已按照合同约定支付了房屋价款以及相关费用，取得案涉房屋的钥匙，对案涉房屋构成实际占有，请求法院解除查封。辽中法院于2017年12月22日作出（2017）辽0115执异139号执行异议裁定，裁定中止对案涉房屋的执行。

原告刘某1不服上述裁定，认为财产保全查封时，案涉房屋不存在任何备案登记，且原告实际到现场张贴查封封条时，案涉房屋无人居住，被告金某仅依据商品房买卖合同和收款收据，不足以证明案涉房屋所有权在法院查封前已经转移，房屋已经实际交付被告占有和使用，请求法院准许对案涉房屋继续强制执行。

裁判要旨

辽中法院认为，根据《最高人民法院关于适用〈中华人民共和国民事诉讼法〉的解释》的规定，案外人或者申请执行人提起执行异议之诉的，案外人应当就其对执行标的享有足以排除强制执行的民事权益承担举证证明责任。对申请执行人提起的执行异议之诉，人民法院经审理，按照下列情形分别处理：(1)案外人就执行标的不享有足以排除强制执行的民事权益的，判决准许执行该执行标的；(2)案外人就执行标的享有足以排除强制执行的民事权益的，判决驳回诉讼请求。

本案中，被告金某所提供的证据存有多处矛盾，不能证明其对执行标的享有足以排除强制执行的民事权益，案件执行不应被裁定终止。

案例评析

根据《最高人民法院关于适用〈中华人民共和国民事诉讼法〉的解释》的相关规定，当申请执行人对案外人提出的执行异议提起执行异议之诉时，案外人应当就其对执行标的享有足以排除强制执行的民事权益承担相应的举证证明责任，否则法院会判决准许继续执行案涉标的。

此外，需要注意的是，若执行标的为被执行人对案外人享有的到期债权，而案外人对该执行标的提出异议，申请执行人不能提起执行异议之诉，仅能另行提起代位权诉讼，即申请执行人以自己的名义代被执行人行使该债权。

因为根据《民事审判指导与参考》总第90辑的观点，在到期债权未经生效法律文书确认的情况下进行强制执行，相当于在执行程序中对被执行人与案外人之间的债权债务关系作出认定，这样的认定可能会损害案外人的合法权益。故案外人一旦提出异议，法院就必须中止执行该到期债权，且法院对于案外人提出的异议仅作形式审查，该异议内容是否成立不属于执行法院的审查范围。申请执行人只能通过提起代位权诉讼向案外人（被执行人的债务人）主张相应的权利，无权提起执行异议之诉。

54 案外人异议之诉

关键词

案外人异议、异议之诉

实务要点

要点	具体内容
分类	案外人异议分为基于所有权、物权期待权（案外人为不动产买受人）、承租权等提出的排除执行的异议
诉讼目的	案外人请求法院停止执行案涉执行标的
诉讼主体	•案外人为原告； •申请人为被告； •被执行人反对的为共同被告，不反对的为第三人

续表

要点	具体内容
特殊情形	•案外人不得对财产保全提出异议之诉，只能按照《最高人民法院关于适用〈中华人民共和国民事诉讼法〉的解释》第171条的规定申请复议； •案外人对轮候查封不能提出异议之诉； •担保物权人不能提出异议之诉； •案外人可以在提起异议之诉的同时提出确认其权利的申请

要点解析

与申请人提起执行异议之诉相同，案外人提起执行异议之诉的目的在于阻止法院执行，停止对标的物采取强制措施。

法律适用

□《最高人民法院关于人民法院办理执行异议和复议案件若干问题的规定》(2020修正)第24条

对案外人提出的排除执行异议，人民法院应当审查下列内容：

(一)案外人是否系权利人；

(二)该权利的合法性与真实性；

(三)该权利能否排除执行。

□《最高人民法院关于人民法院办理执行异议和复议案件若干问题的规定》(2020修正)第25条

对案外人的异议，人民法院应当按照下列标准判断其是否系权利人：

(一)已登记的不动产，按照不动产登记簿判断；未登记的建筑物、构筑物及其附属设施，按照土地使用权登记簿、建设工程规划许可、施工许可等相关证据判断；

（二）已登记的机动车、船舶、航空器等特定动产，按照相关管理部门的登记判断；未登记的特定动产和其他动产，按照实际占有情况判断；

（三）银行存款和存管在金融机构的有价证券，按照金融机构和登记结算机构登记的账户名称判断；有价证券由具备合法经营资质的托管机构名义持有的，按照该机构登记的实际出资人账户名称判断；

（四）股权按照工商行政管理机关的登记和企业信用信息公示系统公示的信息判断；

（五）其他财产和权利，有登记的，按照登记机构的登记判断；无登记的，按照合同等证明财产权属或者权利人的证据判断。

案外人依据另案生效法律文书提出排除执行异议，该法律文书认定的执行标的权利人与依照前款规定得出的判断不一致的，依照本规定第二十六条规定处理。

□《最高人民法院关于人民法院办理执行异议和复议案件若干问题的规定》（2020修正）第26条

金钱债权执行中，案外人依据执行标的被查封、扣押、冻结前作出的另案生效法律文书提出排除执行异议，人民法院应当按照下列情形，分别处理：

（一）该法律文书系就案外人与被执行人之间的权属纠纷以及租赁、借用、保管等不以转移财产权属为目的的合同纠纷，判决、裁决执行标的归属于案外人或者向其返还执行标的且其权利能够排除执行的，应予支持；

（二）该法律文书系就案外人与被执行人之间除前项所列合同之外的债权纠纷，判决、裁决执行标的归属于案外人或者向其交付、返还执行标的的，不予支持；

（三）该法律文书系案外人受让执行标的的拍卖、变卖成交裁定或者以物抵债裁定且其权利能够排除执行的，应予支持。

金钱债权执行中，案外人依据执行标的被查封、扣押、冻结后作出的另案生效法律文书提出排除执行异议的，人民法院不予支持。

非金钱债权执行中，案外人依据另案生效法律文书提出排除执行异议，该法律文书对执行标的权属作出不同认定的，人民法院应当告知案外人依法申请再审或者通过其他程序解决。

申请执行人或者案外人不服人民法院依照本条第一、二款规定作出的裁定，可以依照民事诉讼法第二百二十七条规定提起执行异议之诉。

□《最高人民法院关于适用〈中华人民共和国民事诉讼法〉的解释》（2022 修正）第 304 条

申请执行人提起执行异议之诉，除符合民事诉讼法第一百二十二条规定外，还应当具备下列条件：

（一）依案外人执行异议申请，人民法院裁定中止执行；

（二）有明确的对执行标的继续执行的诉讼请求，且诉讼请求与原判决、裁定无关；

（三）自执行异议裁定送达之日起十五日内提起。

人民法院应当在收到起诉状之日起十五日内决定是否立案。

□《最高人民法院关于适用〈中华人民共和国民事诉讼法〉的解释》（2022 修正）第 305 条

案外人提起执行异议之诉的，以申请执行人为被告。被执行人反对案外人异议的，被执行人为共同被告；被执行人不反对案外人异议的，可以列被执行人为第三人。

□《最高人民法院关于适用〈中华人民共和国民事诉讼法〉的解释》(2022修正)第307条

申请执行人对中止执行裁定未提起执行异议之诉,被执行人提起执行异议之诉的,人民法院告知其另行起诉。

□《最高人民法院关于适用〈中华人民共和国民事诉讼法〉的解释》(2022修正)第312条

对案外人执行异议之诉,人民法院判决不得对执行标的执行的,执行异议裁定失效。

对申请执行人执行异议之诉,人民法院判决准许对该执行标的执行的,执行异议裁定失效,执行法院可以根据申请执行人的申请或者依职权恢复执行。

以案析法

案号:(2021)京民终419号

基本案情

申请人胡某、北京某创业投资有限公司与被申请人北京某投资有限公司基金合同纠纷仲裁一案,北京仲裁委员会于2019年1月18日作出0188号裁决书,确认某投资公司违反了约定的信息披露义务,应赔偿申请人胡某损失2,198,963.37元。该裁决书已发生效力,胡某向北京市第一中级人民法院申请执行,北京一中院于2019年4月1日立案执行。

胡某于2018年6月14日向宁波市北仑区人民法院提出财产保全的申请,请求该院对某投资公司所持有的宁波梅山保税港区某股权投资合伙企业（有限合伙）的股权予以冻结（保全金额 501 万元）。案外人某资产管理股份有限公司以案涉 501 万份合伙份额，其中 500 万份既不是某投资公司的财产，也不是该仲裁案件的诉争财产，而系资产管理公司所有为由，向法院提起执行异议申请。同时，一审诉讼过程中，某资产管理公司称其已经以某投资公司等为被申请人，向北京仲裁委员会提起仲裁申请，请求确认其对执行标的享有民事权益，仲裁案件案号为（2019）京仲案字第 1526 号。

一审法院认为，关于某资产管理公司是否对案涉股权份额享有足以排除执行的民事权益，虽然某资产管理公司基于合同约定主张其已经取得了该份额的所有权，但并未办理工商变更登记，故其仅享有基于合同之债的请求权，不具有对抗第三人的法律效力。因此，某资产管理公司对案涉 500 万份合伙份额享有的民事权益不足以排除强制执行。某资产管理公司不服北京一中院作出的（2019）京 01 民初 434 号民事判决，向北京市高级人民法院提起上诉。

裁判要旨

北京高院认为，本案的争议焦点为某资产管理公司是否享有足以排除执行的民事权益。根据法院审查的结果可知，案涉股权中 500 万份系被上诉人某投资公司代第三方某基金持有的份额，并非某投资公司的自有财产。根据 0188 号裁决书的裁决，某投资公司因违反合同约定的信息披露义务，应向基金投资人胡某承担违约责任，该等违约赔偿责任无疑应由某投资公司以自有财产自行承担。

关于某资产管理公司主张其已依约获得了案涉股权的所有权，对此北京高院认为：其一，合伙份额的变动并未办理工商变更登记；其二，0188 号裁决书并未确认案涉份额归属某资产管理公司；其三，依据《最高人民法院关于人民法院办理执行异议和复议案件若干问题的规定》第 26 条第 2 款的规定，“金钱债权执行中，案外人依据执行标的被查封、扣押、冻结后作出的另案生效法律文书提出排除执行异议的，人民法院不予支持”。

本案中，某资产管理公司虽然提起请求确认案涉份额归属自己的仲裁案件，但是系于案涉份额查封后提起的，若依据该案件提起排除执行异议之诉于法无据。综上，某资产管理公司不享有足以排除执行的民事权益，其主张不应得到支持。

案例评析

相对于申请执行人的执行异议之诉，案外人执行异议之诉是提供给案外人的执行救济途径，该制度的设立较好地平衡了申请执行人和案外人之间的利益。

关于案外人执行异议之诉的前置程序。根据《民事诉讼法》第 238 条的规定，案外人对执行标的物主张排除执行的民事权益的，应向执行法院提出书面异议，法院就异议进行审查并作出是否中止执行的裁定，案外人不服裁定的，可在执行裁定书送达之日起 15 日内向法院提出执行异议之诉。由此可见，案外人未经前置执行异议程序，不得直接提出案外人执行异议之诉。需要说明的是，前述“执行裁定书送达之日起 15 日内”中的“15 日”为除斥期间，不适用诉讼时效中止、中断的规定。

就执行异议之诉的诉讼请求，除了中止执行标的物以外，案外人依法还可以一并提出确权的诉讼请求。若案外人未提出确权诉讼请求，法院不主动作出确权判决，仅在裁判理由中就权利归属进行分析判断，并作出能否排除执行的判决。若案外人同时提出排除执行和确权两项诉讼请求，后又撤回排除执行请求，法院不得单独就确权请求径行判决，而是应当告知案外人一并撤回确权的诉讼请求，否则裁定驳回起诉。

关于案外人依据另案生效法律文书提出的执行异议之诉。以上述案例为例，《最高人民法院关于人民法院办理执行异议和复议案件若干问题的规定》第 26 条第 2 款规定，金钱债权执行过程中，若案外人依据执行标的被查封、扣押、冻结后作出的另案生效法律文书提出排除执行异议，人民法院不予支持。但根据该规定第 26 条第 1 款，若案外人依据的是查封前就已生效的另案法律文书，根据不同情形存在不同处理方式：

第一，另案法律文书针对的是案外人与被执行人之间的权属纠纷以及租赁、借用、保管等不以转移财产权属为目的的合同纠纷，文书确定执行标的归属于案外人或者被执行人应向案外人返还执行标的，且案外人享有的权利能够排除执行的，案外人的异议应得到支持；

第二，另案法律文书针对的是案外人与被执行人之间除前项所列合同之外的债权纠纷，文书确定执行标的归属于案外人或者被执行人应向案外人交付、返还执行标的的，案外人的异议不应得到支持；

第三，另案法律文书是案外人受让执行标的的拍卖、变卖成交裁定或者以物抵债裁定且案外人的权利能够排除执行的，案外人的异议应得到支持。

此外，需要注意的是，非金钱债权执行中，案外人依据另案生效法律文书提出排除执行异议，该法律文书对执行标的权属作出不同认定的，人民法院应当告知案外人依法申请再审或者通过其他程序解决。

55 第三人撤销之诉与案外人异议之诉

关键词

第三人、请求撤销生效法律文书、不能归责第三人

实务要点

要点	具体内容
诉讼目的	第三人在知道损害后 6 个月内向作出裁判的法院请求撤销对其合法权益有损害的裁判
受理条件	•第三人因不能归责于其本人的事由未参加诉讼； •发生效力的法律文书损害第三人合法的民事权益； •法院应在收到诉状后 30 日内审查是否受理
第三人撤销 vs 执行异议 vs 再审	•第三人提出撤销之诉后，可同时依据《民事诉讼法》第 234 条提出执行异议，法院驳回异议的，不能申请再审； •案外人依据《民事诉讼法》第 238 条的规定提出执行异议被驳回的，认为裁决内容错误损害其合法权益的，应当申请再审，不能提起第三人撤销之诉

要点解析

第三人撤销之诉是法律赋予案外人的一项诉讼权利，对于裁判结果错误损害其利益的一种救济途径。在适用该项规则时应当注意其与案外人执行异议、执行异议之诉的区别。《民事诉讼法》第 238 条规定，在执行程序中，案外人对执行标的提出书面异议被驳回，认为

原判决、裁定错误的，依照审判监督程序办理，明确了案外人享有申请再审的权利。如果该案外人又符合第三人撤销之诉的规定，是提起撤销之诉还是再审程序？最高人民法院司法解释明确，按照启动程序的先后，当事人只能选择一种相应的救济程序，不能启动两种程序，一旦选定则不许变更。先启动执行异议程序的，对驳回裁定不服按照审判监督程序救济；先启动第三人撤销之诉的，不能按照审判监督程序申请再审。上述安排的目的在于提高诉讼效率。

法律适用

□《最高人民法院关于适用〈中华人民共和国民事诉讼法〉的解释》(2022 修正)第 293 条

民事诉讼法第五十九条第三款规定的因不能归责于本人的事由未参加诉讼，是指没有被列为生效判决、裁定、调解书当事人，且无过错或者无明显过错的情形。包括：

(一)不知道诉讼而未参加的；

(二)申请参加未获准许的；

(三)知道诉讼，但因客观原因无法参加的；

(四)因其他不能归责于本人的事由未参加诉讼的。

□《最高人民法院关于适用〈中华人民共和国民事诉讼法〉的解释》(2022 修正)第 300 条

第三人诉讼请求并入再审程序审理的，按照下列情形分别处理：

(一)按照第一审程序审理的，人民法院应当对第三人的诉讼请求一并审理，所作的判决可以上诉；

(二)按照第二审程序审理的，人民法院可以调解，调解达不成协议的，应当裁定撤销原判决、裁定、调解书，发回一审法院重审，重审时应当列明第三人。

□《最高人民法院关于适用〈中华人民共和国民事诉讼法〉的解释》(2022 修正)第 301 条

第三人提起撤销之诉后，未中止生效判决、裁定、调解书执行的，执行法院对第三人依照民事诉讼法第二百三十四条规定提出的执行异议，应予审查。第三人不服驳回执行异议裁定，申请对原判决、裁定、调解书再审的，人民法院不予受理。

案外人对人民法院驳回其执行异议裁定不服，认为原判决、裁定、调解书内容错误损害其合法权益的，应当根据民事诉讼法第二百三十四条规定申请再审，提起第三人撤销之诉的，人民法院不予受理。

□《最高人民法院关于适用〈中华人民共和国民事诉讼法〉的解释》(2022 修正)第 302 条

根据民事诉讼法第二百三十四条规定，案外人、当事人对执行异议裁定不服，自裁定送达之日起十五日内向人民法院提起执行异议之诉的，由执行法院管辖。

□《最高人民法院关于适用〈中华人民共和国民事诉讼法〉的解释》(2022 修正)第 303 条

案外人提起执行异议之诉，除符合民事诉讼法第一百二十二条规定外，还应当具备下列条件：

(一)案外人的执行异议申请已经被人民法院裁定驳回；

(二)有明确的排除对执行标的执行的诉讼请求，且诉讼请求与原判决、裁定无关；

(三)自执行异议裁定送达之日起十五日内提起。

人民法院应当在收到起诉状之日起十五日内决定是否立案。

以案析法

案号：(2021)京 0108 民撤 36 号

基本案情

案涉位于北京市海淀区的某房屋系赵某 11 的祖产。赵某 11 与赵某 12 系夫妻关系，二人育有二子赵某 10、赵某 1（赵某 11 与赵某 12 现已去世）。赵某 10 与李某系夫妻关系，二人育有四女赵某 6、赵某 7、赵某 8、赵某 9（赵某 10 与李某现已去世）。赵某 1 与刘某系夫妻关系，二人育有赵某 2、赵某 3、赵某 4、赵某 5，其中赵某 5 与赫某系夫妻关系（人物关系详见图 3）。

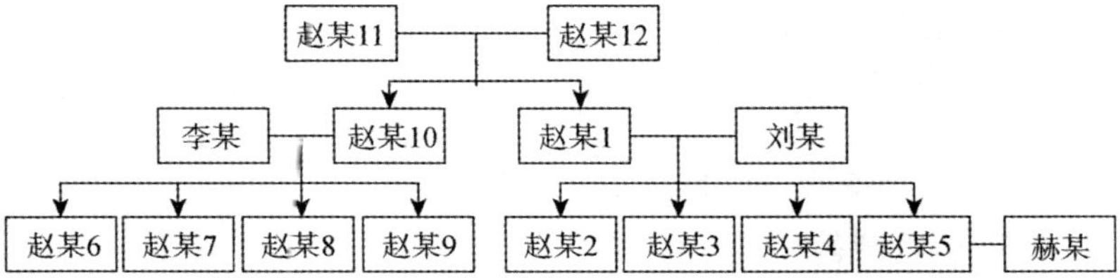

图 3　人物关系

2021 年 7 月 22 日，赵某 6 就与赵某 7、赵某 8、赵某 9 法定继承纠纷一案向北京市海淀区人民法院提起诉讼，双方在庭审中称案涉房屋所在院落系赵某 10 的宅基地，房屋系赵某 10、李某出资所建。2021 年 7 月 29 日，海淀法院出具（2021）京 0108 民初 38718 号民事调解书，就赵某 6、赵某 7、赵某 8、赵某 9 如何分配案涉房屋 5 间北房出具了方案。

据此，赵某 1、刘某、赵某 2、赵某 3、赵某 4、赵某 5、赫某向海淀法院提出诉讼，请求撤销（2021）京0108民初38718号民事调解书，事实和理由如下：

案涉房屋实为原告家庭出资建造，也一直由原告家庭居住和使用。在赵某10夫妻去世后，被告以房屋系老宅为由强行向原告索要房屋，并多次到案涉房屋所在院落内拍摄照片、张贴声明，严重影响原告家庭的正常生活，故原告于2021年5月24日依法向海淀法院提起了分家析产诉讼。

但在法院审理期间，四被告为达到侵占原告房产的目的，在明知原被告对案涉房屋存在争议的情况下，仍在调解诉讼中作出虚假陈述，导致法院未能通知原告等人参加调解，更未依法查明案涉房屋权属的真实情况。

2021年9月2日，被告又到原告家中张贴声明，双方发生矛盾冲突，后在到场民警的要求下，被告出具了民事调解书，直到此时原告才得知被告四人已私自将案涉房屋进行了处分，并以此民事调解书强行霸占了原告的房产及院落。

裁判要旨

海淀法院认为，本案中，首先，在赵某6起诉赵某7、赵某8、赵某9法定继承纠纷一案审理过程中，赵某6、赵某7、赵某8、赵某9在明知案涉房屋系赵某11祖产，且就案涉房屋的分割与赵某1、刘某、赵某2、赵某3、赵某4、赵某5、赫某存在争议的前提下，故意隐瞒法官关于案涉房屋的来源以及房屋的历史演变情况，且当庭虚假陈述案涉房屋不涉及案外第三人的利益，使赵某1、刘某、赵某2、赵某3、赵某4、赵某5、赫某失去了参加诉讼的机会。其次，赵某6、赵某7、赵某8、赵某9私自在海淀法院达成的（2021）京0108民初38718号的调解书中仅由其四人自行分割了案涉房屋，侵犯了赵某1、刘某针对案涉房屋享有的民事权益。综上，（2021）京0108民初38718号调解书应当依法予以撤销。

案例评析

结合上述案例以及《民事诉讼法》第59条的规定，对诉讼标的有独立请求权或存在利害关系的第三人因不能归责于本人的事由未参加诉讼，且有证据证明发生法律效力的判决、裁定、调解书的部分或者全部内容错误，损害其民事权益的，可以自知道或者应当知道其民事权益受到损害之日起6个月内，向作出该判决、裁定、调解书的人民法院提起诉讼。

2022年，最高人民法院发布了第27批指导性案例，其中有6例涉及第三人撤销之诉，笔者在此归纳汇总了其中的裁判要点，以供参考。

首先，就提起第三人撤销之诉的原告主体资格：

1. 不能提起第三人撤销之诉的主体包括：

（1）公司股东：由于公司股东对公司法人与他人之间的民事诉讼生效裁判不享有直接利益关系，其不能以股东身份就该生效裁判提起第三人撤销之诉；

（2）公司法人：法人的分支机构以自己的名义独立参加民事诉讼，人民法院判决分支机构自己对外承担民事责任的，公司法人不能对该生效裁判提起第三人撤销之诉。

2. 有权提起第三人撤销之诉的主体包括：

（1）抵押权人：建设工程价款优先受偿权与抵押权指向同一标的物，抵押权的实现因建设工程价款优先受偿权的有无以及范围大小受到影响的，应当认定抵押权的实现同建设工程价款优先受偿权案件的处理结果有法律上的利害关系，抵押权人对确认建设工程价款优先受偿权的生效裁判具有提起第三人撤销之诉的原告主体资格；

（2）银行承兑汇票的保证人：汇票出票人进入破产程序后，对付款银行于法院受理破产申请前6个月内从出票人还款账户划扣票款的行为，破产管理人提起请求撤销个别清偿行为之诉，法院判决予以支持的，汇票保证人与该生效判决具有法律上的利害关系，具有提起第三人撤销之诉的原告主体资格；

（3）债权人：债权人向法院申请强制执行后，被执行人与他人在另案中达成调解协议，放弃被执行人取回财产的权利，并大量减少被执行人原本享有的债权，严重影响债权人债权实现，符合《民法典》第538条、第539条规定的债权人行使撤销权条件的，债权人对民事调解书具有提起第三人撤销之诉的原告主体资格。

其次，就何时开始起算第三人撤销之诉的6个月诉讼期间，债权人对确认债务人处分财产行为的生效裁判提起第三人撤销之诉的，在出现债务人进入破产程序、无财产可供执行等影响债权人债权实现的情形时，应当认定债权人知道或者应当知道该生效裁判损害其民事权益，6个月诉讼期间开始起算。

56　财产处置参考价的异议程序

关键词

财产处置参考价、异议程序

实务要点

要点	具体内容
受理条件	当事人、利害关系人对网络询价报告或者评估报告有异议的，可以在收到报告后 5 日内提出书面异议
可以提出异议的情形	•财产基本信息错误； •超出财产范围或者遗漏财产； •评估机构或者评估人员不具备相应评估资质； •评估程序严重违法
异议的处理	当事人、利害关系人收到评估报告后 5 日内对评估报告的参照标准、计算方法或者评估结果等提出书面异议的，人民法院应当在 3 日内交评估机构予以书面说明

要点解析

按照《最高人民法院关于人民法院确定财产处置参考价若干问题的规定》的要求，当事人议价、定向询价、网络询价和委托评估四种定价方式层层递进，财产定价程序作为财产处置工作的基础和前提，契合当事人中心主义和执行工作公正高效的发展趋势。当事人、利害关系人对网络询价和评估报告有权提出异议，这样有利于维护被执行财产处置的正当性和有效性，保障相关人员的民事权益。

法律适用

□《最高人民法院关于人民法院确定财产处置参考价若干问题的规定》全文

以案析法

案号:(2022)苏08执复8号

基本案情

2020年12月4日,淮安经济技术开发区人民法院就淮安某投资开发有限公司诉淮安某置业有限公司及第三人江苏某房地产开发有限责任公司合同纠纷一案作出(2019)苏0891民初3729号民事判决,判决某置业公司返还某投资公司扶持资金6960万元及利息。2021年7月5日,根据某投资公司的申请,开发区法院就3729号判决立案强制执行,案号为(2021)苏0891执1487号。

执行过程中,开发区法院依法委托江苏某房地产资产评估测绘造价咨询有限公司,就某置业公司位于淮安市的在建工程进行评估。2021年10月11日,评估公司出具房地产估价报告,确定在建工程市场价值为17,488.44万元。

某置业公司向开发区法院提出异议,称:其一,法院没有先行通知异议人,直接通过摇号选定评估机构出具评估报告,并以书面形式直接告知评估结果,程序违反法律规定;其二,评估报告中缺少估价技术报告,采用假设开发法进行评估,以在建工程采用整体打包的方式进行估价,仅呈现该在建工程在评估价值时点的房地产市场价值,不利于实现财产最大价值,违反了《房地产估价规范》的规定,存在严重形式瑕疵。因此,某置业公司请求撤销上述报告,重新进行评估。

开发区法院因某置业公司的异议申请不符合异议案件的受理条

件，驳回了某置业公司的申请。置业公司不服，向江苏省淮安市中级人民法院申请复议。

裁判要旨

淮安中院经审理后认为：

第一，就某置业公司主张评估程序严重违法问题，首先，评估程序的严重违法应该指评估的过程中存在严重违反法律法规的行为。本案中，某投资公司与某置业公司本就是否启动拍卖程序存在很大争议，执行法官多次组织双方沟通均未达成一致意见。在此情况下，评估机构的选择显然无法通过双方协商确定，开发区法院直接通过摇号的方式确定评估机构，符合《最高人民法院关于人民法院委托评估、拍卖工作的若干规定》第 3 条“人民法院采用随机方式确定评估、拍卖机构”的规定。其次，淮安中院查明：(1) 2021 年 8 月 13 日，开发区法院鉴定部门短信通知某置业公司于 2021 年 8 月 17 日上午 11 点来院选择评估机构；(2) 2021 年 8 月 17 日，开发区法院鉴定部门短信通知某置业公司摇号确定的首选机构为某评估公司；(3) 2021 年 9 月 13 日，某评估公司进行实地查勘时，某置业公司的委托诉讼代理人李某在实地查勘情况记录表中签字。由此可见，某置业公司对已经确定的评估机构已经十分清楚，且其委托代理人签字的行为足以说明某置业公司对评估机构以及评估过程的认可。

第二，就某置业公司对评估报告计算方法、评估结果的异议，淮安中院认为，根据《最高人民法院关于人民法院确定财产处置参考价若干问题的规定》第 23 条的规定，有关评估报告的参照标准、计算方法或者评估结果等提出的书面异议应由评估机构予以书面说明。说明后当事人、利害关系人仍有异议的，应由相关行业协会在指定期限内组织专业技术评审，并根据专业技术评审出具的结论认定评估结果或者责令原评估机构予以补正。

本案中某置业公司提出的评估报告违反《房地产估价规范》、采用假设开发法评估、按在建工程评估及低估房产价值等异议，并不属于执行异议案件的审查范围，开发区法院对此不予审查，符合法律规定。

综上，某置业公司的复议请求不具有事实和法律依据，不应予以支持。

案例评析

根据《最高人民法院关于人民法院确定财产处置参考价若干问题的规定》，财产处置参考价的确定方式包括：当事人议价、定向询价、网络询价、委托评估等方式。其中，当事人和利害关系人只能就网络询价和委托评估提出异议，就当事人议价以及定向询价提出的异议，法院不予受理。

若当事人、利害关系人认为网络询价、委托评估过程中存在如下情形，可以向法院提出书面异议：(1)财产基本信息错误；(2)超出财产范围或者遗漏财产；(3)评估机构或者评估人员不具备相应评估资质；(4)评估程序严重违法。法院裁定驳回当事人、利害关系人的异议的，当事人、利害关系人可向上一级法院申请复议。

若当事人就委托评估的评估报告参照标准、计算方法或者评估结果提出书面异议，根据《最高人民法院关于人民法院确定财产处置参考价若干问题的规定》第 23 条的规定，法院根据异议内容的不同，有以下三种处理方式：

第一，若当事人、利害关系人书面异议的内容仅针对评估报告的参照标准、计算方法或者评估结果等，法院应当在 3 日内将异议交给评估机构，要求评估机构就异议作出书面说明。评估机构在 5 日内未作说明或者当事人、利害关系人对作出的说明仍有异议的，法院应当将评估报告交由相关行业协会在指定期限内组织专业技术评审，并根据专业技术评审出具的结论认定评估结果或者责令原评估机构予以补正。

第二，若当事人、利害关系人书面异议的内容不仅针对评估报告的参照标准、计算方法或者评估结果等，还涉及评估报告中财产基本信息错误、超出财产范围或者遗漏财产，法院参照上述第一种方式进行处理。

第三，若当事人、利害关系人书面异议的内容不仅针对评估报告的参照标准、计算方法或者评估结果等，还涉及评估机构或者评估人员不具备相应评估资质、评估程序严重违法，法院应当先对评估机构或者评估人员的资质以及评估程序进行审查。审查后发现当事人、利害关系人该部分异议成立的，应当通知评估机构 3 日内将人民法院委托评估时移交的材料退回，另行委托下一顺序的评估机构重新进行评估；若审查后发现当事人、利害关系人该部分异议不成立，按照上述第一种方式进行处理。

此外，若当事人、利害关系人就网络询价或评估报告中的财产价值高低提出异议，由于通过网络询价或委托评估取得的标的价值只是执行的参考，并不代表最终结果，最终价格还会受到市场等的影响，因此该异议通常会被法院驳回。

57 对公证债权文书异议的救济方式

关键词

申请不予执行、不予执行公证债权文书之诉

实务要点

要点	具体内容
被执行人书面申请不予执行的情形	被执行人可以在执行通知书送达后 15 日内，书面申请不予执行公证债权文书的情形： •被执行人未到场且未委托代理人到场办理公证； •无民事行为能力人或者限制民事行为能力人没有监护人代为办理公证； •公证员为本人、近亲属办理公证，或者办理与本人、近亲属有利害关系的公证； •公证员已经由生效刑事法律文书确认在办理该项公证时有贪污受贿、徇私舞弊行为
债务人诉讼请求不予执行的情形	债务人在执行终结前以债权人为被告，向执行法院提起诉讼，请求不予执行公证债权文书的情形： •公证债权文书载明的民事权利义务关系与事实不符； •经公证的债权文书具有法律规定的无效、可撤销等情形； •公证债权文书载明的债权因清偿、提存、抵销、免除等原因全部或者部分消灭
债权人诉讼请求不予执行的情形	债权人、利害关系人可以就“公证书载明的民事权利义务与事实不符、债权文书无效或可撤销”的情形直接向有管辖权的法院提起诉讼
债务人提起诉讼的影响	债务人提起诉讼，不影响法院对公证债权文书的执行，提供充分有效的担保的除外

要点解析

《最高人民法院关于公证债权文书执行若干问题的规定》将公证债权文书的救济进行细化，区分程序和实体问题，分别通过不予执行审查程序、诉讼程序处理，更有利于债权人、债务人和利害关系人权益的保护。

法律适用

□《最高人民法院关于公证债权文书执行若干问题的规定》第12条

有下列情形之一的，被执行人可以依照民事诉讼法第二百三十八条第二款规定申请不予执行公证债权文书：

（一）被执行人未到场且未委托代理人到场办理公证的；

（二）无民事行为能力人或者限制民事行为能力人没有监护人代为办理公证的；

（三）公证员为本人、近亲属办理公证，或者办理与本人、近亲属有利害关系的公证的；

（四）公证员办理该项公证有贪污受贿、徇私舞弊行为，已经由生效刑事法律文书等确认的；

（五）其他严重违反法定公证程序的情形。

被执行人以公证债权文书的内容与事实不符或者违反法律强制性规定等实体事由申请不予执行的，人民法院应当告知其依照本规定第二十二条第一款规定提起诉讼。

□《最高人民法院关于公证债权文书执行若干问题的规定》第22条

有下列情形之一的，债务人可以在执行程序终结前，以债权人为被告，向执行法院提起诉讼，请求不予执行公证债权文书：

（一）公证债权文书载明的民事权利义务关系与事实不符；

（二）经公证的债权文书具有法律规定的无效、可撤销等情形；

（三）公证债权文书载明的债权因清偿、提存、抵销、免除等原因全部或者部分消灭。

债务人提起诉讼，不影响人民法院对公证债权文书的执行。债务人提供充分、有效的担保，请求停止相应处分措施的，人民法院可以准许；债权人提供充分、有效的担保，请求继续执行的，应当继续执行。

□《最高人民法院关于公证债权文书执行若干问题的规定》第24条

有下列情形之一的，债权人、利害关系人可以就公证债权文书涉及的民事权利义务争议直接向有管辖权的人民法院提起诉讼：

（一）公证债权文书载明的民事权利义务关系与事实不符；

（二）经公证的债权文书具有法律规定的无效、可撤销等情形。

债权人提起诉讼，诉讼案件受理后又申请执行公证债权文书的，人民法院不予受理。进入执行程序后债权人又提起诉讼的，诉讼案件受理后，人民法院可以裁定终结公证债权文书的执行；债权人请求继续执行其未提出争议部分的，人民法院可以准许。

利害关系人提起诉讼，不影响人民法院对公证债权文书的执行。利害关系人提供充分、有效的担保，请求停止相应处分措施的，人民法院可以准许；债权人提供充分、有效的担保，请求继续执行的，应当继续执行。

以案析法

案号:(2022)京02执复34号

基本案情

2018年10月24日，东城区支行与王某、何某分别签订了最高额综合授信合同——信贷工厂房产抵押最高额额度、小额贷款额度借款合同——信贷工厂房产抵押最高额额度、小额贷款最高额抵押合同——信贷工厂房产抵押最高额额度。其中，授信合同约定：王某及其配偶何某作为共同借款人。抵押合同中约定：王某以其名下位于北京市的某房屋作为抵押，担保债权确定的期间为2018年10月24日至2026年10月24日。上述合同均由中华人民共和国北京市方圆公证处公证。

根据上述合同，王某于2020年11月16日向东城区支行申请小额贷款，东城区支行于2020年11月19日向王某账户发放贷款人民币169万元整。后因王某逾期未偿还利息，东城区支行依据上述三份经过公证的合同向北京市方圆公证处申请执行证书，该处于2021年8月27日作出(2021)京方圆执字第00103号执行证书。东城区支行于2021年11月3日向执行法院申请执行。

执行过程中，执行法院冻结了何某名下银行账户及网络资金[包括支付宝(中国)网络技术有限公司、财付通支付科技有限公司]、王某名下银行账户及网络资金(财付通支付科技有限公司)，查封了王某、何某名下的两辆汽车，同时轮候查封了王某名下位于北京市的某房屋。

何某向该院提出执行异议，称其已于2020年10月19日与王某协议离婚，请求不予执行该文书，解除对其名下银行卡、微信、支付宝等私人财产的冻结。

执行法院认为，虽然何某在履行该合同期间内与王某协议离婚，但离婚并不导致上述合同的解除，其作为借款人应按合同约定履行还款义务，该院对其采取冻结银行账户等执行措施并无不当。现何某以离婚为由主张不应对其采取执行措施，无事实及法律依据，该院对其请求不予支持，何某可通过其他法律途径另行解决。于是，何某向北京市第二中级人民法院申请复议。

裁判要旨

二中院认为，本案中何某所提异议及复议理由系对作为执行依据的公证债权文书内容持有异议，《最高人民法院关于公证债权文书执行若干问题的规定》第 12 条第 2 款规定，“被执行人以公证债权文书的内容与事实不符或者违反法律强制性规定等实体事由申请不予执行的，人民法院应当告知其依照本规定第二十二条第一款规定提起诉讼”。故何某依法应通过诉讼程序予以解决其异议及复议请求。

案例评析

法院判定是否不予执行公证债权文书，应严格依据《最高人民法院关于公证债权文书执行若干问题的规定》中规定的事由，即法院在审查过程中仅审查程序性的事项，包括未到场办理公证、民事行为能力缺陷、公证员应当回避的、公证员被生效刑事裁判确认贪污受贿的情形，并不涉及实体性的事项，如公证书载明的民事权利义务与事实不符、债权文书无效或可撤销、债权因清偿、提存、抵销、免除等消灭的情形。

除了公证债权文书是否具有不予执行的法定事由以外，当事人还需要注意区分公证债权文书和公证债权文书的执行证书。实务中出现过当事人因提起异议的依据错误，而被法院驳回请求的情况。

公证债权文书是指根据《公证法》第 37 条第 1 款中所指的“经公证的，以给付为内容，并载明债务人愿意接受强制执行承诺的债权文书”。而执行证书只是公证机关出具的、证明债务履行情况的文书。

《最高人民法院关于公证债权文书执行若干问题的规定》第 3 条规定，债权人申请执行公证债权文书，除应当提交作为执行依据的公证债权文书等申请执行所需的材料外，还应当提交证明履行情况等内容的执行证书。由此可见，法院强制执行的依据是公证债权文书，而非执行证书，执行证书只是债权人申请执行需提交的证明文书，不作为执行依据。因此，需要判断是否应不予执行的亦是公证债权文书，不是执行证书。若被执行人申请就执行证书不予执行，法院应当驳回被执行人的申请。

58 借名买房的执行异议

关键词

案外人借名买房、房屋查封、执行异议

实务要点

要点	具体内容
受理条件	金钱债权执行中，执行法院对登记在被执行人名下的房屋查封，案外人与被执行人存在借名买房关系，案外人系房屋实际所有人，提出执行异议

续表

要点	具体内容
不予支持的情形	法院在审查中，一般认为案外人与被执行人为套取银行贷款、规避房屋限购措施而虚构房屋买卖事实，签订买卖合同的，案外人存在过错，且房地产登记具有公示效力，借名买房的行为不能对抗债权人。案外人基于借名买房提起的执行异议之诉，请求排除对该房屋执行的，不予支持

要点解析

案外人（实际购房人）基于借名买房提起的执行异议，要求排除法院执行的，通常会因为该行为规避国家限购政策、违背公序良俗而无效，实际购买人无法被认定为权利人，依然不能排除执行。

法律适用

□《最高人民法院关于人民法院办理执行异议和复议案件若干问题的规定》（2020 修正）全文

以案析法

案号：（2020）最高法民再 328 号

基本案情

2012 年 12 月 20 日，徐某某与曾某某签订房产代持协议，约定：（1）徐某某以曾某某名义就案涉位于北京市朝阳区的某房屋签订购房合同及其他相关配套法律文件，交房时案涉房屋的房产证、土地使用证登记在曾某某名下；（2）所有权、使用权、收益权、处分权等一应权利均属于徐某某；（3）曾某某仅代替徐某某持有案涉房产，并不享有任何权利，未经徐某某书面同意，曾某某不得单方处分房产。

2012年12月至2013年5月，案外人金某、天津某环保产品贸易有限公司以及徐某某多次向北京某房地产开发有限公司支付购房款，合计26,592,000元。

2013年3月8日，某房地产公司与曾某某签订北京市商品房现房买卖合同，约定由曾某某购买案涉房屋，房屋总价款26,592,000元。同日，双方签订声明书，约定通过北京市房地产交易权属管理系统网签合同，并以声明书与网签合同共同向北京市朝阳区房屋管理局申请办理房屋登记。上述合同及声明书中，买方即“经办人”处签名为“曾某某”。2016年2月19日，案涉房屋所有权登记在曾某某名下。

2014年4月25日，辽宁某冷气体液化设备有限公司、某银行股份有限公司沈阳分行（贷款人）与某天然气有限公司（借款人）签订委托贷款借款合同，约定委托借款人民币2910万元。2014年4月25日，沈阳分行与石某、秦某、曾某某、周某、马某某签订最高额保证合同，约定对上述2910万元借款承担最高本金限额为2910万元的连带保证责任。

2016年5月16日，一审法院作出（2015）沈中民三初字第00152号民事判决书，判决天然气公司返还液化设备公司借款本金及利息，石某、秦某、曾某某、周某、马某某承担连带给付责任。判决生效后，液化设备公司向一审法院申请强制执行。2016年10月17日，一审法院作出（2016）辽01执579号民事裁定书，查封登记在曾某某名下的案涉房屋。

2017年4月11日，徐某某向一审法院提出案外人执行异议。

一审诉讼过程中，辽宁仁和司法鉴定中心出具司法鉴定意见书，确认北京市商品房现房买卖合同和声明书中的“曾某某”均系徐某某代签。

一审法院另查明：2016年10月14日，徐某某的专职司机向北京某停车管理有限公司朝阳分公司交纳案涉房屋的车位租金14,160元。同年11月4日，徐某某向燃气公司支付案涉房屋燃气费114元；12月26日，徐某某向北京某电子动力集团有限公司供暖收费中心交纳案涉房屋2014～2015年度、2015～2016年度、2016～2017年度供暖费。

经审理，一审法院判决认定徐某某作为案涉房屋实际买受人，享有足以排除强制执行的物权期待权。液化设备公司不服一审判决，上诉请求撤销原判，驳回徐某某一审诉讼请求，称：(1)徐某某未对案涉房屋诉请确权，一审认定确权内容，超出诉讼请求范围，属越权裁判；(2)一审法院认定徐某某与第三人“存在借名买房关系并合法占有案涉房屋”，缺乏有效证据；(3)物权期待权是确切能够实现的权利，徐某某不具购房资格，北京市房产登记部门不会为其办理变更登记，故徐某某不存在物权期待权；(4)液化设备公司对案涉房屋具有信赖利益，属于商事外观主义原则保护的信赖利益债权人。经审理，二审法院驳回液化设备公司的上诉，维持原判。液化设备公司不服，向最高人民法院申请再审。

最高人民法院审理过程中另查明：2020年案涉房屋已变更至徐某某名下。

裁判要旨

最高人民法院认为，本案再审阶段当事人争议的焦点问题为：

（1）实体上，徐某某对案涉房屋是否享有足以排除强制执行的民事权益。具体包括：其一，徐某某与曾某某之间是否因规避国家限购政策形成了借名买房合同关系；其二，案涉房屋过户前徐某某能否依据规避国家限购政策的借名买房合同关系成为房屋所有权人并排除执行；其三，案涉房屋过户至徐某某名下后是否能够排除执行；其四，液化设备公司对案涉房屋是否存在受法律保护的信赖利益。（2）程序上，原审法院是否存在超诉请裁判的程序违法情形。

关于徐某某与曾某某之间是否因规避国家限购政策形成了借名买房合同关系。徐某某依照与曾某某签订的房产代持协议，以曾某某名义与某房地产公司签订购房合同并代为签名，其后徐某某本人支付了 250 万元购房款、公共维修基金及契税。剩余大部分购房款的支付，徐某某业已提供证据证明系案外人某环保公司将天津某商贸有限公司支付给徐某某妻子蒋某某的股权收购款（投资返还款），作为徐某某的购房款支付给房地产公司，曾某某亦对代持协议及其未实际付款等事实予以认可，在液化设备公司未提供相反证据足以推翻上述证据的情况下，原审法院认定剩余购房款亦由徐某某实际支付，符合常理，并无不当。并且通过徐某某提供的物业费等相关交费单据，可以证明徐某某实际占有使用了案涉房屋。据此，可以认定徐某某在不具备再次购房资格的情形下，为规避国家及北京市房地产限购政策，通过借用曾某某之名进行买房并支付了购房款，徐某某与曾某某之间存在规避国家限购政策的借名买房合同关系。

关于案涉房屋过户前徐某某能否依据规避国家限购政策的借名买房合同关系成为房屋所有权人并排除执行。徐某某在当时已有两套住房的情况下仍借曾某某之名另行买房，目的在于规避国务院和北京市的限购政策，通过投机性购房获取额外不当利益。司法对于此种行为如不加限制而任其泛滥，则无异于纵容不合理住房需求和投机性购房快速增长，鼓励不诚信的当事人通过规避国家政策红线获取不当利益，不但与司法维护社会诚信和公平正义的职责不符，而且势必导致国家房地产宏观调控政策落空，阻碍国家宏观经济政策落实，影响经济社会协调发展，损害社会公共利益和社会秩序。故徐某某与曾某某为规避国家限购政策签订的房产代持协议因违背公序良俗而应认定无效，徐某某依据规避国家限购政策的借名买房合同关系，不能排除对案涉房屋的执行。

徐某某依据规避国家限购政策的借名买房合同关系也不能当然成为房屋所有权人。根据《物权法》第 9 条、第 16 条（已废止，现为《民法典》第 388 条、第 311 条）确立的物权公示原则和不动产物权登记生效原则，除非法律另有规定外，不动产物权的变动应履行变更登记程序才能发生相应的法律效力。

虽然《最高人民法院关于适用〈中华人民共和国物权法〉若干问题的解释（一）》（已废止）第 2 条规定："当事人有证据证明不动产登记簿的记载与真实权利状态不符、其为该不动产物权的真实权利人，请求确认其享有物权的，应予支持。"但司法解释的该条规定系适用于利用虚假资料骗取登记、登记机关人员错误登记、非基于法律行为导致物权变动后未及时更正登记等情况下，已经过法定程序取得权利的真实权利人与登记簿记载不一致导致的登记错误等情形。本案中，徐某某借用曾某某名义签订商品房买卖合同、办理相关手续，故意将案涉房屋登记在曾某某名下，不属于前述法律规定的登记错误情形。在借名买房并不违反公序良俗原则、不存在无效事由的情况下，借名人可以依据实质上的代持关系要求出名人将房屋过户至其名下，但此项权利系基于合同关系所产生的债权请求权，在经法定变更登记程序完成物权公示之前，借名人尚不能依据借名买房的合同关系未经公示程序即直接被确认为房屋的物权人，其所享有的债权请求权也不具有对世效力、排他效力和绝对效力。这不但符合我国法律关于物权变动的实然规定，也是借名人故意制造名义买房人与实际买房人不一致时应面临的权利风险。故仅依据借名买房协议，徐某某并不能直接成为案涉房屋的所有权人，不享有排除执行的合法权益。原审判决认定徐某某因借名买房关系对案涉房屋享有物权或所谓物权期待权而足以排除执行，认定事实及适用法律错误，最高人民法院予以纠正。

关于案涉房屋过户至徐某某名下后是否能够排除执行。徐某某与曾某某之间的借名买房合同虽因规避国家限购政策、违背公序良俗而应认定为无效，但徐某某在其后因消除了限购政策障碍并经相关行政机关确认符合申购朝阳区存量住宅条件，已经具备购房资格，从而消除了合同无效事由，案涉借名买房合同的效力得以补正。徐某某于2020年8月26日取得案涉房屋的不动产权证书，成为房屋的所有权人。至此，在对曾某某的执行程序中，液化设备公司主张继续执行已经归属于徐某某的案涉房屋，已然不具有事实基础和法律依据，不应予以支持。

关于液化设备公司对案涉房屋是否存在受法律保护的信赖利益。在液化设备公司与案外人天然气公司的借款关系中，曾某某对天然气公司的借款提供连带保证。液化设备公司依据法院生效判决要求曾某某承担保证责任时，申请法院查封了当时登记在曾某某名下的案涉房屋。保证担保属于人保，具有人身信赖性和责任财产可变性等特点，区别于物的担保中针对某一特定物而设立的担保。液化设备公司作为保证债权人，在同曾某某签订最高额保证合同时，案涉房屋尚未登记在曾某某名下，液化设备公司主张其系对案涉房屋产生特殊信赖才从事借贷交易，对案涉房屋存在应受法律保护的信赖利益而应予执行，缺乏理据，明显不能成立，原审判决不予支持其主张，并无不当。

关于原审法院是否存在超诉请裁判的程序违法情形。案外人执行异议之诉中，人民法院认定案外人排除执行的主张是否成立，必然要对案外人是否享有相关民事权益、享有何种民事权益作出认定判断，这是裁决执行异议诉请是否成立的前提和基础。本案中，徐某某在起诉时未提出确权的诉讼请求，原审判决在论理部分对徐某某是否就案涉房屋享有实体权益进行论述，但并未在判决主文中作出确权判决，不存在超诉请裁判的程序违法情形。液化设备公司的此项主张缺乏事实基础，本院不予支持。

综上，徐某某为规避国家限购政策而借名买房，有违公序良俗原则，案涉借名买房合同应认定为无效，但其嗣后通过消除限购政策障碍补正了合同效力，并通过生效判决的执行而完成了不动产登记，成为案涉房屋所有权人。在最高人民法院裁定提审后出现的新事实，已经从根本上改变了案涉房屋的权属关系，液化设备公司在对曾某某的执行程序中主张继续执行案涉已经属于徐某某的房屋，缺乏理据，不应支持。原审判决适用法律虽有错误，但徐某某已经取得案涉房屋的所有权，足以排除法院的执行。

案例评析

若案外人与被执行人确实存在借名买房的行为，该行为会因规避国家政策、有违公序良俗原则而被认定为无效，此时房屋如果登记在被执行人（出名人）名下，案外人（借名人）无法依法享有房屋的所有权，非房屋的权利人，无法排除执行。因此，有时证明借名买房事实的存在，对于案外人来说未必一定有利。

那么，实务中，如何证明借名买房事实的存在呢？法院主要会审查以下几点：

（1）双方是否存在借名买房的合意。例如，上述案例中借名人与出名人之间明确签订了代持协议。合意的重要之处在于，若双方之间不存在合意，应当属于借名买房的基础自始不存在，在此情形下，第三方强行区分借名人和出名人就会缺乏依据，更没有意义。

（2）购房款如何支付。如同上述案例，全部购房款均由借名人及其亲属及其关联公司支付，可以视为借名人实际出资购买了房屋。

（3）房屋的实际使用情况。若有证据证明购房后房屋由借名人实际居住，日常水电气、停车费等开销也由借名人承担，则能够比较直接地证明借名人对于房屋享有的实际权益。

59 夫妻一方债务，配偶执行异议

关键词

夫妻一方的债务、配偶执行异议、不同情形处理

实务要点

要点	具体内容
不予支持的情形	• 夫妻一方债务，法院查控夫妻共有财产，配偶请求排除执行的，不予支持； • 夫妻一方债务，法院查控一方婚前房屋财产，配偶提出该财产双方约定归夫妻共有的异议，请求排除执行的，依据《民法典》第 1065 条的规定，不予支持
排除执行的情形	夫妻一方债务，配偶对法院查控的登记在另一方名下财产主张权利，请求确认份额的，法院依照《民事诉讼法》第 238 条审查；对配偶份额进行认定的，判决不得执行配偶份额

要点解析

根据《最高人民法院关于人民法院民事执行中查封、扣押、冻结财产的规定》第 12 条的规定，夫妻一方为被执行人的，法院可以依法查封被执行人以及其配偶名下的共有财产。被执行人的配偶以法院查封、扣押、冻结的财产为共同财产为由，请求排除执行的，不予支持。

法律适用

□《最高人民法院关于人民法院办理执行异议和复议案件若干问题的规定》全文

□《中华人民共和国民法典》第 1065 条

男女双方可以约定婚姻关系存续期间所得的财产以及婚前财产归各自所有、共同所有或者部分各自所有、部分共同所有。约定应当采用书面形式。没有约定或者约定不明确的，适用本法第一千零六十二条、第一千零六十三条的规定。

夫妻对婚姻关系存续期间所得的财产以及婚前财产的约定，对双方具有法律约束力。

夫妻对婚姻关系存续期间所得的财产约定归各自所有，夫或者妻一方对外所负的债务，相对人知道该约定的，以夫或者妻一方的个人财产清偿。

□《中华人民共和国民事诉讼法》第 238 条

执行过程中，案外人对执行标的提出书面异议的，人民法院应当自收到书面异议之日起十五日内审查，理由成立的，裁定中止对该标的的执行；理由不成立的，裁定驳回。案外人、当事人对裁定不服，认为原判决、裁定错误的，依照审判监督程序办理；与原判决、裁定无关的，可以自裁定送达之日起十五日内向人民法院提起诉讼。

以案析法

案号：(2019)最高法民终 1868 号

基本案情

2014 年 5 月 14 日，青海省高级人民法院对陈某与山东某置业集团有限公司、宁某 1、宁某 2 借款合同纠纷一案，作出了(2014)青民一初字第 1 号民事判决，确认某置业公司、宁某 2、宁某 1 连带偿还陈某剩余欠款 3768 万元，滞纳金 30.5 万元。该案上诉后，最高人民法院判决维持原判。

因某置业公司、宁某 2、宁某 1 未履行法律文书确定的义务，2015 年 2 月陈某申请强制执行。执行中，青海高院查封了登记在宁某 1 之妻章某名下的位于北京市海淀区的 1288 号房屋和登记在宁某 1 名下的位于北京市西城区的102号房屋。

2018年6月28日，青海高院裁定对102号房屋进行拍卖。2018年11月1日，102号房屋以4,684,134.3元的价格卖出，拍卖款于当月给付申请执行人陈某。2018年12月5日，青海高院通知北京市西城区不动产登记事务中心协助给买受人办理产权手续。

2019年3月5日，案外人章某对已查封的登记在其名下的1288号房屋和已经拍卖的登记在宁某1名下的102号房屋提出书面异议，该院审查后，裁定驳回章某异议，章某遂提起案外人执行异议之诉，请求：(1)确认1288号房屋的所有权归章某所有，停止对该房屋执行；(2)将102号房屋一半的拍卖款分配给章某。

诉讼过程中，一审法院查明：1987年12月4日，章某与宁某1登记结婚。在夫妻关系存续期间，购得1288号房屋、102号房屋，其中1288号房屋登记在章某名下，102号房屋登记在宁某1名下。

一审法院审理后认定：(1)虽然陈某主张债务为宁某1、章某的夫妻共同债务，但没有提交能够证明是夫妻共同债务的证据。因此，不能认定该债务系夫妻共同债务。(2)因章某请求确认1288号房屋为其个人财产的证据不足，不予支持。案涉1288号房屋应当认定为章某、宁某1的夫妻共同财产，章某享有该房屋的一半份额，在执行该房屋时应当保留章某享有的一半变现份额。(3)鉴于章某提出案外人执行异议时，案涉102号房屋已由第三人受让，章某不能按照2017年《民事诉讼法》第227条规定的异议程序进行救济，不能在本案中对已支付给申请执行人的房屋拍卖款主张权利。在拍卖款项已全部支付给申请执行人的情况下，章某就分配拍卖款份额的诉求，可另行对申请执行人提起不当得利之诉请求。章某不服青海高院的判决，向最高人民法院提起上诉。

裁判要旨

最高人民法院经审理后认为，本案的争议焦点为：一是宁某 1 所负债务是否属于夫妻共同债务；二是案涉 1288 号房屋，是否属于夫妻共同财产；三是被拍卖的案涉 102 号房屋，是否应当保留章某一半的执行款份额，章某是否需要另行提起不当得利之诉。

第一，就宁某 1 所负债务是否为夫妻共同债务，最高人民法院认为，本案章某提起的系案外人执行异议之诉，请求排除陈某对自己及宁某 1 名下的房产执行，依法应当按照案外人执行异议之诉的相关规定加以审理，认定案涉执行财产是否足以排除执行，宁某 1 所负的债务属于夫妻共同债务还是属于其个人债务，不属于案外人执行异议之诉的审理范围。故原审法院将宁某 1 的债务是否属于夫妻共同债务加以审理，不妥，应依法予以纠正。

第二，就案涉 1288 号房屋是否属于夫妻共同财产，最高人民法院认为，1288 号房屋登记在章某名下，且该房产系在章某与宁某 1 婚姻存续期间购买，依法应当属于夫妻共同财产。虽然章某提交证据证明案涉房产实际是由其父母出资，但并不能充分证明该房产系其父母的房产或其父母购买后赠与章某，故章某关于该房产系其个人财产并请求排除执行，没有事实和法律依据。原审法院判令执行该房产并保留该房产一半变价款份额归章某所有，并无不当。

第三，就案涉 102 号房屋的拍卖款是否应当保留章某一半的份额，最高人民法院认为，案涉 102 号房屋登记在宁某 1 名下，但该房屋系在章某与宁某 1 婚姻存续期间取得，依法应当认定为夫妻共同财产，原审法院执行该房产时，应当保留属于章某的一半份额。虽然章某未根据《最高人民法院关于人民法院办理执行异议和复议案件若干问题规定》第 6 条第 2 款的规定，在执行标的执行终结之前提出异议，但其实体权利并未丧失，章某依然享有夫妻共同财产的相应份额，故案涉 102 号房屋在执行过程中依法应当保留属于章某的一半份额，原审法院判令章某另行提起不当得利之诉，并驳回章某此部分诉讼请求的判决不妥，应依法予以纠正。

案例评析

实践中，如何区分夫妻共同财产和夫妻一方的个人财产呢？根据《民法典》第 1062 条的规定，夫妻在婚姻关系存续期间获得的如下财产，属于夫妻的共同财产，归夫妻双方共同所有：(1) 工资、奖金、劳务报酬；(2) 生产、经营、投资的收益；(3) 知识产权的收益；(4) 继承或者受赠的财产，但是本法第 1063 条第 3 项规定的除外；(5) 其他应当归共同所有的财产。

而根据《民法典》第 1063 条的规定，如下财产为夫妻一方的个人财产：(1) 一方的婚前财产；(2) 一方因受到人身损害获得的赔偿或者补偿；(3) 遗嘱或者赠与合同中确定只归一方的财产；(4) 一方专用的生活用品；(5) 其他应当归一方的财产。

实务中，配偶在请求法院停止执行夫妻共同财产的同时，通常还会请求法院确认其份额并就财产进行析产。需要注意的是，虽然执行异议之诉并不涉及财产是否为夫妻共同共有、共有财产的份额以及分割等实体问题的审理，但这并不意味着法院对于配偶的财产不予以保护。法院在执行过程中，应当保留属于配偶的一半份额，以保障配偶的相应权益。

60 夫妻一方债务，离婚后原配偶执行异议

关键词

夫妻一方债务、财产查控前离婚、财产约定归配偶、执行异议

实务要点

要点	具体内容
受理条件	夫妻一方债务，一方房屋被查控前双方已经协议离婚，约定房屋归另一方所有，原配偶可以提出执行异议
排除执行的情形	•房屋已经登记在原配偶名下，如果离婚协议分割财产行为发生在执行依据或债务形成之前的，请求排除执行的应予支持。申请人有证据证明存在放弃财产或无偿转让财产的，可以另行诉讼，请求确认分割财产协议无效； •债务人未履行离婚协议，原配偶在房屋查控前提起诉讼且判决应当办理变更登记的情形，如果离婚协议早于债务形成，可以参考《最高人民法院关于人民法院办理执行异议和复议案件若干问题的规定》第 26 条第 1 款第 1 项的规定，裁定不得执行
不予支持的情形及除外条件	房屋还登记在债务人名下，原配偶以其为权利人为由，提出执行异议的，不予支持。但能够证明未办理房屋过户登记没有过错，且离婚财产分割行为早于执行依据确定的债务形成时间的，应予支持

要点解析

与夫妻一方提起的执行异议之诉类似，离婚后原配偶执行异议之诉主要目的也是保护配偶一方的财产。

法律适用

□《最高人民法院关于人民法院办理执行异议和复议案件若干问题的规定》(2020 修正)全文

以案析法

案号:(2020)苏 0321 民初 1921 号

基本案情

王某诉第三人蒋某民间借贷纠纷一案,江苏省丰县人民法院经审理作出(2015)丰民初字第 1251 号民事判决书,判决第三人蒋某归还原告王某 354,300 元及相应利息。第三人蒋某不服一审判决,向江苏省徐州市中级人民法院上诉,徐州中院经审理作出(2015)徐民终字第 04676 号判决书,判决第三人蒋某归还原告 267,600 元及相应利息。

2016 年 12 月 26 日,王某向丰县法院申请强制执行,案号为(2016)苏 0321 执 2905 号。该案执行过程中,丰县法院于 2017 年 5 月 4 日查封了登记在第三人蒋某名下的位于丰县的某房屋及车库一间。因申请执行人暂不要求处理,故丰县法院于 2018 年 3 月 20 日作出(2016)苏 0321 执 2905 号执行裁定书,裁定终结本次执行程序。

2019 年 7 月 16 日,根据王某的申请,丰县法院恢复执行,案号为(2019)苏 0321 执恢 641 号,并裁定:拍卖登记在被执行人蒋某名下的案涉房屋一套及其名下的汽车一辆。2019 年 9 月 27 日,竞买人齐某以最高价 562,000 元竞得上述房产。齐某将竞买款项交至丰县法院,丰县法院向竞买人齐某送达了执行裁定书和拍卖成交确认书。

2019年11月20日，赵某向丰县法院提出书面异议，主张对案涉房屋的变价款享有一半份额。丰县法院经审理于2020年4月22日作出(2019)苏0321执异140号执行裁定书，裁定中止对(2019)苏0321执恢641号中对案涉房屋拍卖款中赵某应享有的一半份额的执行。王某不服该裁定，特诉至法院。

诉讼过程中，法院另查明：(1)2012年6月16日，第三人蒋某与房地产开发公司签订商品房买卖合同，购买案涉房屋；(2)赵某与第三人蒋某原系夫妻关系，2017年11月29日，双方协议离婚，并签订离婚协议书，协议中约定了案涉房屋为双方共同共有，一人一半。

裁判要旨

丰县法院认为，根据原《婚姻法》第17条(已废止，现为《民法典》第1062条)规定："夫妻在婚姻关系存续期间所得的下列财产，归夫妻共同所有：(一)工资、奖金；(二)生产、经营的收益；(三)知识产权的收益；(四)继承或赠与所得的财产，但本法第十八条第三项规定的除外；(五)其他应当归共同所有的财产。夫妻对共同所有的财产，有平等的处理权。"

本案中，案涉房屋系被告赵某与第三人蒋某在婚姻关系存续期间购买，应认定为夫妻共同财产。夫妻双方离婚后，有权依法分割原属于双方共同共有的财产，故被告赵某对案涉房屋的拍卖款享有一半份额。

原告申请强制执行所依据的法律文书仅确认借款系以第三人蒋某个人名义所借，偿还借款义务人为第三人蒋某，并未认定借款属于夫妻共同债务。原告亦未按夫妻共同债务主张权利，因此作为执行依据的生效裁判文书并未判决夫妻一方债务为夫妻共同债务，被告赵某不应对案涉借款承担还款责任。故在执行中不应用赵某所享有的案涉房屋拍卖款一半份额偿还第三人蒋某的个人债务。

案例评析

夫妻一方个人债务，在执行夫妻共同财产时应当保留已离异配偶的份额，但需要注意的是，离婚行为应真实且发生于债务形成之前。实务中，以执行房屋为例，已经离异的配偶基于离婚协议对执行标的提出排除执行异议的，法院主要会考量以下因素：

（1）离婚协议的真实性。为了避免债务人通过与配偶协议离婚的方式逃避债务履行，法院通常会审查双方离婚是否真实、离婚的时间节点是否晚于债权发生的时间节点。

（2）离婚协议书的签订时间。若要作为排除执行的依据，离婚协议书应当形成于执行标的被采取查封、扣押、冻结等措施之前。

（3）如果房屋未进行变更登记，未登记是否存在合理理由。

（4）房屋的实际使用。以（2021）最高法民申 7090 号案例为例，最高人民法院认为夫妻双方在协议中明确表明案涉房屋归子女所有，故执行时应当考虑到对于子女利益的保障。

61 代持股权执行异议

关键词

代持股权被查控、实际股东提出异议

实务要点

要点	具体内容
不予支持的情形	法院对登记在被执行人名下的股权查控的，案外人以其系实际股东或实际出资人为由，提出执行异议，请求排除执行或一并确认其股东资格的，不予支持
应当支持的情形	案外人如果提供证据能够充分证明申请执行人明知或应当知晓其为隐名股东或实际出资人的，应当支持

要点解析

《最高人民法院关于适用〈中华人民共和国公司法〉若干问题的规定（三）》第 24 条规定："有限责任公司的实际出资人与名义出资人订立合同，约定由实际出资人出资并享有投资权益，以名义出资人为名义股东，实际出资人与名义股东对该合同效力发生争议的，如无法律规定的无效情形，人民法院应当认定该合同有效。"第 25 条规定："名义股东将登记于其名下的股权转让、质押或者以其他方式处分，实际出资人以其对于股权享有实际权利为由，请求认定处分股权行为无效的，人民法院可以参照民法典第三百一十一条的规定处理。"可见，司法实践认可代持股权的效力，但案外人仅以其是隐名股东或实际出资人为由提出执行异议，是不能排除执行的，除非案外人能够提供证据证明申请执行人对于代持股权事实明知或应当知晓。因此，代持股权对于隐名股东或实际出资人均存在一定风险。

法律适用

□《最高人民法院关于人民法院办理执行异议和复议案件若干问题的规定》全文

以案析法

案号:(2021)赣0404民初1517号

基本案情

2017年10月9日,胡某某与某能源实业集团有限公司股权转让纠纷一案,胡某某向江西省九江市柴桑区人民法院申请强制执行,柴桑法院在执行过程中冻结了某能源公司在案外人某天然气公司的1%股权(20万元),期限为3年。

2019年11月25日,安福县市场监督管理局将该冻结情况在企业信用信息公示系统予以公示。2021年7月26日,林某某向柴桑法院提出案外人执行异议,认为案涉1%股权为原告代持,应当解除案涉1%股权的执行查封措施。

审查过程中,柴桑法院查明:2015年1月20日,林某某与某能源公司签订股权代持协议书,约定某能源公司拥有的某天然气公司的1%的股权的实际所有人为林某某,以某能源公司的名义代持股份。2015年1月22日,案外人某天然气公司股权变更登记显示为某能源公司占1%,林某某占59%。2021年4月8日,经江西省安福县人民法院调解协议确认,某能源公司名下所持有的案外人某天然气公司的1%股份为林某某所有,协议要求于2021年5月9日前将该股份变更登记至原告林某某名下。至今,案外人某天然气公司的案涉1%股权仍登记在某能源公司名下。

2021年8月2日,柴桑法院裁定驳回林某某的异议请求,林某某向柴桑法院起诉,请求:(1)判决排除对某能源公司在某天然气公司的

1% 股权的执行;(2)判决确认某能源公司在某天然气公司的 1% 股权归原告所有。

裁判要旨

柴桑法院认为,林某某与某能源公司签订的股权代持协议书是双方真实的意思表示,依照该协议书约定,由某能源公司代持林某某在某天然气公司股份 1% 的股份。

对于原告的第一项诉请,按照《江西省高级人民法院关于执行异议之诉案件的审理指南》第 37 项“人民法院对登记在被执行人名下的股权强制执行,案外人以其系实际出资人为由提起执行异议之诉,请求排除执行的,不予支持”的指导意见,柴桑法院对原告的第一项诉请不予支持。

对于原告请求判决确认某能源公司在某天然气公司的 1% 股权归原告所有,因原告代持股权的行为不能排除执行,故本院对原告的上述诉请一并予以驳回。

案例评析

实务中,股权代持行为所引发的执行异议之诉,隐名股东是否能够依据股权代持行为排除执行,存在不小的争议。例如,《江西省高级人民法院关于执行异议之诉案件的审理指南》第 38 条规定:“人民法院对登记在被执行人名下的股权强制执行,案外人以其系实际出资人为由提起执行异议之诉,请求排除执行的,不予支持。”而与之相反,《山东省高级人民法院民二庭关于审理公司纠纷案件若干问题的解答》第 6 条规定:“名义股东因借款、买卖等非股权交易纠纷而成为被执行人时,名义股东债权人依据工商登记中记载的股权归属,申请对该股权强制执行。实际出资人以其实际享有股东权利，提出执行异议被驳回后，又提起案外人执行异议之诉，请求停止对该股权强制执行的，法院应予支持。”

最高人民法院也曾多次作出不同的判决。在（2015）民申字第2381号案件中，最高人民法院认为，商事外观主义作为商法的基本原则之一，其实际上是一项在特定场合下权衡实际权利人与外部第三人之间利益冲突所应遵循的法律选择适用准则，通常不能直接作为案件处理依据。商事外观主义原则的目的在于降低成本，维护交易安全，但其适用也可能会损害实际权利人的利益。案涉执行案件申请执行人并非针对被执行人名下的股权从事交易，仅仅因为债务纠纷而寻查被执行人的财产还债，并无信赖利益保护的需要。若适用商事外观主义原则，将实质权利属于案外人的股权用以清偿被执行人的债务，将严重侵犯案外人的合法权利。

而在（2016）最高法民申3132号案件中，最高人民法院指出，根据《公司法》第32条第3款的规定，工商登记是对股权情况的公示，与公司交易的善意第三人、股东的债权人均有权信赖工商机关登记的股权情况。相比于仅具有内部效力的股权代持协议，对于外部第三人而言，股权登记更具有公信力。故隐名股东对外不具有公示股东的法律地位，不得以内部股权代持协议有效为由对抗外部债权人对显名股东的正当权利。根据商事外观主义原则，有关公示体现出来的权利外观，导致第三人对该权利外观产生信赖，即使真实状况与第三人的信赖不符，只要第三人的信赖合理，第三人的民事法律行为效力即应受到法律的优先保护。

62 追加出资期限未至股东

关键词

被执行人无可供财产、股东出资、尚未到缴纳期限

实务要点

要点	具体内容
法律依据	《最高人民法院关于适用〈中华人民共和国公司法〉若干问题的规定（二）》第 22 条、《企业破产法》第 35 条规定，债务人的出资人尚未完全出资的，管理人要求缴纳出资的，不受出资期限的限制。但在执行程序中能否要求股东提前缴纳出资并由债权人受偿，存在争议
否定观点	出资期限届满前，公司尚不能请求，公司债权人自然无权代为行使权利
肯定观点	公司不能支付欠款的事实说明，分期缴纳资本金的约定降低了公司偿债的能力，损害了债权人的利益

要点解析

股东出资期限利益，指在注册资本认缴制下，法律不要求公司股东在公司设立的同时必须缴纳所有认缴的注册资本，股东按照公司章程规定的出资期限履行出资义务，在公司章程规定的出资期限届满前，股东有权拒绝履行出资义务。如果公司不能清偿到期债务，公司债权人要求未届出资期限的股东在未出资范围内对公司债务承担补充清偿责任，对于此类案件，是应该保护股东的出资期限利益，还是

加速股东出资期限到期，支持公司债权人的诉讼请求，司法实践中存在不同观点。在执行程序中可否追加出资期限未至的股东也同样存在争议，所以需总结经验，推动立法及司法解释的完善，平衡保护股东的期限利益和债权人权益。

法律适用

□《最高人民法院关于适用〈中华人民共和国公司法〉若干问题的规定（二）》（2020 修正）第 22 条

公司解散时，股东尚未缴纳的出资均应作为清算财产。股东尚未缴纳的出资，包括到期应缴未缴的出资，以及依照公司法第二十六条和第八十条的规定分期缴纳尚未届满缴纳期限的出资。

公司财产不足以清偿债务时，债权人主张未缴出资股东，以及公司设立时的其他股东或者发起人在未缴出资范围内对公司债务承担连带清偿责任的，人民法院应依法予以支持。

□《中华人民共和国企业破产法》第 35 条

人民法院受理破产申请后，债务人的出资人尚未完全履行出资义务的，管理人应当要求该出资人缴纳所认缴的出资，而不受出资期限的限制。

以案析法

之一：否定观点

案号：（2016）豫 01 执异 1 号

基本案情

在北京某传媒广告有限公司申请执行河南某广告有限公司合同

纠纷一案中，申请执行人传媒公司向河南省郑州市中级人民法院要求追加被执行人广告公司的股东李某为被执行人，在其未实缴完毕的900万元注册资金范围内承担责任。

裁判要旨

郑州中院认为，根据《公司法》第26条规定，有限责任公司的注册资本为在公司登记机关登记的全体股东认缴的出资额。第28条规定，股东应当按期足额缴纳公司章程中规定的各自所认缴的出资额。本案中，被执行人公司章程约定的股东出资期限未届满，申请执行人以股东出资不实为由申请追加被执行人股东为本案被执行人，没有法律依据。申请执行人申请追加被执行人广告公司股东李某为被执行人的理由不能成立，本院不予支持。

之二：肯定观点

案号：(2021)京03民终16499号

基本案情

刘某与北京某房屋有限公司、周某民间借贷纠纷一案，一审法院于2018年7月31日作出(2017)京0117民初1203号民事判决，判决某房屋公司、周某连带返还刘某借款200万元，并自2014年10月21日起按年息24%的标准支付利息至款实际付清之日止。某房屋公司不服上诉至北京市第三中级人民法院，该院经审理作出(2018)京03民终12359号民事判决，判决驳回上诉，维持原判。

因某房屋公司、周某未履行生效判决确定的义务，刘某向一审法院申请执行，案号为(2018)京0117执822号。执行过程中，因未发现被执行人某房屋公司、周某有可供执行的财产线索，刘某亦不能提供某房屋公司、周某可供执行的财产线索，为此一审法院作出（2018）京 0117 执 822 号执行裁定书，裁定终结本次执行程序。

后刘某主张北京某投资有限公司作为某房屋公司原股东，涉嫌在尚有 500 万元出资义务未实际履行的情况下向周某、北京某装配建筑有限公司转让股权，故依据《最高人民法院关于民事执行中变更、追加当事人若干问题的规定》第 19 条的规定，申请追加某投资公司为被执行人。

经审查，一审法院于 2021 年 5 月 28 日作出（2021）京 0117 执异 83 号执行裁定书，裁定驳回申请执行人刘某的追加申请。刘某不服该裁定，向一审法院提起本案诉讼。

一审法院认为：执行程序中追加被执行人，应当限于法律和司法解释明确规定的追加范围，不得超出法定情形进行追加。根据法律规定，我国公司注册资本制度采用认缴制，即股东负有按期足额缴纳公司章程中规定的各自所认缴的出资额的义务。公司章程可以就认缴期限作出规定，认缴期限不但对股东具有约束力，对外亦产生公示效力，《最高人民法院关于民事执行中变更、追加当事人若干问题的规定》第 19 条规定的"股东未依法履行出资义务"应理解为没有按照公司章程规定的金额、方式、时间等全面履行出资义务的股东，未到认缴期限不属于未依法履行出资义务的情形。

本案中，某投资公司曾持有某房屋公司股权 500 万元，其中从他人处受让的实缴出资 300 万元，认缴出资 200 万元，出资期限为 2031 年 11 月 25 日。某投资公司转让股权的时间在 2031 年 11 月 25 日之前，即在某投资公司转让股权时其认缴出资期限尚未到期，不符合未履行出资义务即转让股权的情形。刘某提交的证据亦不足以证明某投资公司存在将应当加速到期的股权转让给他人的情况。综上,一审法院对刘某在本案中提出的诉讼请求不予支持。

刘某不服,向三中院提起上诉。

裁判要旨

三中院认为,本案二审的争议焦点为:在公司财产不足以清偿债权人的情形下,某投资公司在转让股权后,是否仍应就某房屋公司的债务向刘某承担补充清偿责任。

关于某投资公司 500 万元出资的情况。本案中,某投资公司在股权转让之前,持有某房屋公司 500 万元的股权。其中,300 万元为实缴出资,200 万元为认缴出资,认缴出资的出资期限为 2031 年 11 月 25 日。根据某房屋公司工商档案材料,2018 年 12 月 23 日公司章程显示某投资公司将 200 万元认缴出资转让给周某。2020 年 3 月 19 日,某投资公司将其持有的股权 300 万元转让给装配公司。

首先,对于该 300 万元的实缴出资,某投资公司已经完成出资义务,不符合法律规定的未全面履行出资义务情形。另外,关于 200 万元出资是否已经实缴的问题。某投资公司辩称,其认缴的 200 万元出资已经某房屋公司股东会确认由其法定代表人对某房屋公司享有 200 万债权冲抵为实缴出资款,并提交了 2018 年 5 月 8 日某房屋公司的股东会决议和债转股协议及债权依据,以此证明其认缴的 200 万元增资已实际出资完毕。但根据某投资公司提供的证据,不足以证明其主张。

其次,关于某投资公司是否应当被追加为被执行人。刘某以某投资公司系恶意转让股权以逃避债务、某投资公司已符合认缴出资加速到期条件为由,主张某投资公司仍应对某房屋公司的债务承担补充清偿责任，并申请追加某投资公司为被执行人，对此本院认为，在注册资本认缴制下，股东依法享有期限利益。债权人以公司不能清偿到期债务为由，请求未届出资期限的股东在出资范围内对公司不能清偿的债务承担补充赔偿责任的，人民法院不予支持。但是，下列情形除外：(1)公司作为被执行人的案件，人民法院穷尽执行措施无财产可供执行，已具备破产原因，但不申请破产的；(2)在公司债务产生后，公司股东(大)会决议或以其他方式延长股东出资期限的。股东不得滥用其出资期限利益以逃避债务、损害公司债权人权益，股东在明知公司对外负债且无力清偿的情况下恶意转让未届出资期限的股权、增加公司注册资本实缴到位的风险，其行为损害债权人利益，不应得到法律保护。

根据本案查明事实，案涉借款发生于某投资公司担任某房屋公司股东期间，某投资公司转让股权时，生效判决已经裁判并确认债权，且刘某已经申请法院对某房屋公司、周某进行强制执行。如前所述，根据工商档案记载，某投资公司提供的证据不足以证明其主张的，且在某房屋公司尚未履行生效法律文书确定的债务的情况下，某房屋公司股东会的该项决议无异于决定以公司股东应缴纳的出资优先偿还其对股东的债务，这显然减损了其他债权人获得清偿的可能性。

最后，周某作为债务人、被执行人，在其与某房屋公司、刘某的借款纠纷中，始终未履行任何还款义务，某投资公司将其 200 万元的认缴出资于执行过程中转让给周某，系在明知公司对外负债且无力清偿的情况下转让未届出资期限的股权、增加公司注册资本实缴到位的风险，其行为损害了债权人利益，不应受到法律保护。

综上，在某投资公司未能提供证据证明其股权转让时某房屋公司、周某具备清偿能力的情况下，其应当在 200 万元出资范围内对某房屋公司不能偿还债务部分承担补充赔偿责任。需要指出的是，未履行或者未全面履行出资义务的股东已经承担上述责任，其他债权人提出相同请求的，人民法院不予支持。

63 追加自愿代偿的第三人

关键词

第三人自愿代偿债务、追加被执行人

实务要点

要点	具体内容
前提条件	执行程序中，第三人承诺自愿代被执行人履行债务
受理条件	申请人申请追加第三人为被执行人的，第三人在承诺范围内承担责任，法院予以支持
注意事项	自愿代偿区别于执行担保： • 自愿代偿：第三人承诺代被执行人履行债务； • 执行担保：在执行中，被执行人向人民法院提供担保，并经申请执行人同意的，人民法院可以决定暂缓执行及暂缓执行的期限。被执行人逾期仍不履行的，人民法院有权执行被执行人的担保财产或担保人的财产

要点解析

代为偿还，是指在法律没有规定或者当事人之间也没有约定清偿可以由第三人进行时，第三人向权利人所为的债务履行行为。代为清偿，即清偿由第三人代而为之的制度。执行程序中，第三人出具自愿代偿债务的书面承诺时应当慎重，否则可能会承担严重后果。书面承诺作出后一般不能撤回。申请人在第三人拒不履行承诺义务的情况下，可以申请法院追加第三人作为被执行人予以强制执行。

法律适用

□《最高人民法院关于民事执行中变更、追加当事人若干问题的规定》(2020 修正)第 24 条

执行过程中，第三人向执行法院书面承诺自愿代被执行人履行生效法律文书确定的债务，申请执行人申请变更、追加该第三人为被执行人，在承诺范围内承担责任的，人民法院应予支持。

以案析法

案号:(2022)浙 0481 执异 23 号

基本案情

申请执行人郑某与被执行人上海某银股权投资基金管理有限公司、上海某彦投资合伙企业(有限合伙)、上海某甲投资合伙企业(有限合伙)、上海某善投资合伙企业(有限合伙)合同纠纷一案，浙江省海宁市人民法院于 2018 年 10 月 12 日作出(2018)浙 0481 民初 7462 号民事调解书，确定:(1)被执行人某银股权向申请执行人郑某支付 30,900,000 元、迟延付款违约金及律师代理费，上述款项由被执行人某银股权于 2018 年 11 月 16 日前付清;(2)被执行人某彦投资、某甲投资、某善投资对上述还款义务承担连带责任，某彦投资、某甲投资、某善投资承担连带责任后有权向某银股权追偿。

因被执行人未履行生效法律文书所确定的义务，申请执行人于2018年12月5日向海宁法院申请执行，执行案号为（2018）浙0481执4486号。因被执行人无可供执行的财产，海宁法院于2019年5月13日裁定终结本次执行程序。

2020年1月，申请执行人与被执行人及第三人江西某家居有限公司、毛某先后共同签署了加入式清偿协议、执行和解协议书、补充协议、股权质押协议等协议，第三人家居公司承诺加入本案的债务履行，同时股东会也作出相同内容的决议，并向海宁法院出具代履行承诺书，承诺如被执行人未按和解协议履行，家居公司代被执行人履行（2018）浙0481民初7462号生效法律文书所确定的被执行人应承担的全部未履行债务及案件诉讼费、执行申请费等，且申请执行人在向执行法院申请追加家居公司为被执行人后，执行法院可对家居公司直接采取强制措施。毛某以其持有家居公司245万元（245万股股权）为家居公司的履行进行质押担保，质押担保范围为2300万元以内，并于2020年1月20日向江西省宜春市行政审批局办理质押登记。

因被执行人、家居公司及毛某均未履行约定义务，申请执行人向海宁法院提出追加家居公司和毛某为本案被执行人。

裁判要旨

海宁法院认为，执行过程中，第三人向执行法院书面承诺自愿代被执行人履行生效法律文书确定的义务，申请执行人申请变更、追加该第三人为被执行人，在承诺范围内承担责任的，人民法院应予以支持。

故海宁法院依照《最高人民法院关于民事执行中变更、追加当事人若干问题的规定》第 24 条、第 30 条的规定，裁定如下：

第一，追加第三人家居公司为（2018）浙 0481 执 4486 号案件的被执行人。家居公司应在本裁定生效之日起 15 日内向申请执行人郑某履行（2018）浙 0481 民初 7462 号民事调解书所确定的义务（包括诉讼费、执行费）。

第二，追加毛某为（2018）浙 0481 执 4486 号案件的被执行人。毛某应对家居公司前述义务在 2300 万元范围内以其持有的 245 万股股权折价、拍卖、变卖后优先受偿。

案例评析

根据《最高人民法院关于民事执行中变更、追加当事人若干问题的规定》第 24 条的规定，第三人自愿代偿债务人的债务的行为应当被认定为债务加入，而非债务担保。在执行过程中，若第三人自愿承诺代被执行人偿还全部或部分债务，意味着对于债权人来说，债务人进行了增加或者变更，第三人加入到享有的债权债务关系中，或取代被执行人成为新的债务人。相反，若被执行人提供执行担保，债务人不会发生任何对象或者人数上的改变。

需要注意的是，自愿代偿的承诺应当向人民法院通过书面的方式作出，若仅仅是在被执行人、第三人与申请执行人之间达成的合意，只对当事人内部产生效力，不能依据该合意向法院申请追加或者变更被执行人。

那么第三人在被执行法院追加或变更为被执行人后，能否撤回其承诺？笔者认为，在这种情况下，只有在第三人追加或者变更为被执行人是基于非自愿的情况下，法院才能准许其撤回承诺。例如，若第三人作出的承诺基于被执行人对其的欺诈、胁迫或造成的重大误解的前提下，第三人的承诺应当被认定为无效，但如果第三人仅仅在执行过程中认为支付款项过高而反悔，出于保护申请执行人债权能够获得清偿的信赖利益，法院不应支持第三人的请求。

64 追加一人有限责任公司股东

关键词

一人有限责任公司、股东不能证明财产独立、承担连带责任

实务要点

要点	具体内容
受理条件	执行程序中，被执行人为一人有限责任公司，财产不足以清偿法律文书确定的义务的
股东免责的举证责任	股东若以公司财产独立于自己的财产为由进行抗辩，应当承担举证责任。不能证明财产独立的，申请人申请追加股东为被执行人，将对公司债务承担连带责任

要点解析

一人有限责任公司的本质特征同于有限公司，即股东仅以其出资额为限对公司债务承担责任，公司以其全部财产独立承担责任，当公司财产不足以清偿其债务时，股东不承担连带责任。但一人有限责任公司通常是一人股东自任董事、经理并实际控制公司，缺乏股东之间

的相互制衡及公司组织机构之间的相互制衡，容易混淆公司财产和股东个人财产。作为一人有限责任公司的股东，有证明其财产独立于公司财产的义务，否则应当就公司债务承担连带责任。债权人可以选择在诉讼阶段或执行程序中追究股东责任。

法律适用

□《最高人民法院关于民事执行中变更、追加当事人若干问题的规定》（2020 修正）第 20 条

作为被执行人的一人有限责任公司，财产不足以清偿生效法律文书确定的债务，股东不能证明公司财产独立于自己的财产，申请执行人申请变更、追加该股东为被执行人，对公司债务承担连带责任的，人民法院应予支持。

以案析法

案号：（2022）浙 0782 执异 10 号

基本案情

2019 年 6 月 26 日，浙江省义乌市人民法院对原告义乌市某宝房地产营销策划有限公司诉被告义乌某哲房地产营销策划有限公司（自然人独资有限责任公司，股东为王某 1）、王某 2 合同纠纷一案作出（2019）浙 0782 民初 6525 号民事判决，判定被告某哲公司向原告某宝公司支付转让款 90 万元。判决生效后被告未履行，原告于 2020 年 3 月 17 日向义乌法院申请强制执行。2020 年 6 月 1 日，义乌法院以被执行人暂无可供执行的财产，本案符合终结本次执行程序的条件为由，裁定终结（2020）浙 0782 执 1790 号案件本次执行程序。

某宝公司向义乌法院提出申请，称某哲公司系一人有限责任公司，企业核心资产均掌握在股东王某 1 手中，某哲公司拒不报告财产，王某 1 不能证明公司财产独立于自己的财产，应对公司债务承担连带责任，请求追加被执行人某哲公司的股东王某 1 为本案的被执行人。

裁判要旨

义乌法院认为，作为被执行人的一人有限责任公司，财产不足以清偿生效法律文书确定的债务，股东不能证明公司财产独立于自己的财产，申请执行人申请变更、追加该股东为被执行人，对公司债务承担连带责任的，人民法院应予支持。本案中，被执行人某哲公司为一人有限责任公司，其财产不足以清偿生效的（2019）浙 0782 民初 6525 号民事判决确定的债务，第三人王某 1 作为其股东，未提供证据证明公司财产独立于自己的财产，应对公司债务承担连带责任。

案例评析

一人有限责任公司，公司财产不足以清偿生效法律文书确定的债务，若股东不能证明公司财产独立于自己的财产，应对公司债务承担连带责任。

那么实务中，一人有限责任公司的股东应当如何证明其财产独立于公司的财产呢？结合相关案例，若股东提供了近几年较为详细、完整的公司年度财务审计报告，能够证明公司财产独立于股东财产的，法院一般予以认可。但在（2021）最高法民申 3711 号案件中，公司虽然提供了审计报告，但由于审计报告中缺少资产负债表，最高人民法院认定对该证据不予采信，股东仍然要承担连带责任。

如果股东能够提供充分证据，具体又该如何进行救济呢？根据

《最高人民法院关于民事执行中变更、追加当事人若干问题的规定》第32条的规定，被申请人对执行法院依据本规定第14条第2款、第17条至第21条规定作出的变更、追加裁定或驳回申请裁定不服的，可以自裁定书送达之日起15日内，以申请人为被告，向执行法院提起执行异议之诉。

65 追加出资不实股东

关键词

营利性法人、股东、出资人出资不实、在不实范围内承担责任

实务要点

要点	具体内容
追加对象	•未缴纳或未足额缴纳出资的股东、出资人； •抽逃出资的股东； •未依法履行出资义务即转让股权的股东
受理条件	申请执行人可以申请追加存在以上行为的营利性法人的股东或出资人为被执行人，在出资不实范围内承担责任

要点解析

出资不实是指公司股东在公司设立或增加注册资本时，违反公司章程规定，未出资或出资不足，以及在出资后抽逃出资的行为。发现作为设立公司出资的非货币财产的实际价额显著低于公司章程所定

价额的，应当由交付该出资的股东补足其差额，公司设立时的其他股东承担连带责任。执行中，若营利性法人的财产不足以清偿债务，申请执行人可以向法院申请就被执行人公司的财务状况进行审计或者通过查阅银行账户流水、公司股东会决议等，以确认股东或出资人是否如实出资，并追究不实出资股东的责任。

法律适用

□《最高人民法院关于民事执行中变更、追加当事人若干问题的规定》(2020修正)第17条

作为被执行人的营利法人，财产不足以清偿生效法律文书确定的债务，申请执行人申请变更、追加未缴纳或未足额缴纳出资的股东、出资人或依公司法规定对该出资承担连带责任的发起人为被执行人，在尚未缴纳出资的范围内依法承担责任的，人民法院应予支持。

□《最高人民法院关于民事执行中变更、追加当事人若干问题的规定》(2020修正)第18条

作为被执行人的营利法人，财产不足以清偿生效法律文书确定的债务，申请执行人申请变更、追加抽逃出资的股东、出资人为被执行人，在抽逃出资的范围内承担责任的，人民法院应予支持。

□《最高人民法院关于民事执行中变更、追加当事人若干问题的规定》(2020修正)第19条

作为被执行人的公司，财产不足以清偿生效法律文书确定的债务，其股东未依法履行出资义务即转让股权，申请执行人申请变更、追加该原股东或依公司法规定对该出资承担连带责任的发起人为被执行人，在未依法出资的范围内承担责任的，人民法院应予支持。

以案析法

案号:(2021)京民申 6947 号

基本案情

再审申请人某长治钢铁有限公司因与被申请人某钢铁有限责任公司执行异议之诉一案,不服北京市第二中级人民法院(2021)京 02 民终 2122 号民事判决书,向北京市高级人民法院申请再审。

长治公司称:北京市第二中级人民法院认为长治公司存在抽逃出资行为,缺乏证据证明。

第一,相关刑事判决中记载的北京某贸易有限公司原总经理张某元以及原法定代表人党某的证人证言,并非公诉机关查实的证据,实际上是公诉机关在侦办另案过程中收集的证人证言,并不属于实质性的证据。且法院也没有对贸易公司的注册资金问题进行专门的调查,不能证明长治公司对贸易公司的实际出资情况,而且该刑事判决因被撤销而不具有法律效力。

第二,北京某工贸集团有限公司和长治公司于 2011 年 6 月 2 日签订了股权转让补充协议,其中约定双方对贸易公司各投入资金 150 万元,并各支付购地资金 350 万元。二审法院仅采信了该协议约定的条款,而没有全面审查该协议约定资金的具体情况,失之偏颇。

第三,长治公司对贸易公司转款 345 万元给长治公司的事实(用途为购货)并不否认,但贸易公司作为钢材贸易商,与长治公司开展钢材买卖不违反任何禁止性规定。2003 年年初,因长治公司发起设立了山西某钢铁股份有限公司,因此长治公司将 345 万元转给了钢铁公司,随后钢铁公司也与贸易公司签订了钢材买卖合同,并履行了发货结算义务。因钢铁买卖合同不同于一般商品买卖，不可能做到付款和最终结算完全一致。

第四，即便 345 万元转款无法证明系货款而且已获得交易对价，根据前述股权转让补充协议的约定，2003 年 8 月 1 日，长治公司又向贸易公司支付了购地款 305 万元，而且至今长治公司未收到任何土地收益，因此即使长治公司存在抽逃出资行为，也只能认定抽逃出资 40 万元，而非 345 万元。

故根据 2017 年《民事诉讼法》第 200 条第 1 款、第 2 款的规定，提出再审申请，请求：(1)撤销北京市第二中级人民法院(2021)京 02 民终 2122 号民事判决；(2)改判不得追加长治公司为(2016)京 0115 执 7290 号执行案件的被执行人，且不对(2015)大民(商)初字第 11273 号民事判决书确定的义务承担责任。

裁判要旨

北京高院经审查认为，本案的争议焦点为长治公司是否存在抽逃出资行为。《最高人民法院关于适用〈中华人民共和国公司法〉若干问题的规定(三)》第 12 条规定："公司成立后，公司、股东或者公司债权人以相关股东的行为符合下列情形之一且损害公司权益为由，请求认定该股东抽逃出资的，人民法院应予支持：(一)制作虚假财务会计报表虚增利润进行分配；(二)通过虚构债权债务关系将其出资转出；(三)利用关联交易将出资转出；(四)其他未经法定程序将出资抽回的行为。"

本案中，长治公司与工贸公司各出资 500 万元成立贸易公司，2003 年 4 月 14 日，贸易公司将 345 万元转入长治公司，长治公司主张此款项系其代钢铁公司收取的预付货款，但其提交的证据无法充分证明该项主张，故二审法院结合已查明的事实和相关证据认定申请人长治公司构成抽逃出资并无不当。

《最高人民法院关于民事执行中变更、追加当事人若干问题的规定》第 18 条规定："作为被执行人的营利法人，财产不足以清偿生效法律文书确定的债务，申请执行人申请变更、追加抽逃出资的股东、出资人为被执行人，在抽逃出资的范围内承担责任的，人民法院应予支持。"被申请人作为债权人在贸易公司财产不足以清偿生效法律文书确定的债务情况下，申请追加长治公司为被执行人具备事实和法律依据。

案例评析

对于申请执行人来说，如何证明被执行人公司的股东存在抽逃出资的行为是一个难点。一般来说，证明股东是否存在抽逃出资，需要考虑：(1)公司的资产是否减少；(2)资产减少是否有正当理由。

实务中，考虑到申请执行人一般是被执行人公司范围以外的人，无法提供完整证据证实公司转账行为属于股东抽逃出资，因此申请执行人往往仅需要证明公司存在转账行为，且转账的款项、时间等体现出确实可能是抽逃出资即可，如公司验资完毕后很短时间内就有一笔大额资金的转出。

而此时举证责任转移到被执行人一方，被执行人需要提供证据证明转账行为的合理性。

以(2022)豫民终 247 号案件为例，申请执行人向法院提交证据，2013 年 8 月 15 日被执行人股东孙某、赵某向公司履行完毕出资义务，而 2013 年 8 月 26 日、27 日，两人就以支付劳务费的名义分别将两笔款项转至第三人账户。此时，申请执行人的举证责任已经履行完毕，股东孙某和赵某作为被执行人的股东，应当提供证据证明其转出款项的行为不属于抽逃出资，而是公司的正常经营行为。但孙某、赵某未提供相应的证据，故法院最终认定两人的行为构成抽逃出资。

66 案外人排除执行异议

关键词

案外人、提出异议、请求法院停止执行

实务要点

要点	具体内容
“排除执行”的含义	“排除执行”就是案外人申请执行法院对于执行标的停止执行、中止执行、解除查封措施
举证责任	案外人提起排除执行异议，应当就执行标的享有足以排除强制执行的民事权益承担举证证明责任，即对比案外人和申请人哪一方对执行标的的权利更优先
法院审查的内容	•案外人是否系执行标的物的实际权利人； •该权利的合法性与真实性； •案外人享有的权利能否排除执行

要点解析

判断案外人所主张的民事权益是否足以排除强制执行，人民法院应当依据相关法律、司法解释关于民事权利（益）的规定，在对相关当事人关于执行标的的民事权利（益）的实体法性质和效力作出认定的基础上，对相关法律规范之间的层级关系、背后蕴含的价值判断以及立法目的进行探寻与分析，并结合不同案件中相关当事人的身份职业特点、对于执行标的权利瑕疵状态的过错大小，与执行标的交易相关的权利行使状况、交易履行情况，进一步分析执行标的对于相关当事人基本生活保障与秩序追求的影响等具体情况，综合加以认定。“排除执行”就是足以使强制执行无法执行，停止执行。对执行标的物排除执行就是指停止对标的物采取的强制执行措施，如查封、扣押、冻结、拍卖、变卖等。

法律适用

□《中华人民共和国民事诉讼法》第238条

执行过程中，案外人对执行标的提出书面异议的，人民法院应当自收到书面异议之日起十五日内审查，理由成立的，裁定中止对该标的的执行；理由不成立的，裁定驳回。案外人、当事人对裁定不服，认为原判决、裁定错误的，依照审判监督程序办理；与原判决、裁定无关的，可以自裁定送达之日起十五日内向人民法院提起诉讼。

□《最高人民法院关于人民法院办理执行异议和复议案件若干问题的规定》(2020修正)第24条

对案外人提出的排除执行异议，人民法院应当审查下列内容：

(一)案外人是否系权利人；

(二)该权利的合法性与真实性；

(三)该权利能否排除执行。

□《最高人民法院关于人民法院办理执行异议和复议案件若干问题的规定》(2020修正)第25条

对案外人的异议，人民法院应当按照下列标准判断其是否系权利人：

（一）已登记的不动产，按照不动产登记簿判断；未登记的建筑物、构筑物及其附属设施，按照土地使用权登记簿、建设工程规划许可、施工许可等相关证据判断；

（二）已登记的机动车、船舶、航空器等特定动产，按照相关管理部门的登记判断；未登记的特定动产和其他动产，按照实际占有情况判断；

（三）银行存款和存管在金融机构的有价证券，按照金融机构和登记结算机构登记的账户名称判断；有价证券由具备合法经营资质的托管机构名义持有的，按照该机构登记的实际出资人账户名称判断；

（四）股权按照工商行政管理机关的登记和企业信用信息公示系统公示的信息判断；

（五）其他财产和权利，有登记的，按照登记机构的登记判断；无登记的，按照合同等证明财产权属或者权利人的证据判断。

案外人依据另案生效法律文书提出排除执行异议，该法律文书认定的执行标的权利人与依照前款规定得出的判断不一致的，依照本规定第二十六条规定处理。

□《最高人民法院关于人民法院办理执行异议和复议案件若干问题的规定》（2020 修正）第 26 条

金钱债权执行中，案外人依据执行标的被查封、扣押、冻结前作出的另案生效法律文书提出排除执行异议，人民法院应当按照下列情形，分别处理：

（一）该法律文书系就案外人与被执行人之间的权属纠纷以及租赁、借用、保管等不以转移财产权属为目的的合同纠纷，判决、裁决执行标的归属于案外人或者向其返还执行标的且其权利能够排除执行的，应予支持；

（二）该法律文书系就案外人与被执行人之间除前项所列合同之外的债权纠纷，判决、裁决执行标的归属于案外人或者向其交付、返还执行标的的，不予支持；

（三）该法律文书系案外人受让执行标的的拍卖、变卖成交裁定或者以物抵债裁定且其权利能够排除执行的，应予支持。

金钱债权执行中，案外人依据执行标的被查封、扣押、冻结后作出的另案生效法律文书提出排除执行异议的，人民法院不予支持。

非金钱债权执行中，案外人依据另案生效法律文书提出排除执行异议，该法律文书对执行标的权属作出不同认定的，人民法院应当告知案外人依法申请再审或者通过其他程序解决。

申请执行人或者案外人不服人民法院依照本条第一、二款规定作出的裁定，可以依照民事诉讼法第二百二十七条规定提起执行异议之诉。

以案析法

案号：(2022)沪 01 执异 36 号

基本案情

北京某投资有限公司与杨某 1、杨某 2 合同纠纷一案，上海市第一中级人民法院作出了（2020）沪 01 民初 69 号民事判决，判定被告杨某 1 应于判决生效之日起 10 日内向原告投资公司偿还借款 4000 万元、利息以及违约金，被告杨某 2 对上述判决确定的被告杨某 1 的债务承担连带保证责任。

杨某 1 不服，向上海市高级人民法院提起上诉。2021 年 8 月 23 日上海高院作出（2021）沪民终 307 号民事调解书，确认杨某 1 于 2021 年 8 月 26 日前支付被上诉人投资公司借款本金人民币 4000 万元、利息、违约金、一审案件受理费及保全费、律师费 33 万元等。

本案于 2021 年 9 月 8 日立（2021）沪 01 执 1677 号案件予以执行。执行过程中，法院裁定拍卖被执行人名下的位于安徽省滁州市的案涉房屋，并于 2022 年 2 月中旬张贴了拍卖、变卖案涉房产的公告。

2022 年 2 月 17 日，案外人张某 1 向本院提出执行异议，称：案涉房屋原为杨某 1、汪某夫妻共有财产。2014 年 4 月 15 日，杨某 1、汪某夫妇以公证方式共同委托张某 2 转让该房产。2014 年 4 月 17 日，张某 1 与张某 2 签订房屋买卖合同，并按约支付了全部购房款 33 万元。2014 年 5 月 14 日，异议人与张某 2 将全部代理权转委托给复代理人张某 1。随后，张某 1 一直居住案涉房屋中，对案涉房产享有对抗本案执行的民事权利，请求中止对案涉房屋的拍卖。

投资公司答辩称：张某 1 提出的异议请求不符合《最高人民法院关于人民法院办理执行异议和复议案件若干问题的规定》第 28 条之规定。（1）张某 1 提交的证据——房屋买卖合同的真实性存疑，该合同未办理网签备案，且居间人及其公章均未在市场监督管理部门登记备案过。（2）张某 1 提供的证据不足以证明其已经全额支付购房款。异议人与居间人签订的买卖合同约定房屋总价为 33 万元，支付方式为现金，显然不合常理。且根据支付明细，收款方为滁州某公司，支付方为张某 2。（3）异议人不属于非因自身原因未办理案涉房屋的过户登记。异议人在长达 7 年的时间内均未办理案涉房产的变更登记手续，虽然异议人解释是因为待其子女成年后，将房屋直接过户给其子女，但在房屋买卖合同中未将子女列为购买人，而是仅以异议人一人为购买方。

裁判要旨

上海一中院认为，在执行程序中，已登记的不动产，按照不动产登记簿判断权利人。执行机构依据生效民事调解书确定的内容，对登记在被执行人杨某1名下的案涉房屋的执行措施符合法律规定。

根据《最高人民法院关于人民法院办理执行异议和复议案件若干问题的规定》第28条之规定，异议人张某1提供的证据材料不足以证明其对案涉房屋享有排除执行的民事权利，故对张某1的异议申请，上海一中院不予支持。

案例评析

结合上述案例可知，实务中，如何准确判断执行标的物的实际权利人，是案外人排除执行异议案件的重点。

首先，关于不动产的权利人。根据《民法典》第216条的规定，不动产登记簿是确定物权归属和内容的根据。故对于不动产，应当以不动产登记簿上记载的所有权人为准。

其次，对于动产，根据《民法典》第224条的规定，普通动产物权的设立和转让，自交付时发生效力。故普通动产的权利人应为实际占有、使用动产的人。对于特殊动产，如《民法典》第225条规定的“船舶、航空器和机动车等的物权的设立、变更、转让和消灭，未经登记，不得对抗善意第三人”，仍然应当根据登记信息进行判断。

需要注意的是，所有权登记信息并不必然是判断权利人的唯一标准。在登记信息不能证明不动产实际权利人的情况下，案外人仍然有救济的途径。《最高人民法院关于人民法院办理执行异议和复议案件若干问题的规定》第28条规定:“金钱债权执行中,买受人对登记在被执行人名下的不动产提出异议,符合下列情形且其权利能够排除执行的,人民法院应予支持:(一)在人民法院查封之前已签订合法有效的书面买卖合同;(二)在人民法院查封之前已合法占有该不动产;(三)已支付全部价款,或者已按照合同约定支付部分价款且将剩余价款按照人民法院的要求交付执行;(四)非因买受人自身原因未办理过户登记。”故在实务中,案外人针对被执行人名下的房屋,有过积极办理过户登记的行为,如及时向房产交易中心递交过户材料等,或者有正当理由未能积极办理过户登记的,仍然可以被认定为房屋的实际权利人。

上述条款极大程度上保护了因被执行人消极的行为而无法正常享有房屋权利的案外人。与之相类似的还有《最高人民法院关于人民法院办理执行异议和复议案件若干问题的规定》第29条的规定,该条款保护的是商品房买受人的合法权益,防止因房地产开发商的消极行为对其能够享有的权益造成影响。

需要注意的是,根据《全国法院民商事审判工作会议纪要》第126条的规定,除商品房消费者之外的不动产买受人享有的排除执行异议的权利不得优先于申请执行人对执行标的物享有的担保物权。

第四部分

执行工作管理

67 破产移送申请

关键词

企业法人资不抵债、执行法院裁定移送破产、破产清偿、查封顺位清偿

实务要点

要点	具体内容
受理条件	执行法院经任一申请执行人或被执行人同意，对于符合《企业破产法》规定的被执行人不能清偿到期债务，并且资产不足以清偿全部债务或者明显缺乏清偿能力，应当裁定移送被执行人住所地法院。是否受理破产由被执行人住所地法院决定
不予受理的结果	当事人不同意移送破产或被执行人住所地法院不受理，执行法院应当恢复执行，对于普通债权按照财产保全和执行中查封先后顺序清偿

要点解析

2015年2月4日实施的《最高人民法院关于适用〈中华人民共和国民事诉讼法〉的解释》对执行转破产制度作出规定。2017年1月，最高人民法院发布《关于执行案件移送破产审查若干问题的指导意见》，进一步规范执行案件移送破产审查工作，促进执行程序与破产程序有序衔接，推动将被执行人中大量资不抵债、符合破产条件的“僵尸企业”依法转入破产程序。推进执行转破产工作，有利于建立完善合理的执行案件退出机制，公平保护债权人和债务人合法权益，

对于健全市场主体救治和退出机制、服务深化供给侧结构性改革具有重要意义。如果被执行人财产不足以清偿全部债务，建议财产轮候查封的申请人向执行法院提出申请，依据企业破产法的规定，将案件移送破产管辖法院，按照破产清偿程序公平处置财产。

法律适用

□《最高人民法院关于执行案件移送破产审查若干问题的指导意见》全文

□《最高人民法院关于适用〈中华人民共和国民事诉讼法〉的解释》（2022 修正）第 513 条

被执行人住所地人民法院裁定受理破产案件的，执行法院应当解除对被执行人财产的保全措施。被执行人住所地人民法院裁定宣告被执行人破产的，执行法院应当裁定终结对该被执行人的执行。

被执行人住所地人民法院不受理破产案件的，执行法院应当恢复执行。

□《最高人民法院关于适用〈中华人民共和国民事诉讼法〉的解释》（2022 修正）第 514 条

当事人不同意移送破产或者被执行人住所地人民法院不受理破产案件的，执行法院就执行变价所得财产，在扣除执行费用及清偿优先受偿的债权后，对于普通债权，按照财产保全和执行中查封、扣押、冻结财产的先后顺序清偿。

□《最高人民法院关于适用〈中华人民共和国民事诉讼法〉的解释》（2022 修正）第 515 条

债权人根据民事诉讼法第二百六十一条规定请求人民法院继续执

行的，不受民事诉讼法第二百四十六条规定申请执行时效期间的限制。

□《最高人民法院关于适用〈中华人民共和国民事诉讼法〉的解释》（2022 修正）第 516 条

被执行人不履行法律文书确定的义务的，人民法院除对被执行人予以处罚外，还可以根据情节将其纳入失信被执行人名单，将被执行人不履行或者不完全履行义务的信息向其所在单位、征信机构以及其他相关机构通报。

以案析法

案号：（2023）浙 0113 破申 6 号

基本案情

因杭州某工贸有限公司拖欠嘉兴市某服饰有限公司加工费，服饰公司于 2020 年 4 月 21 日向浙江省平湖市人民法院提起诉讼，平湖法院经审理于 2020 年 8 月 24 日作出（2020）浙 0482 民初 1367 号民事判决，判决工贸公司支付服饰公司 559，183 元及自 2018 年 10 月 12 日起至判决生效之日止的利息等。

因工贸公司未按该民事判决履行还款义务，服饰公司向平湖法院申请执行，平湖法院于 2021 年 4 月 1 日作出（2020）浙 0482 执 2220 号之一执行裁定书，裁定终结（2020）浙 0482 执 2220 号案本次执行程序。

2023 年 1 月 16 日，由于工贸公司不能清偿到期债务，并且资产不足以清偿全部债务，经服饰公司同意，平湖法院将以工贸公司为被执行人的案件材料进行破产审查，并依法通知了工贸公司。

工贸公司在法定期限内就该申请向平湖法院提出异议称，其对嘉兴市某贸易有限公司、冯某、王某尚有 230 万余元的债权未执行到位，但其对服饰公司负有的债务仅 50 万余元，工贸公司的债权足以覆盖其债务，故工贸公司的资产大于负债，不符合明显缺乏清偿能力、资不抵债的规定，申请法院对服饰公司的破产申请不予受理或驳回。

裁判要旨

平湖法院认为，因工贸公司经法院强制执行，不能清偿到期债务，故足以认定其破产原因具备。工贸公司提出异议称资产大于负债，但并未提供证据证明其现有资产能够清偿到期债务，且平湖法院在（2020）浙 0482 执 2220 号之一执行裁定书中亦认定暂未发现工贸公司有其他可供执行的财产。因此，平湖法院对工贸公司的该异议不予采信。

案例评析

被执行人经法院强制执行，其资产仍未能清偿到期债务，符合破产条件的，可以将案件移送破产管辖法院。执行转破产是执行工作中非常重要的一个环节，执行转破产工作的完善有助于执行案件的办结，也能够公平地保障债权人和债务人双方的权益。

为了明确执行转破产的工作规则，2017 年最高人民法院颁布了《关于执行案件移送破产审查若干问题的指导意见》，现笔者将其中受到较多关注的问题总结如下：

第一，执行案件移送破产的前提条件：（1）被执行人为企业法人；（2）被执行人或者有关被执行人的任何一个执行案件的申请执行人书面同意将执行案件移送破产审查；（3）被执行人不能清偿到期债务，并且资产不足以清偿全部债务或者明显缺乏清偿能力。

第二，执行案件移送破产的管辖：(1)地域管辖：执行案件移送破产审查，由被执行人住所地人民法院管辖；(2)级别管辖：以中级人民法院管辖为原则、基层人民法院管辖为例外。中级人民法院经高级人民法院批准，也可以将案件交由具备审理条件的基层人民法院审理。

第三，执行案件移送破产的审查与受理：受移送法院的破产审判部门应当自收到移送的材料之日起 30 日内作出是否受理的裁定。受移送法院作出裁定后，应当在 5 日内送达申请执行人、被执行人，并送交执行法院。受移送法院作出不予受理或驳回申请裁定的，应当在裁定生效后 7 日内将接收的材料、被执行人的财产退回执行法院，执行法院应当恢复对被执行人的执行。

第四，执行案件移送破产的监督程序：受移送法院拒绝接收移送的材料，或者收到移送的材料后不按规定的期限作出是否受理裁定的，执行法院可函请受移送法院的上一级法院进行监督。上一级法院收到函件后应当指令受移送法院在 10 日内接收材料或作出是否受理的裁定。受移送法院收到上级法院的通知后，10 日内仍不接收材料或不作出是否受理裁定的，上一级法院可以径行对移送破产审查的案件行使管辖权。上一级法院裁定受理破产案件的，可以指令受移送法院审理。

68 法院代管款管理

关键词

执行款代管、缴纳发还、审批周期

实务要点

要点	具体内容
账户设立	一案一账户
账户使用	• 执行程序中法院依法执行的款项均扣划汇入法院设立的案件代管款账户； • 申请案款发还或缴纳执行款均要通过代管款账户
到账期限	执行案款发还周期较长，法院内部审批权限根据数额多少不同，到账一般要预留 10 个工作日

要点解析

知晓法院执行案款的发还审批流程和期限，有助于案件管理，方便当事人缴纳诉讼费用、发还执行款项。上海市高级人民法院执行案款管理进行改革，法院已经实现了“一人一账号”，每个案件都有一个单独的代管款账户，通过法院案款管理系统可以直接查询到专属账户及当事人缴纳的每一笔相关费用。

法律适用

□《中华人民共和国民事诉讼法》第 121 条

当事人进行民事诉讼，应当按照规定交纳案件受理费。财产案件除交纳案件受理费外，并按照规定交纳其他诉讼费用。

当事人交纳诉讼费用确有困难的，可以按照规定向人民法院申请缓交、减交或者免交。

收取诉讼费用的办法另行制定。

以案析法

案号:(2020)琼 0107 执 2615 号之二

基本案情

海口市琼山区人民法院在执行申请执行人海南某工程机械有限公司与被执行人秦某合同纠纷一案中，依据已经发生法律效力的(2019)琼 0107 民初 5407 号民事判决，依法向被执行人秦某发出执行通知书、报告财产令，并责令被执行人履行如下义务:(1)向申请执行人支付挖掘机首付款 38,182 元并支付利息;(2)向申请执行人加倍支付迟延履行期间的债务利息;(3)负担本案执行费 472.73 元;(4)向本院报告财产状况。但被执行人未履行上述任一义务。

裁判要旨

在执行过程中，琼山法院进行了以下工作:

(1)被执行人秦某银行账户存款余额 790.33 元，琼山法院依法划拨 317.6 元给申请执行人，作为本案案款(剩余 37,074.07 元及利息未执行完毕)，但因申请执行人未及时办理付款手续，法院将该笔款项提存至海南省法院代管款管理系统，余款 472.73 元作为执行费上缴国库。

(2)琼山法院作出(2020)琼 0107 执 2615 号执行裁定书，依法查封了被执行人名下位于海口市琼山区的宅基地使用权，查封期限为 3 年，自 2020 年 12 月 16 日起。但因该土地性质为农村宅基地，故被执行人享有的使用权无法处置变现。

(3)琼山法院通过全国法院网络执行查控系统、执行司法查控系统、银行、公安部车辆管理、京东、支付宝(中国)网络技术有限公司、财付通支付科技有限公司、证券、保险等相关系统和部门进行查询，没有发现被执行人秦某名下有其他可供执行的财产。

（4）琼山法院前往海口市不动产登记中心及海南省公积金管理局处查询，未发现被执行人名下有相关登记及存款。琼山法院发函至海南省海口市琼山区红旗镇土桥社区居委会，对被执行人进行外调，没有任何有效线索和结果。

（5）因被执行人秦某拒不报告财产、拒不履行生效判决确定的法律义务，琼山法院作出对被执行人秦某拘留15日的决定。但因其下落不明，并未予以实际拘留。

（6）因被执行人秦某未按执行通知书指定的期间履行生效法律文书确定的给付义务，琼山法院将其列入限制消费名单。

琼山法院认为，生效法律文书所确认的债权依法受法律保护，但债权的实现取决于被执行人是否有履行能力。本案中，法院穷尽各种调查措施未查找到被执行人秦某可供执行财产，申请执行人对执行情况持有异议但亦无法提供被执行人可供执行财产线索，本次执行程序应予终结。

案例评析

以前案件当事人缴纳的费用，如诉讼费、执行费等全部存于法院的代管款账号总账户池。执行案件的法院如果需要确认费用，只能按照转账时间、具体金额、转账人等信息在总池中进行筛选。如果转账信息不明，执行法院寻找起来无异于大海捞针。

得益于上海市高级人民法院执行案款管理改革，如今法院已经实现了“一人一账号”，即每个案件都会形成一个单独的代管款账户，执行过程中法院会将账号通过执行通知书告知被执行人，被执行人可以直接将执行费用等款项转入该账号。法院也可以将执行到的款项存至该账户中，并直接从该账户将款项转给申请执行人。如果需要查询执行款项的缴纳情况，法官可以通过法院系统直接查询该账户，了解被执行人缴纳的每一笔费用情况，极大程度上减轻了执行法院的工作量。

69 法院执行行为

关键词

民事执行、法院执行行为、执行行为分类

实务要点

要点	具体内容
民事执行的含义	民事执行是人民法院的执行机构依照法律程序，对生效法律文书确定的内容，运用国家的强制力量，依法采取执行措施，强制负有义务的当事人完成义务的行为
执行行为的分类	•执行措施：令状措施（搜查、申报、强迁），查控措施（查封、冻结、扣押、拍卖），流程措施（暂缓执行、中止终结执行），限制措施（限高、限出入境、失信名单）； •执行程序：法定期限、执行顺序（未经查封不得处分）

要点解析

对法院的执行行为分类，有利于申请执行人、被执行人、案外人全面了解法院民事执行的措施，对违法执行行为依法提出执行行为异议。

法律适用

□《中华人民共和国民事诉讼法》第236条

当事人、利害关系人认为执行行为违反法律规定的，可以向负责执行的人民法院提出书面异议。当事人、利害关系人提出书面异议的，人民法院应当自收到书面异议之日起十五日内审查，理由成立的，裁定撤销或者改正；理由不成立的，裁定驳回。当事人、利害关系人对裁定不服的，可以自裁定送达之日起十日内向上一级人民法院申请复议。

以案析法

案号：(2021)粤1322执3804号

基本案情

申请执行人梁某、谭某与被执行人颜某、邢某、林某房屋租赁合同纠纷一案，惠州市中级人民法院作出的(2021)粤13民终5141号民事判决书已经发生法律效力，被执行人逾期未能履行生效法律文书确定的义务。2021年10月21日，申请执行人向广东省博罗县人民法院申请强制执行，要求被执行人支付782,932元，并承担本案执行费，博罗法院依法立案执行。

裁判要旨

在本案执行过程中，博罗法院依法采取了下列措施：

第一，向被执行人发出执行通知书：(1)责令被执行人在限期内履行法律文书所确定的义务；(2)传唤被执行人到博罗法院接受调查询问，并报告财产状况。但被执行人至今未履行义务，且未向博罗法院申报财产。

第二，通过执行网络查控系统向金融机构、车辆登记部门、证券机构、网络支付机构、自然资源部等发出查询通知，查询被执行人名下的财产。但法院暂未发现被执行人名下有可供执行的财产。

第三，通过电话联系等方式对被执行人进行调查和了解，但未能查找到被执行人名下有可供执行的财产。

第四，向被执行人发出限制消费令，并依法将被执行人纳入失信被执行人名单。

上述财产调查措施、被执行人的财产情况及本案的执行情况，博罗法院已及时告知申请执行人，也一并告知了终结本次执行程序的依据和法律后果等。申请执行人未在指定期限内向博罗法院提供被执行人可供执行的财产线索，故博罗法院依法终结本次执行。

案例评析

实务中，执行法院针对被执行人采取执行措施之后，当事人能否就错误的执行行为进行救济呢？当事人又该如何进行救济呢？

首先，根据2022年3月1日起实施的《最高人民法院关于审理涉执行司法赔偿案件适用法律若干问题的解释》第2条的规定，法院的如下执行行为，当事人认为有错误的，可就错误执行行为造成的损害申请赔偿：

（1）执行未生效法律文书，或者明显超出生效法律文书确定的数额和范围执行的；

（2）发现被执行人有可供执行的财产，但执行法院故意拖延执行、不执行，或者应当依法恢复执行而不恢复的；

（3）违法执行案外人的财产，或者违法将案件执行款交付给其他当事人、案外人的；

(4)对抵押、质押、留置、保留所有权等财产采取执行措施，未依法保护上述权利人优先受偿权等合法权益的；

(5)对其他人民法院已经依法采取保全或者执行措施的财产违法执行的；

(6)对执行中查封、扣押、冻结的财产故意不履行或者怠于履行监管职责的；

(7)对不宜长期保存或者易贬值的财产采取执行措施，但未及时处理或者违法处理的；

(8)违法拍卖、变卖、以物抵债，或者依法应当评估而未评估，依法应当拍卖而未拍卖的；

(9)违法撤销拍卖、变卖或者以物抵债的；

(10)违法采取纳入失信被执行人名单、限制消费、限制出境等措施的；

(11)因违法或者过错采取执行措施或者强制措施的其他行为。

其次，就申请赔偿的期限，根据《最高人民法院关于审理涉执行司法赔偿案件适用法律若干问题的解释》第 5 条的规定，公民、法人和其他组织申请错误执行赔偿的，应当在执行程序终结后提出。执行终结前提出的申请，法院一般不予支持。当然，也存在以下除外情形：

(1)罚款、拘留等强制措施已被法院依法撤销，或者执行措施实施过程中造成人身损害的；

(2)被执行的财产经诉讼程序依法确认不属于被执行人，或者人民法院生效的法律文书已确认执行行为违法的；

(3)自立案执行之日起超过 5 年，且已裁定终结本次执行程序，被执行人已无可供执行财产的；

(4)在执行程序终结前可以申请赔偿的其他情形。

需要注意的是,赔偿请求人依据前款规定在执行程序终结后申请赔偿的,执行程序的期间不计入赔偿请求时效。

最后,申请赔偿的范围如何确定呢?根据《最高人民法院关于审理涉执行司法赔偿案件适用法律若干问题的解释》第 17 条的规定,错误执行侵犯债权的,赔偿范围一般应当以债权标的额为限。债权受让人申请赔偿的,赔偿范围以其受让债权时支付的对价为限。

70 非经查控不得处分

关键词

被执行的财产、非经查控不得处分、划扣裁定具有冻结效力

实务要点

要点	具体内容
查控措施	法院对于被执行人的财产,应当采取查封、冻结、扣押的措施
查控必要性	查控被执行人的财产后,法院才可以采取拍卖、变卖等处分措施予以变现,即非经查控,法院不得处分
查控措施的效果	银行存款等各类可以直接扣划的财产,法院的扣划裁定同时具有冻结的法律效力

要点解析

被执行人的财产查明和控制是实现生效法律文书所确定义务的

前提和关键，随着大量的新型财产性权益不断涌现，如公司的股份、保险产品、有价证券、基金和知识产权等财产性权利，加剧了法院对执行财产查控的难度。传统的民事执行财产查控机制已经无法适应市场经济的发展，需要利用现代科学信息技术手段，建立适应社会发展需要的标准化财产查控机制。法院对被执行人财产出具裁定，采取查控措施后，才具有处分财产的权力，可以限制被执行人擅自处分自己的财产，也可以避免其他法院针对同一标的物重复采取措施，造成损失。

法律适用

□《最高人民法院关于适用〈中华人民共和国民事诉讼法〉的解释》(2022 修正)第 484 条

对被执行的财产，人民法院非经查封、扣押、冻结不得处分。对银行存款等各类可以直接扣划的财产，人民法院的扣划裁定同时具有冻结的法律效力。

以案析法

案号:(2023)鲁 16 执异 4 号

基本案情

某集团有限公司与山东某热电有限公司建设工程合同纠纷一案，山东省滨州市中级人民法院于 2021 年 4 月 19 日作出(2020)鲁 16 民初 101 号民事判决，判定:(1)热电公司与集团公司签订的施工合同自判决生效起解除;(2)热电公司于判决生效后 15 日内支付集团公司工程款 30,211,302.55 元及利息;(3)集团公司对承建的工程享有优先受偿权。

集团公司、热电公司不服一审判决，向山东省高级人民法院提起上诉，山东省高级人民法院于 2021 年 11 月 15 日作出（2021）鲁民终 1639 号民事判决，驳回上诉，维持原判。

2022 年 1 月 8 日，滨州中院就该案生效判决立案执行，案号为（2022）鲁 16 执 37 号。2022 年 5 月 11 日，滨州中院作出（2022）鲁 16 执 37 号执行裁定书，冻结了热电公司对国网山东省电力公司滨州供电公司享有的到期债权，冻结期限为 2022 年 5 月 11 日至 2025 年 5 月 10 日。同年 5 月 27 日，因被执行人无财产可供执行，滨州中院裁定终结本次执行程序。

2022 年 11 月 15 日，滨州中院依申请恢复执行，并于同年 11 月 21 日向供电公司送达（2022）鲁 16 执恢 89 号执行通知书，要求其自收到通知后 15 日内向集团公司履行对热电公司的到期债务。供电公司向滨州中院提出异议申请，称：供电公司欠付热电公司的电费已被北京金融法院以（2021）京 74 民初 346 号、（2021）京 74 执保 188 号协助执行通知书冻结至 2025 年 6 月 29 日，因此供电公司无法协助滨州中院执行，请求法院撤销（2022）鲁 16 执恢 89 号执行通知书。

为证明其主张，供电公司向滨州中院提交了北京金融法院（2021）京 74 民初 346 号、（2021）京 74 执保 188 号协助执行通知书复印件各一份，证据载明了热电公司对供电公司享有的到期电费收益已被冻结，冻结期限分别为 2021 年 7 月 2 日至 2024 年 7 月 1 日、2022 年 6 月 30 日至 2025 年 6 月 29 日。

裁判要旨

滨州中院认为，本案的焦点问题在于供电公司的异议请求是否成立。

《最高人民法院关于适用〈中华人民共和国民事诉讼法〉的解释》第 484 条规定：“被执行的财产，人民法院非经查封、扣押、冻结不得处分。”《最高人民法院关于首先查封法院与优先债权执行法院处分查封财产有关问题的批复》第 1 条规定：“执行过程中，原则上应当由首先查封、扣押、冻结法院负责处分查封财产。”

本案中，滨州中院向供电公司送达（2022）鲁 16 执 37 号执行裁定书及协助执行通知书的时间晚于北京金融法院（2021）京 74 民初 346 号案件对案涉到期债权的冻结时间，故滨州中院对案涉到期债权的冻结系轮候冻结，尚未产生法律效力。在对被执行财产的控制性强制执行措施尚未生效的情况下，滨州中院要求供电公司履行到期债务，于法无据，应予纠正。

案例评析

鉴于人民法院非经查控措施不得处分被执行的财产，而根据《最高人民法院关于人民法院民事执行中查封、扣押、冻结财产的规定》第 26 条第 1 款以及《最高人民法院关于首先查封法院与优先债权执行法院处分查封财产有关问题的批复》第 1 条的规定，轮候查封在顺位在先的查封解除前不产生查封的效力，故执行过程中应当由首先查封、扣押、冻结的法院处分查封财产，轮候查封的法院无权越过顺位在先的法院，对执行标的物采取任何强制执行措施。

同样，被执行人也不能向轮候查封的法院履行任何义务，否则根据《刑法》第 314 条的规定，被执行人可能构成非法处置查封、扣押、冻结的财产罪，甚至可能因情节严重而承担相应的刑事责任。因此，被执行人如果收到多个执行通知书，应当严格按照顺位履行义务。

当然，法院通过查封获得处分标的物财产的权力后，也应当通过适当的方式及时将财产的查封状态对外公开，如对房屋采取查封登记、在房屋门口处张贴封条等。法院对执行标的物进行查封是为了防止被执行人擅自处分自己的财产，导致申请执行人的债权无法清偿。同样地，法院对外公示查封情况，是为了将财产现状告知案外人，避免被执行人向不知情的案外人转移、处分财产。若法院未公开说明对财产的查封情况，导致案外人在不明实情的状况下与被执行人交易，善意第三人的权益应当得到保护，财产上的查封不对案外人产生效力。

71 律师参与执行

关键词

律师在执行中的作用、律师参与执行的保障

实务要点

要点	具体内容
律师参与执行工作的作用	•律师参与进执行工作，可以有效推进矛盾的化解； •执行过程中，可以发挥律师在财产保全、执行调查、财产查控变价方面的作用； •律师能够在防范和打击规避执行方面产生作用； •律师能够在执行转破产程序中起到作用； •律师能够在执行法治宣传中起到作用
律师参与执行的保障	•保障律师和执行人员彼此尊重、平等相待、互相支持的良性互动关系； •提供“移动微法院”“智慧法院”等线上执行平台，构建高效便捷的诉讼服务体系； •为律师提供“一站式”执行信息公开以及联系执行法官的便捷渠道

续表

要点	具体内容
司法文件的提出	《最高人民法院、司法部、中华全国律师协会关于深入推进律师参与人民法院执行工作的意见》的出台，有助于律师在促进法院执行工作中的地位和作用，为律师深入参与执行工作提供充分依据

要点解析

律师参与案件的执行可以更加有效推进执行工作，有效促进执行监督，以实现当事人的合法权益。《最高人民法院、司法部、中华全国律师协会关于深入推进律师参与人民法院执行工作的意见》提出要求，要充分发挥律师参与执行的积极作用，鼓励律师全面参与执行工作各个流程，切实推进律师参与执行工作的落实。要建立健全执行案件多元化纠纷解决机制，做好执调对接工作，加强律师在矛盾纠纷化解中的作用，为执行工作高质量发展提供优质高效服务，不断提升执行工作能力和水平。要充分保障律师调查权，积极协调金融证券机构、不动产登记机构、市场监管部门、车辆管理部门等部门沟通合作，完善律师调查令实施配套措施，依法增强律师调查令的调查广度和深度。要畅通律师意见渠道，全面落实执行公开要求，通过智慧执行App等信息化手段为律师提供“一站式”执行信息公开服务，增强执行公开网的交流互动性，为当事人和律师提供高效便捷畅通的智能化执行事务服务。要构建法院执行人员与律师彼此尊重、平等相待、相互监督的新型良性互动关系，畅通与律师正常交流及意见建议表达渠道。

法律适用

□《最高人民法院、司法部、中华全国律师协会关于深入推进律师参与人民法院执行工作的意见》全文

实务分析

基本情况

笔者通过查询威科先行·法律信息库的司法大数据后发现，实务中执行案件当事人（一方或者双方）聘请律师的情况占比很少（如图4所示），绝大多数情况下当事人在执行过程中都选择不聘请律师。看上去律师作为委托代理人，在执行阶段能够提供的帮助似乎有限，但其实不然，让律师充分参与到执行中能够有效推进执行工作的效率，更有利于维护当事人的合法权益。

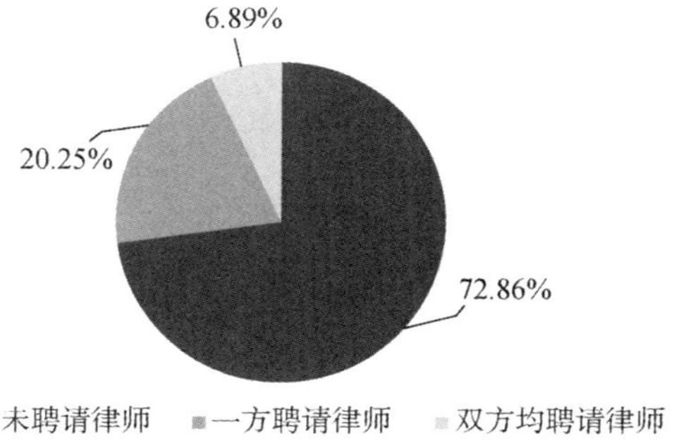

图4　聘请律师情况

注：数据源于威科先行·法律信息库－司法大数据，查询时间为2023年4月24日。

深入评析

首先，在案件进入执行程序之前（诉前或诉中），律师能够提醒申请执行人及时对被执行人的财产进行保全，避免被执行人在诉讼过程中转移财产，不利于债务清偿。

其次，在执行过程中，律师能够在以下方面发挥巨大的作用：

第一，律师的加入能够协助申请执行人寻找被执行人的财产线索，提高执行成功率：（1）律师能够通过查询被执行人涉及的其他诉讼案件，确认被执行人名下是否存在未收取的、已经由生效法律文书确认的债权，若有，律师能够协助当事人通过行使代位求偿权的方式实现债权利益；(2)律师可以向法院申请调查令，前往银行、证券、车管所、不动产交易中心等相关部门查找被执行人名下的财产；(3)在查询被执行人是否被限制高消费、纳入失信被执行人名单方面，律师相较于申请执行人来说更有经验，并且律师可以在获得查询结果的基础上帮助申请执行人进行执行风险评估，提供执行方案；(4)考虑律师更加熟悉执行方面的法律法规，如有必要，在符合法律规定的情形下，律师可以协助当事人变更、追加被执行人，扩大可被执行的财产范围，更有助于执行的推进；(5)律师对于被执行人是否存在隐匿、转移财产的行为，是否构成拒不执行判决、裁定罪等情形更加敏锐，可以快速、精准地作出判断，协助申请执行人追究被执行人的法律责任；(6)由于执行案件数量较多，实务中法院一般不会主动就查封、扣押、冻结期限届满的标的物财产进行续封，而申请执行人可能会因为不了解法律规定的期限、申请续封的流程等错过申请期限，从而导致查控措施的中断，此时律师的加入就能够弥补这一不足，协助申请执行人及时进行续期。

第二，律师的加入能够有效减轻法院的压力：(1)律师可以协助申请执行人提供更多被执行人的财产线索，减轻法院查询财产线索的压力；(2)律师作为申请执行人、被执行人和法院之间的纽带，能够有效推进三方之间的沟通和协调，化解矛盾、促成和解，避免引发不必要的冲突，更有利于法院与当事人的沟通。

第三，律师的加入同样能够为被执行人提供帮助：(1)律师可以协助被执行人处置资产，如为被执行人提供债转股的方案等；(2)如果被执行人为企业法人，其资产不足以清偿全部债务或明显缺乏清偿能力，律师可以协助被执行人、申请执行人以及法院将执行案件移送破产审查并提供相关材料。如果进入破产或者重整程序，具有破产管理人资格的律师事务所和律师可以积极协助被执行人制订重整或破产计划。

第四，律师的加入能够有效促进执行监督：（1）在执行标的变价过程中，律师的加入可以有效避免法院违法评估、拍卖财产，确保财产变价过程的公开、公平、公正；（2）如果法院怠于履行执行职能，不予处置被执行人的财产，此时律师可以协助申请执行人通过执行监督程序进行救济，破解执行僵局。

第五，本次执行程序终结后，律师同样能够起到如下作用：（1）如果执行程序确实存在违法的情况，律师可以协助被执行人、申请执行人或者案外人进行救济，如提出执行异议之诉等；（2）如果恢复执行条件成就，律师也可以协助申请执行人第一时间向法院申请恢复执行，以维护申请执行人的合法权益。

72 执行监督关系

关键词

执行工作、上下级法院关系

实务要点

要点	具体内容
监督层级	上级法院依法监督下级法院的执行工作，最高人民法院监督地方各级人民法院的执行工作

续表

要点	具体内容
监督措施	• 上级法院可以直接裁定或决定纠正下级法院错误的裁定、决定、通知、具体执行行为； • 上级法院可以督促下级法院限期执行，下级法院不按照上级法院的裁定、决定、通知执行的，上级法院可按照规定追究下级法院有关主管和直接人员的责任

要点解析

在执行工作中，上下级法院存在监督和被监督的关系，当事人、利害关系人对于法院执行工作有意见的，可以向上级法院申请监督。

法律适用

□《最高人民法院关于人民法院执行工作若干问题的规定（试行）》（2020 修正）第 71 条

上级人民法院依法监督下级人民法院的执行工作。最高人民法院依法监督地方各级人民法院和专门法院的执行工作。

□《最高人民法院关于人民法院执行工作若干问题的规定（试行）》（2020 修正）第 72 条

上级法院发现下级法院在执行中作出的裁定、决定、通知或具体执行行为不当或有错误的，应当及时指令下级法院纠正，并可以通知有关法院暂缓执行。

下级法院收到上级法院的指令后必须立即纠正。如果认为上级法院的指令有错误，可以在收到该指令后五日内请求上级法院复议。

上级法院认为请求复议的理由不成立，而下级法院仍不纠正的，上级法院可直接作出裁定或决定予以纠正，送达有关法院及当事人，并可直接向有关单位发出协助执行通知书。

□《最高人民法院关于人民法院执行工作若干问题的规定（试行）》（2020修正）第73条

上级法院发现下级法院执行的非诉讼生效法律文书有不予执行事由，应当依法作出不予执行裁定而不制作的，可以责令下级法院在指定时限内作出裁定，必要时可直接裁定不予执行。

□《最高人民法院关于人民法院执行工作若干问题的规定（试行）》（2020修正）第74条

上级法院发现下级法院的执行案件（包括受委托执行的案件）在规定的期限内未能执行结案的，应当作出裁定、决定、通知而不制作的，或应当依法实施具体执行行为而不实施的，应当督促下级法院限期执行，及时作出有关裁定等法律文书，或采取相应措施。

对下级法院长期未能执结的案件，确有必要的，上级法院可以决定由本院执行或与下级法院共同执行，也可以指定本辖区其他法院执行。

□《最高人民法院关于人民法院执行工作若干问题的规定（试行）》（2020修正）第75条

上级法院在监督、指导、协调下级法院执行案件中，发现据以执行的生效法律文书确有错误的，应当书面通知下级法院暂缓执行，并按照审判监督程序处理。

□《最高人民法院关于人民法院执行工作若干问题的规定（试行）》（2020修正）第76条

上级法院在申诉案件复查期间，决定对生效法律文书暂缓执行的，有关审判庭应当将暂缓执行的通知抄送执行机构。

□《最高人民法院关于人民法院执行工作若干问题的规定(试行)》(2020 修正)第 77 条

上级法院通知暂缓执行的,应同时指定暂缓执行的期限。暂缓执行的期限一般不得超过三个月。有特殊情况需要延长的,应报经院长批准,并及时通知下级法院。

暂缓执行的原因消除后,应当及时通知执行法院恢复执行。期满后上级法院未通知继续暂缓执行的,执行法院可以恢复执行。

□《最高人民法院关于人民法院执行工作若干问题的规定(试行)》(2020 修正)第 73 条

下级法院不按照上级法院的裁定、决定或通知执行,造成严重后果的,按照有关规定追究有关主管人员和直接责任人员的责任。

以案析法

案号:(2020)最高法执监 58 号

基本案情

2010 年 7 月,某箱包集团有限公司向河北省黄骅市人民法院起诉某科教有限公司公司解散纠纷一案,河北某实业集团有限公司作为第三人参加诉讼。

黄骅法院于 2010 年 8 月 11 日作出(2010)黄民初字第 2298 号民事调解书,内容包括:(1)箱包公司出资 2.39 亿元买断实业集团对科教公司、某房地产有限公司两个公司所拥有的各 50% 的股权,2010 年 8 月 20 日前,箱包公司给付实业集团 8,000 万元,实业集团将科教公司、房地产公司所有的物资、公章和经营所需手续一并交与箱包公司,同时协助办理法定代表人变更手续。(2)2010 年 8 月 30 日前,由黄骅法院监督科教公司及房地产公司两公司账目进行审计,双方确认无误后,由负有给付义务一方在 5 日内履行给付义务。(3)2011 年 1 月 20 日前,箱包公司将剩余 1.59 亿元支付给实业集团,2011 年 1 月 30 日前,三方互相协助办理股权变更手续。(4)在股权转让前,箱包公司必须以科教公司、房地产公司的名义经营,不得变更。(5)箱包公司及实业集团如未按上述调解意见履行本方义务,则无偿转让给对方在科教公司、房地产公司两公司 10% 的股权。(6)其他无争议。

2010 年 9 月 28 日,实业集团向黄骅法院申请强制执行,2011 年 1 月 21 日,河北省高级人民法院将该案交河北省沧州市中级人民法院执行。2011 年 1 月 26 日,沧州中院向箱包公司发出执行通知,责令箱包公司履行:(1)向实业集团支付 4380 万元及利息;(2)将箱包公司在科教公司、房地产公司各 10% 的股权无偿转让给实业集团。2011 年 1 月 28 日,沧州中院作出(2011)沧执字第 34 号执行裁定,对实业集团已转让给箱包公司的科教公司、房地产公司各 30% 的股权予以冻结。

2011 年 2 月 13 日,箱包公司向沧州中院提出执行异议。2011 年 3 月 14 日,沧州中院作出(2011)沧执字第 34-2 号执行裁定,驳回箱包公司异议。箱包公司不服,向河北高院申请复议。2011 年 8 月 22 日,河北高院作出(2011)冀执复字第 12 号执行裁定,驳回箱包公司的复议申请。箱包公司仍然不服,向最高人民法院申诉。最高人民法院于 2011 年 11 月 25 日作出(2011)执监字第 69-1 号执行裁定,以该案给付数额与给付主体均不明确为由,撤销河北高院(2011)冀执复字第 12 号执行裁定、沧州中院(2011)沧执字第 34-2 号、34 号执行裁定。

2011 年 12 月 21 日，黄骅法院对案涉争议进行再审。2012 年 7 月 5 日，沧州中院撤销黄骅法院再审裁定，指令河北省任丘市人民法院再审。再审期间，中止了 2298 号调解书的执行。2014 年 1 月 2 日，任丘法院作出（2012）任民再字第 5 号民事判决，判定：（1）维持 2298 号调解书的内容；（2）实业集团于判决生效后 10 日内支付箱包公司 578，665 元。实业集团不服，向沧州中院提起上诉。

沧州中院认为，虽然调解书存在给付主体与数额不明确的问题，但通过审计均已明确，因此该调解书应予维持。关于违约责任，因双方在调解书履行过程中对给付数额等问题存在争议，实业集团要求箱包公司按调解书承担违约责任的请求不予支持。沧州中院遂于 2014 年 9 月 16 日作出（2014）沧民再终字第 19 号民事判决，判定维持 2298 号调解书，并判定箱包公司于该判决生效之日起 10 日内给付实业集团 4380 万元及利息。

2015 年 2 月 5 日，河北高院作出（2015）冀法执申督字第 10 号执行裁定，将黄骅法院 2298 号调解书、沧州中院第 19 号判决两执行案件指定由河北省唐山市中级人民法院执行。2015 年 6 月 1 日，唐山中院将沧州中院第 19 号判决立为（2015）唐执字第 78 号案件，将黄骅法院 2298 号调解书立为（2015）唐执字第 80 号案件。

2015 年 4 月 2 日，唐山中院向箱包公司发出（2015）唐执字第 78 号、（2015）唐执字第 80 号执行通知，责令箱包公司履行相关义务。2015 年 4 月 7 日，因箱包公司未履行（2015）唐执字第 80 号执行通知要求的义务，唐山中院作出（2015）唐执字第 80-1 号执行裁定，裁定箱包公司将其名下的房地产公司、科教公司各 10% 的股权无偿过户到实业公司名下。

沧州中院第19号判决作出后，2015年1月28日，箱包公司向任丘法院申请执行，要求将实业集团持有的房地产公司股权过户给箱包公司，并向箱包公司支付相当于科教公司、房地产公司10%股权价值的款项。河北高院于2015年5月20日作出（2015）冀法执申督字第118号执行裁定，将箱包公司依据沧州中院第19号判决申请执行实业集团公司解散纠纷一案指定唐山中院一并审查执行。唐山中院以（2015）唐执字第140号立案，并于2015年6月2日作出（2015）唐执字第140号执行通知，责令实业集团履行相关义务。

实业集团向唐山中院提出异议，称：（1）2298号调解书生效时间是2010年8月11日，该公司履行该调解书的时间是2011年1月30日，箱包公司申请强制执行的时间是2015年1月28日，远远超过了法院受理执行案件的时限规定，任丘法院明知河北高院已指定唐山中院执行该调解书的情况下，仍受理该案件，程序违法；（2）依据2298号调解书，该公司配合股权过户的义务已经履行完毕，所有的涉及股权过户的手续均于2011年1月28日向箱包公司提供，箱包公司已于2011年2月份左右按照该公司提供的股权变更手续对科教公司的股权进行了股权变更登记，足以证明该公司已履行了调解书所规定的义务，房地产公司股权变更完全由箱包公司自己决定，与该公司无关。综上，申请对唐山中院出具的（2015）唐执字第140号执行通知予以撤销，并裁定不予执行。

唐山中院查明，2011年1月25日，箱包公司向实业集团发出清单，要求其提供股权转让所需的材料，1月28日箱包公司为实业集团出具收条，称其收到以上材料，依据该材料箱包公司自行到当地工商管理部门办理了科教公司的股权转让手续，因任丘法院的执行裁定已向工商部门送达，箱包公司未能办理房地产公司的股权转让手续。该股权现被任丘法院查封过程中。2298 号调解书、沧州中院第 19 号判决生效时间为 2014 年 10 月 29 日。2015 年 1 月 28 日，箱包公司向黄骅法院申请强制执行。

唐山中院认为，实业集团依据箱包公司的要求，为其提供了房地产公司 10% 股权转让所需的材料，箱包公司依据该材料已经在人民法院查封之前办理了科教公司的股权转让，未办理房地产公司股权转让的原因系因该股权被人民法院查封，且查封系基于箱包公司未履行沧州中院第 19 号判决应向实业集团付款 4380 万元及相应利息的义务，股权未实际转让的事实不能认定为实业集团的违约行为。故箱包公司主张实业集团违约、应支付其违约金理据不足。执行案件是否具有执行内容，执行实施机构应进行审查，未经审查而发出执行通知并确定执行内容欠妥，应予纠正。

后箱包公司向河北高院申请复议，认为实业集团至今未完成向箱包公司转让股权的工商登记变更手续，应当承担责任。河北高院于 2016 年 7 月 22 日作出（2016）冀执复 102 号执行裁定，驳回箱包公司的复议申请。箱包公司不服，向最高人民法院申诉。最高人民法院裁定驳回了河北高院 102 号执行裁定。

实业集团不服，认为裁定认定基本事实缺乏证据证明，有严重错误，违反法定程序，应依法予以撤销，向最高人民法院提出申诉。箱包公司也提交书面意见，称：（1）实业集团对最高人民法院作出的执行裁定提出的监督申请超过法定申请再审期限，依法应当予以驳回；（2）实业集团的申请缺乏事实根据，应当予以驳回；（3）最高人民法院对于河北法院执行中的错误，应当依法依纪问责。

裁判要旨

最高人民法院认为本案争议的焦点问题为：认定实业集团违反调解书的要求，应承担违约责任是否有事实及法律依据。

首先，关于认定实业集团是否应承担违约责任的事实和法律依据。根据查明的事实，双方当事人于 2010 年达成的 2298 号调解书中约定："剩余 15,900 万元于 2011 年 1 月 20 日前由箱包公司给付第三人实业集团，2011 年 1 月 30 日由三方互相协助办理股权变更手续。""箱包公司及第三人实业集团如未按上述调解意见履行本方义务，则无偿转让给对方在科教公司、房地产公司 10% 股权。"最高人民法院裁定，根据上述条款本身的文意及合同法的相关规定，认为双方仅约定以 2011 年 1 月 30 日作为科教公司、房地产公司股权变更办理完毕的期限，没有约定免责条款，且本案亦不存在法律规定的"因不可抗力不能履行合同"的免责事由并无不当。

实业集团称其提供股权变更资料之后便完成了协助义务，申请查封该股权属正常行使权利，并非导致股权未过户的原因，事实上也只有房地产公司股权未变更过户，科教公司在相同情况下则完成了变更过户。经查，实业集团提供股权变更资料之后立即申请查封尚未办理完过户手续的股权，虽然其确系按照调解书申请执行箱包公司，但在箱包公司尚有其他财产可供执行应当知道会导致无法变更过户的情况下，直接请求查封该股权，应属违反了协助股权变更过户的义务，应由其承担未能履行协助向箱包公司过户房地产公司股权义务的责任。科教公司因在执行查封之前及时办理了变更过户的事实，不影响上述认定。

其次，关于受理法院的问题，根据查明的事实，箱包公司向任丘法院申请执行的时间为 2015 年 1 月 28 日，此时有管辖权的法院仍为任丘法院。河北高院裁定指定执行的时间为 2015 年 2 月 5 日，且其指定执行针对的是实业集团依据 2298 号调解书、沧州中院第 19 号判决申请执行案。后河北高院于 2015 年 5 月 20 日亦将箱包公司申请执行案指定由唐山中院执行，不存在该案立案受理与河北高院指定执行相冲突的问题。另外，2298 号调解书经再审程序被沧州中院第 19 号判决维持，其最终生效时间可认为与该判决的生效时间相同，即 2014 年 10 月 29 日。箱包公司于 2015 年 1 月 28 日申请执行，并未超过法律规定的 2 年申请执行期限。因此，实业集团关于箱包公司执行申请不符合法律规定及任丘法院没有管辖权的理由不能成立。综上，实业集团所提申诉理由不能成立，应予以驳回。

案例评析

结合上述案例可知，执行监督工作有其重要性。对于案情较为复杂的案件，当事人、利害关系人向执行法院上一级法院申请监督，且通过上级法院的审理，能够更为明确地固定案件事实、确认当事人之间的权利义务关系。

2023 年 1 月 19 日，最高人民法院发布了《关于办理申请执行监督案件若干问题的意见》，并于 2023 年 2 月 1 日起开始实施。该意见进一步完善了《最高人民法院关于人民法院执行工作若干问题的规定（试行）》中有关执行监督的规定，为执行监督案件提供了更为完善的法律依据。笔者就其中较受关注的问题予以总结，以供参考。

第一，关于执行监督案件的受理条件，《最高人民法院关于办理申请执行监督案件若干问题的意见》第 1 条明确规定，当事人、利害关系人若对于人民法院作出的执行复议裁定不服，可以向上一级人民法院申请执行监督。需要注意的是，如果申请人依法应提出执行异议或申请复议，而当事人选择提起执行监督申请，当事人、利害关系人只能向执行异议法院、复议法院申请执行监督，而不能直接向上一级人民法院申请监督。

第二，关于执行监督案件不予处理或受理的情形，《最高人民法院关于办理申请执行监督案件若干问题的意见》第 3 条、第 4 条规定，以下情形法院不作执行监督受理：(1)当事人、利害关系人对案外人异议裁定不服，依照审判监督程序办理或者向人民法院提起诉讼；(2)当事人、利害关系人对处理变更、追加当事人申请的裁定不服，可以向人民法院提起执行异议之诉；(3)仲裁裁决被人民法院裁定不予执行，当事人可以重新申请仲裁或者向人民法院起诉；(4)公证债权文书被裁定不予执行或者部分不予执行，当事人可以向人民法院提起诉讼；(5)针对人民法院就复议裁定作出的执行监督裁定提出执行监督申请的；(6)在人民检察院对申请人的申请作出不予提出检察建议后又提出执行监督申请的。

第三，关于执行监督申请的期限，《最高人民法院关于办理申请执行监督案件若干问题的意见》第 5 条规定，当事人、利害关系人如对执行复议裁定不服，向法院申请执行监督，应当在执行复议裁定发生法律效力后 6 个月内提出；当事人、利害关系人若因超过提出执行异议或申请复议期限而向法院申请执行监督，应当在提出异议、申请复议期限届满之日起 6 个月内提出。超过前述期限的，法院对于执行监督申请不予受理；已经受理的，裁定终结审查。

73 执行案件办理期限

关键词

执结期限、采取执行措施期限、调查财产期限、协助过户期限、异议审查期限

实务要点

要点	具体内容
结案期限	• 被执行人有财产可供执行的执行案件结案期限为立案之日起 6 个月； • 非诉执行案件的结案期限为立案之日起 3 个月
采取执行措施的期限	• 一般情况下，法院在收到案件材料后 3 日内向被执行人发出执行通知书； • 被执行人在指定履行期间有转移、隐匿、变卖、毁损财产等情形的，法院应当立即采取控制性措施
启动调查财产的期限	• 申请执行人无法提供被执行人财产状况或财产线索，或者提供财产状况或财产线索确有困难，需人民法院进行调查的，法院应当在申请执行人提出调查申请后 10 日内启动调查程序； • 法院一般应当在 1 个月内完成对被执行人收入、银行存款、有价证券、不动产、车辆、机器设备、知识产权、对外投资权益及收益、到期债权等资产状况的调查
评估、拍卖遴选的期限	执行中采取评估、拍卖措施的，法院应当在 10 日内完成评估、拍卖机构的遴选
执行异议的审查期限	对执行异议的审查，法院一般应当在 1 个月内办理完毕

续表

要点	具体内容
不计入办理期限的期间	•公告送达执行法律文书的期间； •暂缓执行的期间； •中止执行的期间； •就法律适用问题向上级法院请示的期间； •与其他法院发生执行争议报请共同的上级法院协调处理的期间

要点解析

执行法院按照规定期限办理案件是规范执行的重要标志。当事人、利害关系人如果知晓并熟悉案件的执行期限，可以有针对性地提出申请和监督。

法律适用

□《最高人民法院关于人民法院办理执行案件若干期限的规定》全文

以案析法

案号:(2021)粤08执复246号

基本案情

原告广东某银行股份有限公司华盛新城支行诉被告孙某、彭某、湛江市某包装印业有限公司金融借款合同纠纷一案，湛江市赤坎区人民法院于2015年12月8日作出(2015)湛赤法民三初字第495号民事判决，判令:(1)被告孙某于本判决发生法律效力之日起10日内向原告华盛新城支行偿还本金2,994,879.4元及利息;(2)原告华盛新城支行对被告孙某名下的位于湛江市赤坎区的两套房屋享有优先受偿权；(3)被告彭某、印业公司对被告孙某所欠款项承担连带清偿责任，若被告未按本判决所确定的期间履行金钱给付义务，则需加倍支付迟延履行期间的债务利息。

被告孙某、印业公司不服上述判决，向湛江市中级人民法院提起上诉。2016 年 7 月 19 日，湛江中院作出(2016)粤 08 民终 866 号民事判决，维持原判。该判决已于 2016 年 8 月 10 日开始发生法律效力。

因三被告拒不履行生效法律文书所确定的义务，华盛新城支行向赤坎法院申请强制执行。执行过程中，因发生被执行人部分偿还债务的事实，赤坎法院为确定被执行人尚欠债务金额，依法委托湛江市粤西会计师事务所有限公司对该案债务进行专项审计。湛江市粤西会计师事务所有限公司于 2019 年 8 月 26 日作出审计报告，确定：计至 2019 年 4 月 16 日，被执行人尚欠本息合计 434，651.55 元。2021 年 9 月 3 日，赤坎法院参照上述专项报告作出(2021)粤 0802 执恢 169 号通知书。

孙某不服，于 2021 年 10 月 9 日向赤坎法院提出异议，称：专项审计报告得出的是在执行程序完全合法的情况下应支付的利息，并未考虑执行程序是否违法，而赤坎法院执行程序中确实存在诸多错误，包括：(1)公告送达程序错误；(2)评估机构确认错误；(3)未就恢复执行、评估、拍卖等事项书面通知被执行人，导致孙某名下房产被低价拍卖。综上，孙某认为本案的债务利息应计算至 2017 年 3 月 31 日，后续债务利息不应再进行计算，故被告只应承担 238，193.75 元的利息。

赤坎法院认为，被执行人孙某对《最高人民法院关于严格执行案件审理期限制度的若干规定》第 5 条规定之“执结”一词存在理解偏差，司法解释规定之“执结”一词意思为执行结案，而非执行完毕。除以执行完毕方式结案外，赤坎法院采取终结本次执行程序、终结执行等其他方式结案的，并不意味着债务人的债务已清偿完毕或利息随之停止计算。而被执行人孙某提出赤坎法院执行过程中存在程序瑕疵、未于期限内执结的异议主张，并非导致被执行人债务利息停止计算的法定事由。因而异议人孙某请求赤坎法院撤销（2021）粤 0802 执恢 169 号通知书，理由不成立，赤坎法院不予支持。

孙某不服，向湛江中院申请复议，称在孙某 2016 年 9 月 30 日收到赤坎法院（2016）粤 0802 执异 52 号执行裁定书后，根据法定程序，赤坎法院应当在 6 个月内即 2017 年 3 月 31 日前处置完毕两套抵押房产。如果是 3 个月内处置完毕，所得价款足以覆盖所欠本金和利息。而如今孙某已承受了最长的处置期限 6 个月所带来的高额利息和罚息，赤坎法院超期处置所产生的高额利息，不应由孙某承受。综上，请求撤销赤坎法院（2021）粤 0802 执恢 169 号通知书及（2021）粤 0802 执异 147 号执行裁定书。

在审理过程中，湛江中院查明：2016 年 9 月 9 日，本案依申请执行人申请立案执行。在执行期间，印业公司、孙某于 2016 年 9 月 18 日向赤坎法院提出执行异议，称赤坎法院查封财产存在超标的查封，请求解除部分被查封的财产等。2016 年 9 月 30 日，赤坎法院作出（2016）粤 0802 执异 52 号执行裁定书，驳回印业公司、孙某的异议。印业公司、孙某向湛江中院申请复议，湛江中院于 2018 年 6 月 27 日作出（2018）粤 08 执复 64 号执行裁定书，裁定驳回了印业公司、孙某的复议申请和异议申请。印业公司、孙某不服，向广东省高级人民法院申诉。2019 年 11 月 11 日，广东高院作出（2019）粤执监 73 号执行裁定书，裁定撤销湛江中院（2018）粤 08 执复 64 号执行裁定书，将本案发回湛江中院重新审查处理。2020 年 8 月 5 日，湛江中院作出（2020）粤 08 执复 54 号执行裁定书，裁定撤销赤坎法院（2016）粤 0802 执异 52 号执行裁定书，并将本案发回赤坎法院重新审查。赤坎法院重新审查后作出（2020）粤 0802 执异 78 号执行裁定书，驳回印业公司、孙某的全部异议请求。印业公司、孙某向湛江中院申请复议，湛江中院于 2020 年 12 月 6 日作出（2020）粤 08 执复 176 号执行裁定书，驳回印业公司、孙某的全部复议请求，维持赤坎法院（2020）粤 0802 执异 78 号执行裁定书。

2016 年 10 月 24 日，因被执行人孙某未履行还款义务，赤坎法院裁定拍卖孙某名下位于湛江市赤坎区的两套房屋。2017 年 8 月 17 日，赤坎法院委托有关部门进行评估，其后进行网上拍卖。2017 年 9 月 22 日、27 日，两套房产拍卖成交，拍卖款合计 2，353，420 元，扣除两笔拍卖费用后的余款用于偿还孙某所欠本金和一般债务利息。2018 年 6 月 14 日，赤坎法院向本案当事人发出结算通知书，确定被执行人孙某、印业公司、彭某至 2018 年 6 月 12 日止尚欠申请执行人利息 541，329.06 元。印业公司不服，申请湛江市粤西会计师事务所有限公司对该案的利息进行计算。2019 年 8 月 26 日，湛江市粤西会计师事务所有限公司出具专项审计报告，确定被执行人应付利息 434，651.55 元。

裁判要旨

湛江中院认为，本案争议焦点是赤坎法院（2021）粤 0802 执恢 169 号通知书确定的孙某从 2015 年 10 月 14 日计至 2019 年 4 月 16 日欠息 434，651.55 元是否正确。

2017 年《民事诉讼法》第 253 条规定，被执行人未按判决、裁定和其他法律文书指定的期间履行给付金钱义务的，应当加倍支付迟延履行期间的债务利息。《最高人民法院关于执行程序中计算迟延履行期间的债务利息适用法律若干问题的解释》第 3 条第 1 款规定，加倍部分债务利息计算至被执行人履行完毕之日；被执行人分次履行的，相应部分的加倍部分债务利息计算至每次履行完毕之日。

本案中，被执行人孙某没有按时履行法定还款义务，因此，除支付一般债务利息外，还应当加倍支付迟延履行期间的债务利息。至 2017 年 3 月 31 日，被执行人孙某仍欠本息 2，563，280.75 元，其中本金 1，874，879.4 元，一般债务利息 614，906.08 元，迟延履行期间的加倍利息 73，495.27 元。虽然孙某名下两套房产经拍卖后于 2017 年 9 月 27 日共偿还本息 2，325，087 元，但尚欠至 2017 年 3 月 31 日的一般债务利息 164，698.48 元和迟延履行期间的加倍利息 73，495.27 元，以及自 2017 年 4 月 1 日开始继续产生的一般债务利息和迟延履行期间的加倍利息。因此，孙某异议请求确认其所欠利息和执行费共计 238，193.75 元，不符合事实，湛江中院不予采纳。

关于本案是否存在停止计算加倍部分债务利息的情形。《最高人民法院关于执行程序中计算迟延履行期间的债务利息适用法律若干问题的解释》第 3 条第 3 款规定，非因被执行人的申请，对生效法律文书审查而中止或者暂缓执行的期间及再审中止执行的期间，不计算加倍部分债务利息。

本案中，因不存在上述法定情形，故加倍部分债务利息不应停止计算。复议申请人孙某提出，赤坎法院没有依照法律规定在法定期限 6 个月内执结本案，超期完成房产处置导致产生高额利息，但《最高人民法院关于严格执行案件审理期限制度的若干规定》第 5 条关于执行案件应当在立案之日起6个月内执结，属一般性规定。该规定第9条还列举出不计入执行期限的多种情形，如由有关专业机构进行审计、评估、资产清理的期间；中止执行的期间；当事人达成执行和解或者提供执行担保后，执行法院决定暂缓执行的期间；上级人民法院通知暂缓执行的期间；执行中拍卖、变卖被查封、扣押财产的期间等。

此外，《最高人民法院关于人民法院办理执行案件若干期限的规定》第13条规定："下列期间不计入办案期限：1. 公告送达执行法律文书的期间；2. 暂缓执行的期间；3. 中止执行的期间；4. 就法律适用问题向上级法院请示的期间；5. 与其他法院发生执行争议报请共同的上级法院协调处理的期间。"因此，孙某将赤坎法院没有在6个月内执结本案而产生法定利息的责任归咎于法院，以及请求不再支付2017年3月31日后的利息，于法无据，湛江中院不予采纳。

赤坎法院（2021）粤0802执恢169号通知书确定孙某从2015年10月14日至2019年4月16日欠息434，651.55元，完全是参照湛江市粤西会计师事务所有限公司2019年8月26日作出的专项审计报告。该专项审计报告是依印业公司委托而作出，且孙某收到该专项审计报告后，对该审计单位的资质、审计程序、计息资料和依据，以及计算结果，一直没有提出意见。故赤坎法院参照该专项审计报告确定孙某从2015年10月14日至2019年4月16日欠息434，651.55元，并无不当。

至于复议申请人孙某提出赤坎法院处置其名下两套房产存在诸多错误，侵害其知情权和财产所有权的意见，已超出其本次异议请求范围，故本案不予处理。

综上，赤坎法院（2021）粤0802执异147号执行裁定书认定事实清楚，适用法律和处理结果正确，湛江中院予以维持。孙某的复议申请理据不足，湛江中院予以驳回。

实务操作

结合《最高人民法院关于人民法院办理执行案件若干期限的规定》的相关条款，笔者在此总结执行案件较为重要的几个期限，以供参考。

第一，执行期限，就被执行人有财产可供执行的案件，一般应当在立案之日起 6 个月内执结；非诉执行案件一般应当在立案之日起 3 个月内执结。需要注意的是，若有必要延长执行期限，应当在执行期限届满之前 5 日内提出申请。

第二，确定执行承办法官的期限，法院应当在立案后 7 日内确定承办人。

第三，申报财产和提供财产线索的期限，执行案件承办法官应当在收到案件材料后 3 日内向被执行人发出执行通知书，责令其申报财产并履行生效法律文书确定的义务；同时，通知申请执行人提供被执行人的财产状况或财产线索。

第四，法院核查、调查被执行人财产的期限，若申请执行人提供了明确、具体的财产状况或财产线索，承办法官应当在申请执行人提供材料后 5 日内进行查证、核实；若申请执行人无法提供被执行人财产状况或财产线索，或者提供相关线索确有困难，承办法官应当在申请执行人向法院提出调查申请后 10 日内启动调查程序。一般情况下，承办法官应当在 1 个月内完成对被执行人收入、银行存款、有价证券、不动产、车辆、机器设备、知识产权、对外投资权益及收益、到期债权等资产状况的调查。

第五，要求相关部门协助执行的期限，执行案件若涉及不动产、特定动产及其他财产，且前述财产在执行过程中需办理过户登记手续的，承办法官应当在5日内向有关登记机关送达协助执行通知书。

第六，执行异议的审查期限，承办法官应当在收到异议材料及执行案卷后15日内就执行异议的审查提出审查处理意见。一般情况下，法院应当在1个月内完成对执行异议的审查，若有必要延长期限的，承办法官应当在审查期限届满前3日内提出申请。

74 执行信息公开

关键词

财产查控信息、强制措施、拍卖变卖信息、财产分配信息、公开例外

实务要点

要点	具体内容
应当告知申请人的信息	•财产调查信息； •被执行人申报的财产状况
应当向当事人公开的信息	•查控财产措施； •拘留罚款措施； •拍卖变卖信息； •财产分配信息
应当向当事人送达的文书	•执行异议裁定； •执行中止裁定； •执行终结裁定； •查封财产裁定

续表

要点	具体内容
应当公开的信息	除涉及国家秘密、商业秘密外，都应当公开。申请人申请查阅执行卷宗的，经法院许可，可以查阅执行卷宗正卷，执行卷宗副卷一般不公开

要点解析

2013 年 11 月 21 日，最高人民法院以法发〔2013〕13 号印发了《关于推进司法公开三大平台建设的若干意见》，提出推进审判流程信息全面公开、裁判文书信息全面公开、执行信息全面公开。人民法院应当通过通知、公告或者法院网络、新闻媒体等方式，依法公开案件执行各个环节和有关信息，但涉及国家秘密、商业秘密等法律禁止公开的信息除外。执行信息公开包括案件执行程序和执行过程的公开。当事人了解可以公开的执行信息，有助于推进案件的执行进度。

法律适用

□《最高人民法院关于人民法院执行流程公开的若干意见》全文

□《最高人民法院关于人民法院执行公开的若干规定》第 1 条

本规定所称的执行公开，是指人民法院将案件执行过程和执行程序予以公开。

□《最高人民法院关于人民法院执行公开的若干规定》第 2 条

人民法院应当通过通知、公告或者法院网络、新闻媒体等方式，依法公开案件执行各个环节和有关信息，但涉及国家秘密、商业秘密等法律禁止公开的信息除外。

□《最高人民法院关于人民法院执行公开的若干规定》第7条

人民法院对申请执行人提供的财产线索进行调查后，应当及时将调查结果告知申请执行人；对依职权调查的被执行人财产状况和被执行人申报的财产状况，应当主动告知申请执行人。

□《最高人民法院关于人民法院执行公开的若干规定》第8条

人民法院采取查封、扣押、冻结、划拨等执行措施的，应当依法制作裁定书送达被执行人，并在实施执行措施后将有关情况及时告知双方当事人，或者以方便当事人查询的方式予以公开。

□《最高人民法院关于人民法院执行公开的若干规定》第9条

人民法院采取拘留、罚款、拘传等强制措施的，应当依法向被采取强制措施的人出示有关手续，并说明对其采取强制措施的理由和法律依据。采取强制措施后，应当将情况告知其他当事人。

采取拘留或罚款措施的，应当在决定书中告知被拘留或者被罚款的人享有向上级人民法院申请复议的权利。

□《最高人民法院关于人民法院执行公开的若干规定》第10条

人民法院拟委托评估、拍卖或者变卖被执行人财产的，应当及时告知双方当事人及其他利害关系人，并严格按照《中华人民共和国民事诉讼法》和最高人民法院《关于人民法院民事执行中拍卖、变卖财产的规定》等有关规定，采取公开的方式选定评估机构和拍卖机构，并依法公开进行拍卖、变卖。

评估结束后，人民法院应当及时向双方当事人及其他利害关系人送达评估报告；拍卖、变卖结束后，应当及时将结果告知双方当事人及其他利害关系人。

□《最高人民法院关于人民法院执行公开的若干规定》第11条

人民法院在办理参与分配的执行案件时，应当将被执行人财产的处理方案、分配原则和分配方案以及相关法律规定告知申请参与分配的债权人。必要时，应当组织各方当事人举行听证会。

□《最高人民法院关于人民法院执行公开的若干规定》第12条

人民法院对案外人异议、不予执行的申请以及变更、追加被执行主体等重大执行事项，一般应当公开听证进行审查；案情简单，事实清楚，没有必要听证的，人民法院可以直接审查。审查结果应当依法制作裁定书送达各方当事人。

□《最高人民法院关于人民法院执行公开的若干规定》第16条

人民法院对执行过程中形成的各种法律文书和相关材料，除涉及国家秘密、商业秘密等不宜公开的文书材料外，其他一般都应当予以公开。

当事人及其委托代理人申请查阅执行卷宗的，经人民法院许可，可以按照有关规定查阅、抄录、复制执行卷宗正卷中的有关材料。

以案析法

案号：(2015)豫法执复字第00004号

基本案情

河南省驻马店市中级人民法院在执行林某申请执行驻马店市某粮油集团有限公司一案中，于2010年11月3日作出(2010)驻法执字第37-1号执行裁定书，裁定对被执行人粮油公司350万元的存款或相应价值的财产采取强制执行措施，并于2013年7月12日冻结了粮油公司在中国农业发展银行驻马店驿城区支行的账户，当时该账户无存款余额。

粮油公司提出执行异议，驻马店中院审查后认为，粮油公司在驿城区支行开立的基本账户用于粮棉油政策性收购资金的存款及粮棉油收购及相关费用支出，按照《最高人民法院关于对粮棉油政策性收购资金是否可以采取财产保全措施问题的复函》的解释，法院对该银行账户不宜采取保全措施。驻马店中院于 2013 年 11 月 15 日作出（2013）驻法执字第 188 号执行裁定书，解除对该银行账户的冻结。

因异议审查过程中未进行公开听证或征求申请人林某的意见，该裁定书没有向林某送达，也未告知其有权申请复议。林某为此提出异议，并多次到上级法院及有关部门申诉信访。2014 年 11 月 10 日，驻马店中院在未进行公开听证的情况下，又重新作出（2014）驻法执字第 00105 号执行裁定书，驳回林某的异议，并告知林某，若不服，可在收到该裁定书 10 日内向河南省高级人民法院申请复议。

林某不服，向河南高院申请复议，称：驻马店中院在未召开听证会审查的情况下，即裁定解除对案涉银行账户的冻结，裁定书也未及时向申请执行人林某送达，未告知其复议权利，其程序违法。法院裁定解除被执行人粮油公司在驿城区支行账户的冻结，没有法律依据，应予撤销。

裁判要旨

河南高院认为，《最高人民法院关于人民法院执行公开的若干规定》（法发〔2005〕35 号）第 12 条规定："人民法院对案外人异议、不予执行的申请以及变更、追加被执行主体等重大执行事项，一般应当公开听证进行审查；案情简单，事实清楚，没有必要听证的，人民法院可以直接进行审查。审查结果应当依法制作裁定书送达各方当事人。”

本案中，对被执行人的银行账户是否应当解冻的异议审查，事关各方当事人的利益，属于重大执行事项，应当公开听证，慎重处理。驻马店中院未经公开听证即作出（2013）驻法执字第188号执行裁定书，解除对粮油公司账户的冻结，且该裁定既未赋予林某复议的权利，也未向林某送达。在林某提出异议后，未经公开听证，又重新作出（2014）驻法执字第00105号执行裁定书，驳回林某的异议，其程序存在重大瑕疵。

综上，林某申请复议理由成立，驻马店中院在对被执行人粮油公司的执行异议审查中未经公开听证，即裁定解除该公司在驿城区支行银行账户的冻结的执行行为不当，应予纠正。

案例评析

根据《最高人民法院关于人民法院执行公开的若干规定》第12条的规定，并结合上述案例可知，若人民法院对案外人的执行异议未公开听证进行审查或未将审查结果送达各方当事人，且该执行异议内容本身属于重大执行事项，法院的行为构成执行程序严重瑕疵，当事人可以此为由提出异议。

那么，除了法院向当事人公开的信息以外，我们还可以从什么平台查询执行信息呢？2014年11月1日，最高人民法院开通中国执行信息公开网，该平台系全国统一的执行信息公开平台，平台内容包括执行信息公开网门户信息、执行信息公开、执行信息服务等。

作为执行案件当事人，可以使用立案时提供的手机号和证件号，通过在中国执行信息公开网上查询“我的案件”，获得如下信息：

(1)执行案件的立案信息;(2)执行案件涉及人员的信息;(3)执行案件的程序变更情况;(4)执行案件采取的执行措施;(5)执行标的物的处置情况;(6)法院作出的执行裁决;(7)执行案件结案情况;(8)执行款项分配情况;(9)执行案件的终结执行、中止执行和暂缓执行等情况。此外,当事人还可以通过该平台与执行案件承办法官进行沟通。

作为公众,在中国执行信息公开网注册账号后,可以查询到 2007 年 1 月 1 日以后新受理的以及过往未办结的执行案件的被执行人信息、失信被执行人名单、限制高消费人员名单等,还可以了解有关执行案件的法律规定。

75 执行考核体系

关键词

执行考核机制、执行考核指标、基于考核的思考

实务要点

要点	具体内容
考核机制	法院、法官内部都有考核机制,以确定当年度的工作表现,没有考核就没有成绩,王如律师的创收一样
执行考核的指标	• 执行案件质效考核指标:实际执结率、终本率、到位率、执行完毕率、期限内结案率、结案平均用时、人均结案数、文书上网率; • 执行综合管理考核指标:执行信访率、涉执行舆情办结率、网络司法拍卖率、执法记录仪视频上传率等

续表

要点	具体内容
考核指标注意事项	•避开月底、年中、年底申请立案； •6 月、12 月是考核统计时点； •自动履行、执行和解、撤回申请是法官乐见的结果； •对于执行案件的终本裁定，可以解释为结案需要； •尽量提供财产线索，提高案件结案率； •对于新类型的财产，要提供执行依据和方法

要点解析

为有效落实“用两到三年基本解决执行难问题”的工作目标，充分发挥执行考核在推进执行工作，加强执行监督管理方面的导向作用，最高人民法院在充分调研论证、广泛征求意见的基础上，制定了执行统计指标体系及执行考核指标体系。执行统计指标体系及执行考核指标体系是衡量各级人民法院执行工作情况的统一量化标准，各级人民法院应根据两个指标体系进行各项工作指标的统计及考核工作，人民法院内部关于执行工作绩效情况的报告也应适应两个指标体系的口径。当事人、利害关系人和代理律师只有知晓执行法院考核体系，了解法官的所思、所想、所虑，才能更好地参与和代理执行案件。

法律适用

□《最高人民法院关于建立执行考核指标体系的通知》全文

实务操作

《邹平市人民法院执行工作综合考核办法（试行）》

为充分发挥执行考核的导向作用，推进执行工作，提升执行质效，加强执行监督管理，根据《最高人民法院关于建立执行考核指标体系的通知》要求，就全院执行工作的综合考核，制定本实施办法。

一、纳入综合考核的指标

案件质效指标包括三类内容，一是首次执行案件质效；二是恢复执行案件质效；三是其他。首次执行案件考核实际执结率、实际执行到位率、执行完毕率、终本率、法定期限内结案率、结案平均用时、关键节点平均超期数用时天数共7个指标。恢复执行案件质效考核恢复执行案件执行完毕案件、终本案件恢复执行平均用时、恢复执行案件实际执行到位率共3个指标。其他类考核保全率、终本案件合格率2个指标。

综合管理指标事项包括两类内容，一是执行指挥中心事项管理；二是信息化建设及应用管理。执行指挥中心事项管理考核委托期限内办结率、事项委托平均用时、督办事项期限内办结率、执行信访率（案访比）、信访化解率共5个指标。信息化建设及应用管理考核失信名单撤销率、网络查控措施期限内发起率、信息录入差错率共3个指标。

二、单项考核指标的赋分

（一）执行质效考核指标

1.首次执行案件质效

（1）实际执结率是指：首次执行案件实际执结案件数/首次执行案件数×100%。

（2）实际执行到位率是指：实际执行到位金额（执行完毕案件结案金额+终本案件执行到位金额+其他方式结案金额+未执结案件已执行到位金额）/首次执行案件申请执行标的总额×100%。

（3）执行完毕率是指：执行完毕案件数/首次执行案件数×100%。

（4）法定期限内结案率是指：法定期限内结案数/首次执行案件

结案数 ×100%。

(5)关键节点平均超期数是指:关键节点超期案件总数/首次执行案件结案数。关键节点超期主要考核以下节点:立案后10日内是否发送执行通知;立案后一个月内是否进行网络查控或者是否进行传统查控;是否于执行款到账后30日内完成发放;终本案件是否在已核实有财产之日起7日内决定是否恢复执行。超期判断规则:如果节点状态为完成,则结束日期减去开始日期大于节点期限;如果节点状态为未完成,则当前日期减去开始日期大于节点期限。

2.恢复执行案件质效

(1)恢复执行案件实际执行完毕率是指:恢复立案日期在统计区间内的,恢复执行案件的执行完毕案件/恢复执行案件数。

(2)恢复执行案件实际执行到位率是指:恢复执行案件实际执行到位金额(恢复执行后执行完毕案件结案金额+恢复执行后再次终本案件已执行到位金额+恢复执行后终结执行案件结案金额+恢复执行后未执结案件中执行到位金额)/恢复执行案件申请执行标的总额 ×100%。

3.终本案件合格率是指:1-(终本案件不合格数/终本案件数 ×100%)。终本案件包括首次执行后终本案件和恢复执行后终本案件。终本案件是否合格主要看五点:(1)是否超过三个月结案(结案日期在统计区间内的,结案日期减去立案日期小于等于三个月的终本案件)。(2)传统查控节点信息项是否为零。(3)是否采取限高措施(结案日期在统计区间内并且结案日期大于2017年5月11日,在限高表内没有记录或有记录但审批时间大于结案日期的终本案件)。(4)结案前三个月内是否进行总对总查控(结案日期在统计区间内,执行实施类案件信息已查明财产表中,一是没有记录,二是有记录但查明方式不等于总对总系统的，三是查明方式等于总对总系统但结案日期减去查明日期大于三个月，满足上述三种条件之一的终本案件）。(5) 终本约谈节点信息项是否为空（结案日期在统计区间内，没有该节点或节点状态为未完成的终本案件）。

（二）执行管理指标考核内容

执行指挥中心管理指标

(1) 事项委托期限内办结率是指：事项委托期限内办结数 / 事项委托数 ×100%。事项委托期限内办结数为委托方确认办结日期在统计区间内本院受托在期限内（委托方确认办结日期小于等于办理期限）的办结数。事项委托数为发起委托在统计区间内的本院受托数。

(2) 执行信访率即案访比是指：最高人民法院、省法院、市法院、本院新收执行信访案件数 / 执行案件数。最高人民法院、省法院、市法院、本院新收执行信访案件数为接收日期在统计区间内的最高人民法院、省法院、市法院、本院新收执行信访的案件数。执行案件包括统计区间内的全部实施案件及审查案件。

(3) 执行信访化解率是指：实际化解案件数 /（最高人民法院、省法院、市法院交办案件数 − 以其他情形核销案件数）。

对各执行团队根据综合考核得分情况进行全院排名。

三、考核结果

以每个执行团队一年度执行案件数量的案件办理平均数为基数，办理执行案件数量达到平均数的 80% 为考核及格。

每周进行一次考核排名，连续三周排名末位的要向院党组汇报执行工作。

具体考核由执行局指挥中心负责。

76 执行程序虚假诉讼罪

关键词

执行程序、虚假诉讼罪

实务要点

要点	具体内容
虚假诉讼罪的定义	虚假诉讼罪，是指行为人单独或者与他人恶意串通，采取伪造证据、虚假陈述等手段，捏造民事案件基本事实，虚构民事纠纷，向人民法院提起民事诉讼，妨害司法秩序或者严重侵害他人合法权益，依照法律应当受刑罚处罚的行为
执行程序中虚假诉讼罪的情形	向人民法院申请执行基于捏造的事实作出的仲裁裁决、公证债权文书，或者在民事执行过程中以捏造的事实对执行标的提出异议、申请参与执行财产分配的，属于《刑法》第307条之一第1款规定的“以捏造的事实提起民事诉讼”
执行程序中虚假诉讼罪的管辖	虚假诉讼刑事案件由虚假民事诉讼案件的受理法院所在地或者执行法院所在地人民法院管辖

要点解析

虚假诉讼罪是指自然人或者单位以捏造的事实提起民事诉讼，妨害司法秩序或者严重侵害他人合法权益的行为。虚假诉讼一般包含以下要素：（1）以规避法律、法规或国家政策谋取非法利益为目的；（2）双方当事人存在恶意串通；（3）虚构事实；（4）借用合法的民事程序；（5）侵害国家利益、社会公共利益或者案外人的合法权益。当事人及其代理人在诉讼中应当遵守法律、敬畏法律。在执行程序中，同样存在构成虚假诉讼罪的情形，应当加以防范。

法律适用

□《最高人民法院、最高人民检察院关于办理虚假诉讼刑事案件适用法律若干问题的解释》全文

□《最高人民法院、最高人民检察院、公安部、司法部关于进一步加强虚假诉讼犯罪惩治工作的意见》全文

□《中华人民共和国刑法》第 307 条之一

以捏造的事实提起民事诉讼，妨害司法秩序或者严重侵害他人合法权益的，处三年以下有期徒刑、拘役或者管制，并处或者单处罚金；情节严重的，处三年以上七年以下有期徒刑，并处罚金。

单位犯前款罪的，对单位判处罚金，并对其直接负责的主管人员和其他直接责任人员，依照前款的规定处罚。

有第一款行为，非法占有他人财产或者逃避合法债务，又构成其他犯罪的，依照处罚较重的规定定罪从重处罚。

司法工作人员利用职权，与他人共同实施前三款行为的，从重处罚；同时构成其他犯罪的，依照处罚较重的规定定罪从重处罚。

以案析法

案号：(2020) 最高法民终 1026 号

基本案情

在某建设集团有限公司诉黑龙江某房地产开发有限公司、黑龙江某热力有限责任公司建设工程施工合同纠纷一案审理过程中，建设公司申请财产保全，一审法院于2016年12月5日作出（2016）黑民初65号之五民事裁定，查封了房产公司名下包括位于黑龙江省双鸭山市的案涉房屋在内的近300套房产。

一审法院在审理中查明：2014年9月16日，案外人艾某与房产公司签订商品房买卖合同，约定艾某购买房产公司开发的案涉房屋。2014年9月16日，艾某向房产公司支付全部购房款，房产公司为艾某出具收据。2014年9月20日，艾某向某城市物业管理有限公司交纳物业费、电梯费等相关费用。2014年11月7日，艾某向热力公司交纳2014～2015年度的供热费用。2019年4月20日，房产公司出具情况说明称，案涉小区因部分房产未完工，未进行整体验收和备案，导致案涉房屋购买人未能办理过户登记。

因案涉房屋被一审法院裁定查封，艾某向一审法院提出执行异议，一审法院于2019年5月13日作出（2019）黑执异106号执行裁定书，裁定中止对案涉房屋的执行。建设公司为此向一审法院提起执行异议之诉。

一审法院认为，本案的争议焦点在于艾某是否享有足以排除强制执行的民事权益。案涉商品房买卖合同系房产公司与艾某的真实意思表示，不违反法律、行政法规等效力性强制性规定，应认定为有效。该合同注明签订日期为2014年9月16日，属于在人民法院查封之前已签订合法有效的书面买卖合同。艾某已按照商品房买卖合同的约定，向房产公司支付全部案涉房屋购房款，取得的房款收据与房产公司举示的会计凭证相互佐证，其交纳案涉房屋相关费用的票据亦可证实在一审法院查封前实际占有案涉房屋；未办理所有权变更登记系房产公司未对案涉房屋所在项目进行竣工验收所致，非艾某的原因。根据《最高人民法院关于人民法院办理执行异议和复议案件若干问题的规定》第 28 条的规定，应认定艾某对案涉房屋享有的民事权益足以排除强制执行，建设公司的诉讼请求无法律依据。

建设公司不服一审法院的判决，向最高人民法院提起上诉，称：案涉房款收据、会计凭证均为房产公司单方制作，没有证明力，且案涉大额现金交易没有银行转账凭证予以证明，房产公司不能作出合理解释，仅凭房款收据不能认定购房者实际支付了购房款，也不能认定购房者在一审法院查封案涉房屋之前已经合法占有该房屋。一审法院认定艾某已按照商品房买卖合同的约定，向房产公司支付全部购房款并在一审法院查封前实际占有案涉房屋，属于事实认定错误，故请求：(1)撤销一审判决；(2)判令准许对案涉房屋继续采取保全措施。

裁判要旨

最高人民法院认为本案为申请执行人执行异议之诉，争议焦点是对案涉房屋应否继续采取财产保全查封措施。

一审法院审理过程中，根据建设公司的财产保全申请，于 2016 年 12 月 5 日裁定查封房产公司名下包括案涉房屋在内的 268 套房产。本院现已查明，为阻止有关案件生效判决的执行，房产公司向一审法院提供以艾某等 17 人名义出具的民事授权委托书、以该 17 人作为房屋买受人的商品房买卖合同以及房款收据和物业管理费收据，主张房屋销售和入住的虚假事实，冒用艾某等 17 人名义提出执行异议，案涉房屋相关执行异议和房产公司主张的房屋买卖等基本事实均为虚假，《最高人民法院关于人民法院办理执行异议和复议案件若干问题的规定》第 28 条、第 29 条规定的排除执行的条件在本案中并不具备。建设公司请求准许查封案涉房屋的诉讼请求具有事实和法律依据，应予支持。

《民事诉讼法》第 13 条第 1 款明确将诚实信用规定为民事诉讼的基本原则，当事人进行民事诉讼应当严格予以遵守，保证所提供的证据和所提出的事实主张的真实性。但是，房产公司向人民法院提供虚假授权委托书、虚假房屋买卖合同、虚假付款付费单据，并提出虚假事实主张，以案外人名义提出虚假的执行异议，进行虚假诉讼，试图侵害他人合法权益，破坏了社会诚信，扰乱了正常诉讼秩序，应当依法予以制裁。对此，本院将依照《民事诉讼法》的有关规定对房产公司的虚假诉讼行为另行作出处罚决定，同时依法将本案有关涉嫌犯罪的线索移送刑事侦查机关查处。

综上所述，建设公司的上诉请求成立，应当予以支持；一审法院认定事实有误，判决结果不当，本院予以纠正。

案例评析

虚假诉讼是指当事人捏造虚假事实，并依据虚假事实提起民事诉讼，损害他人合法权益、妨碍司法秩序的行为。根据《最高人民法院关于防范和制裁虚假诉讼的指导意见》第 1 条的规定，虚假诉讼的主要要素包括：(1)当事人以规避法律、法规或国家政策谋取非法利益为目的；(2)双方当事人存在恶意串通；(3)虚构事实；(4)借用合法的民事程序；(5)侵害国家利益、社会公共利益或者案外人的合法权益。

结合《刑法》第 307 条之一的相关规定，虚假诉讼罪的构成要件包括：(1)客体：司法秩序和他人的合法权益；(2)客观方面：捏造事实，并以此为依据提起民事诉讼；(3)主体：一般主体(已满 16 周岁，具有刑事责任能力的人)；(4)主观方面：需要注意的是，虚假诉讼罪的构成不要求主体的主观目的是谋取特定的不正当利益，故只要主体明知诉讼依据的事实是虚假的，仍提起诉讼，就构成本罪。

实务操作

实践中，如出现以下情形，需要格外注意是否构成虚假诉讼：

1. 诉讼双方当事人为夫妻、朋友等亲近关系或者关联企业等共同利益关系；

2. 原告诉讼请求中要求予以司法保护的标的额与其自身经济状况严重不符，例如借款金额不符合债权人的日常收入情况；

3. 原告起诉依据的事实和理由明显不符合常理；

4. 当事人双方之间不存在实质性的民事权益争议；

5. 案件证据不足，但原被告双方仍然主动、迅速地达成调解协议，并请求人民法院出具调解书。

此外，根据《最高人民法院、最高人民检察院关于办理虚假诉讼刑事案件适用法律若干问题的解释》第 1 条的规定，如下情形应当被认定为“以捏造的事实提起民事诉讼”：

1. 与夫妻一方恶意串通，捏造夫妻共同债务的；

2. 与他人恶意串通，捏造债权债务关系和以物抵债协议的；

3. 与公司、企业的法定代表人、董事、监事、经理或者其他管理人员恶意串通，捏造公司、企业债务或者担保义务的；

4. 捏造知识产权侵权关系或者不正当竞争关系的；

5. 在破产案件审理过程中申报捏造的债权的；

6. 与被执行人恶意串通，捏造债权或者对查封、扣押、冻结财产的优先权、担保物权的；

7. 单方或者与他人恶意串通，捏造身份、合同、侵权、继承等民事法律关系的其他行为。

第五部分

执行实务及技能

77 执行终结后的强制执行

关键词

执行终结6个月内、对已执行标的有妨害行为、强制执行

实务要点

要点	具体内容
强制执行的条件	执行程序终结后6个月内，被执行人或者其他人对已经执行的标的有妨害行为的，法院可以强制执行
侵权类案件的执行方式	侵权类型的案件，被执行人承担判决的方式为：停止侵害、排除妨害
法院的处罚依据	被执行人或者其他人对已经执行的标的有妨害行为的，法院可以依照《民事诉讼法》第114条妨害司法行为的规定予以处罚
另行起诉的条件	因被执行人或其他人的妨害行为，造成债权人损失的，可以另行起诉

要点解析

1992年《最高人民法院关于适用〈中华人民共和国民事诉讼法〉若干问题的意见》(已废止)第303条规定："在人民法院执行完毕后，被执行人或者其他人对已执行的标的有妨害行为的，人民法院应当采取措施，排除妨害，并可以依照民事诉讼法第一百零二条的规定处理。"2001年1月2日，《最高人民法院执行办公室关于已执行完毕的

案件被执行人又恢复到执行前的状况应如何处理问题的复函》明确："……因此，被执行人或者其他人在人民法院执行完毕后对已执行的标的又恢复到执行前状况的，应当认定为对已执行标的的妨害行为，依照《最高人民法院关于适用〈中华人民共和国民事诉讼法〉若干问题的意见》第三百零三条的规定对其作出拘留、罚款，直至追究刑事责任的处理。" 2015 年《最高人民法院关于适用〈中华人民共和国民事诉讼法〉的解释》(已修正)公布施行后，将前述条文中的"执行完毕"修改为"执行终结"并增加了时间限制，形成了《最高人民法院关于适用〈中华人民共和国民事诉讼法〉的解释》第 521 条。由此可见，2015 年《最高人民法院关于适用〈中华人民共和国民事诉讼法〉的解释》第 521 条的目的就是解决案件执行完毕后执行标的被再次妨害的现实问题，此后又根据经济社会发展的现实需要，将规范内容调整增加至其他的结案方式。因此，该条文理应适用于执行完毕的结案情况，此处的"执行终结"应解释为执行程序的结束，包括执行完毕、终结本次执行程序、执行终结等全部情况。案件执行终结后，对于排除妨害申请，有 6 个月的宽限期，无须另行起诉解决。

法律适用

□《最高人民法院关于适用〈中华人民共和国民事诉讼法〉的解释》(2022 修正)第 519 条

在执行终结六个月内，被执行人或者其他人对已执行的标的有妨害行为的，人民法院可以依申请排除妨害，并可以依照民事诉讼法第一百一十四条规定进行处罚。因妨害行为给执行债权人或者其他人造成损失的，受害人可以另行起诉。

以案析法

案号:(2021)苏08执复88号

基本案情

原告陈某诉被告刘某排除妨碍纠纷一案，江苏省涟水县人民法院于2020年5月22日作出(2020)苏0826民初108号民事判决，判决被告刘某从位于涟水县的某门面房搬出，将门面房交由原告陈某使用，并赔偿陈某房屋占有使用费，自2018年1月20日起至房屋实际交付之日止按每月1008元计算。

判决生效后，由于被告刘某未能自觉按照判决的内容执行，根据原告陈某的申请，涟水县法院于2020年8月7日立案强制执行，案号为(2020)苏0826执2374号。在涟水县法院执行过程中，于2021年1月15日作出结案通知书送达给申请执行人陈某，并说明该院已经清理了案涉门面房，并交给陈某使用，该案执行完毕现已结案。

陈某对执行标的门面房已交付使用的事实不表异议，但其在使用的过程中，欲在房屋内砌墙，但被执行人阻碍不给其砌墙。2021年2月3日，经报警处理协调未果，陈某又向涟水县法院提交恢复执行申请书。该院执行局经审查认为：本案已经执行完毕，现申请人砌墙行为改变了原物的状况，被执行人刘某阻碍砌墙行为，系因新的法律关系产生的纠纷，不属于本案执行范围。故涟水县法院依法作出陈某与刘某排除妨碍一案不予恢复执行的执行决定书。陈某对执行决定书不服，于2021年5月6日向涟水县法院提出执行异议，请求撤销2021年4月8日作出的执行决定书，恢复原判决的执行。

涟水县法院认为，在执行终结6个月内，被执行人或者其他人对已执行的有妨害行为的，人民法院可以依申请排除妨害，并可以依法对其妨害行为进行处罚。因妨害行为给执行债权人或者其他人造成损失的，受害人可以另行起诉。

该案中，陈某与被执行人因排除妨害纠纷一案，经涟水县法院审理作出了判决，并经过该院执行，被执行人能将应交付的门面房内物品搬出腾空交由异议人陈某使用，该案已执行结案。但异议人在使用的过程中，对房屋进行砌墙、开窗户、堵后门，这与原判决的将门面房交由异议人使用，并不是相同的执行标的，原判决的执行标的是一种行为，只要求被执行人将房屋腾空交由权利人使用，而现在的行为是异议人砌墙、开窗户、堵后门，并不是被执行人又占领、占用了异议人的门面房。现被执行人阻止异议人砌墙等与（2020）苏0826民初108号异议人主张的排除妨害行为不是同一法律关系，不是同一行为，砌墙等行为是否能够得到支持和确认应当通过另案起诉主张，故现异议人申请要求恢复执行原判决书的内容，无事实和法律依据，法院不予支持。异议人对被执行人刘某的妨害行为，可另案主张排除妨害。

陈某不服上述裁定，向江苏省淮安市中级人民法院申请复议，称涟水县法院的裁定无事实依据，法律适用不当，请求撤销（2021）苏0826执异62号执行裁定书，恢复执行原生效判决。

陈某认为本案执行标的不仅是被执行人积极的“交付行为”，还应该包括被执行人“不得妨害”的消极行为。即本案中，“排除妨害行为”既包括被执行人纠正过去积极的妨害行为，也包括被执行人日后不实施新的妨害行为。涟水县法院在执行中将“不得妨害”片面理解为“将标的物交付申请执行人使用”，将执行人6个月内实施的妨害申请执行人对标的物正常使用的行为认定为新的侵权事实，要求申请执行人提起新的诉讼，违反了相关法律及司法解释。

裁判要旨

淮安中院认为，本案争议的焦点为是否应恢复继续执行。2015年《最高人民法院关于适用〈中华人民共和国民事诉讼法〉的解释》第521条（现为第519条）规定，在执行终结6个月内，被执行人或者其他人对已执行的标的有妨害行为的，人民法院可以依申请排除妨害，并可以依照2017年《民事诉讼法》第111条（现为第114条）规定进行处罚。因妨害行为给执行债权人或者其他人造成损失的，受害人可以另行起诉。

本案中，被执行人刘某阻止复议申请人陈某砌墙、打开正前门、封闭后门的行为不同于（2020）苏0826民初108号案件所确认的妨害行为。现被执行人刘某实施的阻止复议申请人砌墙等行为，并非重新占用案涉房屋从而使案涉房屋恢复到排除妨碍前的状态，与原妨害纠纷并非基于同一事实或同一法律关系，属于新的纠纷。该新的纠纷是一项实体权利争议，需另行主张，而不能在执行程序中加以解决。故本案不适用2015年《最高人民法院关于适用〈中华人民共和国民事诉讼法〉的解释》第521条的规定。综上，复议申请人陈某的复议理由不能成立，应予驳回。

案例评析

作为申请执行人，若遇到与上述参考案例相类似的情况，应当如何保护自己的合法权益呢？在实务中，对于类似案件是否应恢复执行存在争议。上海市高级人民法院曾发布过《上海市高级人民法院关于对相邻关系案件中已执结行为标的实施妨害行为若干问题的解答》，笔者将归纳其中的部分要点，希望能对执行终结后强制执行问题的研究有所助益。

首先，相邻关系案件执行完毕后，对被执行人在行为义务执行完毕后又实施妨害行为、申请执行人要求继续执行的，只要申请符合下列条件，执行法院应当采取措施排除妨害，并裁定继续执行：

1. 妨害行为与生效法律文书所禁止的行为在性质上相一致，违反了生效法律文书所确定的义务；

2. 被执行人或者其他人的行为对生效法律文书所确定的申请执行人的权益构成了侵害；

3. 被执行人或者其他人拒不履行排除妨害的义务，确有强制执行的必要。

其次，以下情形执行法院会裁定不予继续执行，申请执行人应另行提起诉讼：

1. 申请执行人申请继续执行的范围应当以生效法律文书主文内容为限，若生效法律文书确定被执行人同时履行行为义务和给付损害赔偿等金钱义务的，金钱给付义务不得重复执行；

2. 被执行人实施的妨害行为与生效法律文书所禁止的行为在性质上不相一致、申请执行人针对妨害行为主张损害赔偿或者提出其他请求的；

3. 申请执行人申请继续执行符合条件，但同时又主张损害赔偿等请求的，执行法院对损害赔偿等请求不予执行。

最后，如何确定申请执行人申请继续执行的期限？对于符合以下条件的申请，申请执行人应当在妨害行为发生后及时向执行法院提出：

1. 双方或者一方当事人为公民的，申请执行人申请继续执行的期限自执行完毕之日起不得超过1年；

2. 双方为法人或者其他组织的，申请执行人申请继续执行的期限自执行完毕之日起不得超过6个月。

78 执行结案方式

关键词

结案方式、与审判程序的区别、结案后果

实务要点

要点	具体内容
审判程序的结案方式	•判决；•调解；•裁定
执行程序的结案方式	•执行完毕； •终结本次执行程序； •终结执行； •销案； •不予执行； •驳回申请

要点解析

生效法律文书确定的执行内容，经被执行人自动履行、人民法院强制执行，已全部执行完毕，或者是当事人达成执行和解协议，且执行和解协议履行完毕，可以以“执行完毕”方式结案。执行完毕应当制作结案通知书并发送当事人。双方当事人书面认可执行完毕或口头认可执行完毕并记入笔录的，无须制作结案通知书。执行和解协议应当附卷，没有签订书面执行和解协议的，应当将口头和解协议的内容作成笔录，经当事人签字后附卷。熟悉执行程序的结案方式有利于保护申请执行人的权利，防止因误解造成无法申请恢复执行的后果。

法律适用

□《最高人民法院关于人民法院执行工作若干问题的规定(试行)》(2020修正)第64条

执行结案的方式为：

(1)执行完毕；

(2)终结本次执行程序；

(3)终结执行；

(4)销案；

(5)不予执行；

(6)驳回申请。

以案析法

案号：(2021)粤0305执19363号

基本案情

申请执行人陈某与被执行人深圳某控制技术有限公司执行一案，

广东省深圳市南山区人民法院作出了(2020)粤0305民初21062号民事判决。由于被执行人没有全部履行生效法律文书确定的内容,申请执行人向南山法院申请强制执行,请求被执行人向其支付赔偿款192,658.9元及迟延履行期间债务利息。南山法院依法立案执行。

执行过程中,南山法院依法冻结被执行人名下财产。后被执行人主动缴纳足额款项至南山法院账户。南山法院通知申请执行人领取执行款196,401.3元,其中申请款项总计192,658.9元、迟延履行期间债务利息3742.4元。另外,南山法院将执行费2846.02元划缴国库。

裁判要旨

南山法院认为,申请执行人根据(2020)粤0305民初21062号生效法律文书所申请的事项已执行完毕,执行费依法由被执行人承担并已缴纳。依照《最高人民法院关于人民法院执行工作若干问题的规定(试行)》第64条第1项、《最高人民法院关于人民法院民事执行中查封、扣押、冻结财产的规定》第28条之规定,本案应予以结案,并解除被执行人名下相关财产查封、冻结。

实务操作

结合《最高人民法院关于人民法院执行工作若干问题的规定(试行)》和《最高人民法院关于执行案件立案、结案若干问题的意见》的相关规定,笔者将六种执行结案方式总结如下,以供参考。

1. 执行完毕

法院可以以“执行完毕”的方式结案的情形:

(1)被执行人主动履行生效法律文书确定的执行内容;

（2）人民法院强制执行生效法律文书确定的内容，且已全部执行完毕；

（3）申请执行人与被执行人达成执行和解协议，且协议内容履行完毕。

案件执行完毕后，法院应当制作结案通知书，发送案件当事人。双方当事人书面认可执行完毕，或口头认可执行完毕并记入笔录的，无须制作结案通知书。

执行完毕的救济：当事人认为执行完毕程序错误的，可以提起执行异议，申请撤销结案通知书并恢复强制执行。

2. 终结本次执行程序

法院可以以“终结本次执行程序”的方式结案的情形：

（1）被执行人确无财产可供执行，申请执行人书面同意人民法院终结本次执行程序的；

（2）因被执行人无财产而中止执行满两年，经查证被执行人确无财产可供执行的；

（3）申请执行人明确表示提供不出被执行人的财产或财产线索，并在人民法院穷尽财产调查措施之后，对人民法院认定被执行人无财产可供执行的书面结论表示认可的；

（4）被执行人的财产无法拍卖变卖，或者动产经两次拍卖、不动产或其他财产权经三次拍卖仍然流拍，申请执行人拒绝接受或者依法不能交付其抵债，经人民法院穷尽财产调查措施，被执行人确无其他财产可供执行的；

（5）经人民法院穷尽财产调查措施，被执行人确无财产可供执行或虽有财产但不宜强制执行，当事人达成分期履行和解协议，且未履行完毕的；

（6）被执行人确无财产可供执行，申请执行人属于特困群体，执行法院已经给予其适当救助的。

所谓“穷尽财产调查措施”，是指法院至少应该完成如下调查工作：

（1）被执行人是法人或其他组织的，应当向银行业金融机构查询银行存款，向有关房地产管理部门查询房地产登记，向法人登记机关查询股权，向有关车管部门查询车辆等情况；

（2）被执行人是自然人的，应当向被执行人所在单位及居住地周边群众调查了解被执行人的财产状况或财产线索，包括被执行人的经济收入来源、被执行人到期债权等，如果根据财产线索判断被执行人有较高收入，应当按照对法人或其他组织的调查途径进行调查；

（3）通过最高人民法院的全国法院网络执行查控系统和执行法院所属高级人民法院的“点对点”网络执行查控系统能够完成的调查事项。

终结本次执行程序的效力：终结本次执行程序只是执行案件暂时性结束的一种结案方式，若终本后发现被执行人有可供执行的财产，法院可以依申请执行人的申请或依职权恢复执行。申请执行人申请恢复执行的，不受申请执行期限的限制。

终结本次执行程序的救济：申请执行人认为终结本次执行的程序违反法律规定，可以提出执行异议。

3. 终结执行

法院可以以“终结执行”的方式结案的情形：

（1）申请人撤销申请或者是当事人双方达成执行和解协议，申请执行人撤回执行申请的；

（2）据以执行的法律文书被撤销的；

（3）作为被执行人的公民死亡，无遗产可供执行，又无义务承担人的；

（4）追索赡养费、扶养费、抚养费案件的权利人死亡的；

（5）作为被执行人的公民因生活困难无力偿还借款，无收入来源，又丧失劳动能力的；

（6）作为被执行人的营利法人或其他组织被撤销、注销、吊销营业执照或者歇业、终止后既无财产可供执行，又无义务承受人，也没有能够依法追加变更执行主体的；

（7）依照《刑法》第 53 条规定免除罚金的；

（8）被执行人被人民法院裁定宣告破产的；

（9）行政执行标的灭失的；

（10）案件被上级人民法院裁定提级执行的；

（11）案件被上级人民法院裁定指定由其他法院执行的；

（12）按照《最高人民法院关于委托执行若干问题的规定》，办理了委托执行手续，且收到受托法院立案通知书的；

（13）人民法院认为应当终结执行的其他情形。

终结执行的救济：不同于终结本次执行，终结执行通常意味着执行案件的彻底结束，申请执行人不再具有申请恢复执行的权利。但如果当事人认为终结执行程序错误的，可以向法院提起执行异议。

4. 销案

法院可以以“销案”的方式结案的情形：

（1）被执行人提出管辖异议，经审查异议成立，将案件移送有管辖权的法院或申请执行人撤回申请的；

（2）发现其他有管辖权的人民法院已经立案在先的；

（3）受托法院报经高级人民法院同意退回委托的。

执行实施案件以“销案”方式结案的，无须再行制作结案文书。

5. 不予执行

法院可以以“不予执行”的方式结案的情形：执行实施案件立案后，被执行人对仲裁裁决或公证债权文书提出不予执行申请，经人民法院审查，裁定不予执行的，以“不予执行”方式结案。

6. 驳回申请

法院可以以“驳回申请”的方式结案的情形：执行实施案件立案后，经法院审查发现不符合《最高人民法院关于人民法院执行工作若干问题的规定（试行）》第 18 条规定的受理条件，裁定驳回申请的，以“驳回申请”方式结案。

根据《最高人民法院关于人民法院执行工作若干问题的规定（试行）》第 18 条的规定，申请执行人申请执行，应当向法院提交以下材料：

（1）申请执行书：写明申请执行的理由、事项、执行标的，以及申请执行人所了解的被执行人的财产状况。若申请执行人书写申请执行书确有困难，可以口头提出申请。人民法院接待人员对口头申请应当制作笔录，由申请执行人签字或盖章。

（2）生效法律文书副本。

（3）申请执行人的身份证明：身份证（申请人为自然人）、营业执照副本和法定代表人身份证明（申请人为法人）、营业执照副本和主要负责人身份证明（申请人为非法人组织）。

（4）若申请人系作为继承人或权利承受人向法院申请执行，还应提交继承或者承受权利的证明文件。

（5）其他应当提交的文件或证件。

79 执行谈话笔录

关键词

执行谈话笔录、延期执行、暂缓执行、等待处置、财产无法处置

实务要点

要点	具体内容
笔录包含的重要信息	执行笔录简短但不简单，寥寥数笔包含重要信息和重大事项，请注意甄别： •笔录中记载“是否同意延期执行？”“双方是否达成和解意向？”“经本院执行，未发现可供执行财产，有否异议？”“被执行人提供担保，本院暂缓执行”的信息，表明案件将中止执行、和解结案、暂缓执行； •笔录中记载“本案无可供执行财产，移送执行”“本案财产无法处分，移交其他法院处置”“被执行人财产已经查封，等待处置，本案执行结束，待处置完毕后再恢复执行”的信息，表明案件将移送执行、财产处置权转移、案件终结执行

要点解析

“古有签字画押惊堂木，今有签名捺印谈话录”，小小法庭谈话笔录的演变，记载了中国法制史的岁月更迭，映射出司法从专权时代到为民时代的本位转换，谈话笔录已经成为基层法官办案的主要形式。执行程序中，法官一般通过执行谈话、执行听证的方式了解案件信息、

提出执行方案、解答执行疑惑、告知权利义务等，执行谈话和听证笔录中可能包含被执行人现状、财产状况、执行阻碍、执行措施、履行情况、执行异议、救济途径、中止执行、和解结案、暂缓执行、移送案件、处置权转移、本次执行程序终结等信息。对于不同的执行信息，当事人及其代理人应当明确观点、表明异议，必要时需提出救济的要求。

法律适用

□《中华人民共和国民事诉讼法》全文

□《最高人民法院关于适用〈中华人民共和国民事诉讼法〉的解释》(2022 修正)全文

以案析法

案号:(2021)最高法执监 423 号

基本案情

青岛某绅集团有限公司与青岛市城阳区夏庄街道某社区居民委员会借款合同纠纷一案，山东省青岛市中级人民法院于 2013 年 3 月 29 日作出(2013)青民四商初字第 48 号民事判决，判令居委会于判决生效之日起 10 日内返还某绅公司借款本金 2100 万元及利息等。因居委会未履行生效法律文书确定的义务，某绅公司向青岛中院申请强制执行。

青岛中院以(2013)青执字第 220 号立案执行。执行过程中，青岛中院于 2019 年 6 月 19 日依照《民事诉讼法》第 242 条规定，作出(2013)青执字第 220 号之二执行裁定书：提取、扣划被执行人居委会在青岛市城阳区的某办事处的土地补偿款 3840.215263 万元，并向办事处送达该执行裁定和协助执行通知书。

办事处对此提出异议，以办事处无居委会的土地补偿款，无法协助执行为由，请求撤销（2013）青执字第 220 号之二执行裁定书及协助执行通知书。为支持其主张，办事处提交了 3 份征收土地协议书及 12 份土地补偿款拨付凭证，以证明居委会所有的土地被依法征收后，政府已全额支付了相关补偿费用。

青岛中院认为，办事处主张其并不欠付被执行人居委会的土地补偿款，并据此提出执行异议，符合 2015 年《最高人民法院关于适用〈中华人民共和国民事诉讼法〉的解释》第 501 条（现为第 499 条）规定中他人对到期债权提出异议的情形。依照上述规定，执行法院应停止对异议部分的强制执行。故 2020 年 7 月 22 日，青岛中院作出（2020）鲁 02 执异 243 号执行裁定书，撤销该院（2013）青执字第 220 号之二执行裁定书和协助执行通知书。

某绅公司不服，向山东省高级人民法院申请复议称，土地补偿款系居委会的土地出让收入，应由作为居委会的上级主管单位的办事处发放给居委会，并非青岛中院认为的到期债权。根据青岛中院分别对居委会和办事处相关负责人所作的执行笔录，办事处应向居委会支付土地补偿款 7000 多万元，而办事处称不欠付上述款项没有事实依据。故请求撤销（2020）鲁 02 执异 243 号执行裁定书，维持（2013）青执字第 220 号之二执行裁定书和协助执行通知书。

山东高院认为，依据 2015 年《最高人民法院关于适用〈中华人民共和国民事诉讼法〉的解释》第 501 条的规定，本案中，结合 2013 年青岛中院对居委会和办事处所作的执行笔录，青岛中院可以冻结相应到期债权。现办事处主张其并不欠付居委会土地补偿款，青岛中院不应再对办事处采取强制执行措施，故青岛中院直接裁定提取、扣划被执行人居委会在办事处的土地补偿款 3840.215263 万元不符合 2015 年《最高人民法院关于适用〈中华人民共和国民事诉讼法〉的解释》第 501 条的规定，(2013) 青执字第 220 号之二执行裁定书和协助执行通知书应予撤销。2021 年 3 月 8 日，山东高院作出 (2021) 鲁执复 66 号执行裁定书，驳回某绅公司的复议申请。

某绅公司不服山东高院 (2021) 鲁执复 66 号执行裁定书，向最高人民法院申诉，请求撤销山东高院 (2021) 鲁执复 66 号执行裁定书和青岛中院 (2020) 鲁 02 执异 243 号执行裁定书，维持青岛中院 (2013) 青执字第 220 号之二执行裁定书和协助执行通知书。办事处亦提交意见称，某绅公司的申诉请求无事实与法律依据，应予驳回。

在审理过程中，最高人民法院查明，2013 年 9 月 24 日青岛中院对村委会主任马某及财务科长陈某的执行笔录载明，马某称："办事处欠我们的土地补偿款七千多万元。我们一直向办事处要这笔钱，办事处不和我们对账，也不给我们这笔钱……" 2013 年 11 月 8 日青岛中院对办事处副主任邵某的执行笔录载明，承办法官问："……你们街道是否还欠着社区土地补偿款？" 邵某答："是，还有两块土地的土地补偿款，几千万是有，具体多少钱，我不分管财务不是很清楚。"

2021 年 4 月 27 日，青岛中院向办事处发出的 (2013) 青执字第 220 号限期履行债务通知书载明："经查，青岛市城阳区财政局［政府信息公开告知书 (2021 年 37 号)］告知：已经将城阳区某社区居委会两块土地的征地补偿款 7,993,312.5 元拨付到你处，故望你处接到本通知书后 10 日内将上述征地补偿款缴纳至本院指定账户。" 青岛中院

2021年5月10日出具的山东省资金往来结算票据（电子版）显示，已收到居委会缴纳的上述款项。

裁判要旨

最高人民法院认为，本案争议的焦点问题是：应否撤销（2013）青执字第220号之二执行裁定书和协助执行通知书。

首先，土地补偿款是国家由于征收土地，对土地所有者和土地使用者因对土地的投入和收益造成损失的补偿，实质是对土地收益的补偿。土地收益是农业集体经济组织通过占有、经营土地而获得的经济利益。国家征收集体经济组织所有的土地时，必须对农业集体经济组织失去土地后所损失的土地收益给予补偿。《土地管理法》第47条规定："征收土地的，按照被征收土地的原用途给予补偿。征收耕地的补偿费用包括土地补偿费、安置补助费以及地上附着物和青苗的补偿费……"《土地管理法实施条例》第26条规定："……土地补偿费归农村集体经济组织所有；地上附着物及青苗补偿费归地上附着物及青苗的所有者所有。"可见，土地补偿款属于土地所有者和土地使用者的收益。

就本案而言，因社区土地被依法征收，居委会基于与国土资源部门签订的三份征收土地协议书，可获得土地补偿费、安置补偿费、地上附着物和青苗补偿费等费用。某绅公司关于案涉土地补偿款为居委会收益的申诉理由成立。

其次，根据中共青岛市委办公厅、青岛市人民政府办公厅发布的《青岛市村级集体资产和财务管理规定》及青岛市城阳区人民政府印发的《城阳区社区集体资产和财务管理办法》的规定，居委会的资金管理、财务处理、票据管理、财务公开等工作由其所在街道负责管理。

根据财政资金管理拨付等规则，政府将应支付给居委会的补偿款付至办事处，办事处再根据居委会的实际需要，将款项转付居委会。因此，办事处将补偿款转付居委会的前提是政府已将相关款项支付给了办事处。

青岛中院于 2013 年分别对居委会和办事处负责人所作的执行笔录显示，办事处欠付居委会土地补偿款，但办事处副主任邵某在接受询问时也明确表示其不清楚夏庄街道办事处实际欠款数额。在未查清办事处是否有应付居委会补偿款的情况下，青岛中院即直接以（2013）青执字第 220 号之二执行裁定书，提取、扣划居委会在办事处的土地补偿款，没有事实依据。如政府尚未将土地补偿款全额支付，青岛中院可要求办事处协助冻结未偿付部分的土地补偿款，待政府将相关款项支付给了办事处后再进行提取、扣划。故尽管（2021）鲁执复 66 号执行裁定书及（2020）鲁 02 执异 243 号执行裁定书将办事处的执行异议视为其对居委会“到期债权”的异议进行审查不妥，但撤销（2013）青执字第 220 号之二执行裁定书和协助执行通知书的结论正确。

综上，山东高院（2021）鲁执复 66 号执行裁定书认定事实清楚，结论正确，本院予以维持。

案例评析

执行谈话笔录不仅包含执行案件的处理信息，还可以作为证明执行案件事实的证据以及执行案件裁判的依据。实务中，若执行笔录中包含双方当事人执行和解的内容，法院多数情况下会依据执行笔录对案件进行处理。

例如，（2022）沪 0117 执异 48 号案件中，由于双方当事人在执行笔录中承诺：在双方互负履行义务的情况下，只要申请执行人将欠款支付至法院账户，被执行人立刻履行交付案涉土地的义务。因此，法院认为双方之间的承诺合法有效，且申请执行人确实缺乏履行自身义务的能力，其强行要求被执行人先履行义务有违公平原则。

因此，实务中，当事人不应忽略对于执行笔录的重视，应当尽量在笔录中明确双方当事人的权利义务，或者及时要求法院将笔录中的内容在生效法律文书中予以确认。

80 执行裁定

关键词

执行程序、执行裁定书

实务要点

要点	具体内容
查控裁定	查封、扣押、冻结被执行人银行存款 ×× 元或等值的其他财产
拍卖裁定	拍卖被执行人名下的 ×× 房屋
不予执行仲裁裁决裁定	对 ×× 仲裁委员会（×）×× 字第 ×× 号裁决不予执行
执行担保裁定	执行担保人 ××× 向本院提供的……（写明担保财产的名称、数量等）或执行担保人 ××× 的财产，以担保人 ××× 应当履行义务部分的财产为限
中止或终结执行裁定	中止（终结）本院（×）×× 初字第 ××× 号民事判决书的执行
追究协助执行人赔偿裁定	协助执行人 ×× 在擅自支付而未能追回的 ×× 元范围内，向申请执行人 ××× 承担赔偿责任

要点解析

执行裁定文书是指人民法院在执行程序中，为保证发生法律效力的判决、裁定或者其他法律文书的执行而作出的裁定文书。在司法实践中，执行裁定适用于整个执行过程，各类裁定适用不同情形，执行裁定书都具有强制效力。

法律适用

□**《中华人民共和国民事诉讼法》**全文

实务操作

××××人民法院
执行裁定书

（××××）××执××号

申请执行人：×××。

法定代理人/指定代理人/法定代表人/主要负责人：×××。

委托诉讼代理人：×××。

被执行人：×××。

……

（以上写明申请执行人、被执行人和其他诉讼参加人的姓名或者名称等基本信息）

本院在执行×××与×××……（写明案由）一案中，经查……依照《中华人民共和国民事诉讼法》第二百四十二条/

第二百四十三条/第二百四十四条,《最高人民法院关于人民法院执行工作若干问题的规定(试行)》第三十八条、第四十二条(扣押财产的,引用第四十三条),《最高人民法院关于人民法院民事执行中查封、扣押、冻结财产的规定》第二十八条第一款,《最高人民法院关于适用〈中华人民共和国民事诉讼法〉的解释》第四百八十七条规定,裁定如下:

一、查封/扣押/冻结被执行人×××所有的……(写明财产名称、数量或数额、所在地等),查封/扣押/冻结期限为×年。

二、(被执行人可以使用被查封财产的,写明:)被执行人×××负责保管被查封的财产。在查封期间内,被执行人×××可以使用被查封财产;但因被执行人×××的过错造成被查封财产损失的,应由自己承担责任。

(被执行人/保管人不得使用被查封/扣押财产的,写明:)被执行人/保管人×××负责保管被查封/扣押的财产。在查封/扣押期间不得使用被查封/扣押的财产。

(冻结财产不需要保管的,不列本项)

需要续行查封/扣押/冻结的,应当在查封/扣押/冻结期限届满前××日内提出续行查封/扣押/冻结的书面申请。

本裁定立即执行。

审 判 员　　×××

××××年××月××日

(院印)

书 记 员　　×××

81 协助执行通知

关键词

协助执行、通知书、协助义务单位

实务要点

要点	具体内容
协助执行内容	•协助查询、冻结、扣划银行存款； •协助查封不动产、车辆、股权、有价证券； •协助将不动产、车辆、股权、有价证券过户； •协助冻结、扣划工资奖金

要点解析

协助执行，是指实施执行措施的人民法院通知有关单位或者个人协助执行发生法律效力的法律文书所确定的内容的一种法律制度。法院执行与有关单位或者个人协助执行相结合是我国执行制度中不可缺少的组成部分。从有关执行的实践来看，当前我国民事协助执行有三类：单位的协助执行、法院之间的协助执行、个人的协助执行。执行程序中，法院作出执行裁定后，需要不同的协助义务单位配合执行，所以根据协助主体不同、财产种类不同，发出各类协助执行通知书。对拒不履行协助义务的，法院将根据《民事诉讼法》的规定，追究法律责任。

法律适用

□《中华人民共和国民事诉讼法》全文

实务操作

协助执行通知书，是指执行法院在执行过程中，为了更好地控制、执行被执行人名下的财产，而对相关单位发出的，要求其协助人民法院完成执行工作的通知。协助执行通知书的本质是避免被执行人擅自处分其个人财产，从而损害申请执行人因生效法律文书而享有的权利。

实务中，可能会收到协助执行通知书的相关部门通常包括：(1)被执行人银行账户的开户银行；(2)被执行人名下不动产以及特殊动产所有权登记机关；(3)被执行人享有的有效债权的债务人等。

相关部门和个人收到协助执行通知书后应当依法履行相应的义务，否则可能因拒不执行协助执行通知书，而面临赔偿、罚款、拘留的后果，严重的甚至会构成犯罪，受到刑事处罚。

附：协助执行通知书模板

××××人民法院

协助执行通知书

（××××）××执××号

×××：

×××与×××……（写明案由）一案，本院（或其他生效法律文书的作出机关)作出的(××××)……号民事判决(或其他生效法律文书)已经发生法律效力。因……(写明协助执行的原因)。依照《中华人民共和国民事诉讼法》第二百四十二条/第二百四十三条/第二百四十四条/第二百五十一条、《最高人民法院关于人民法院执行工作若干问题的规定(试行)》第三十六条/第三十八条/第五十条规定,请协助执行以下事项:

……

附:(××××)××号裁定书

××××年××月××日

(院印)

联 系 人:××× 联系电话:×××

本院地址:××× 邮 编:×××

82 查控合伙人在合伙企业的财产

关键词

合伙人为被执行人、合伙企业财产、查控方式

实务要点

要点	具体内容
合伙企业的财产视为合伙人的财产	合伙企业名下的或占有、使用的财产，实质为全体合伙人共同共有，合伙人之一为被执行人时，法院可以对合伙企业的财产查控
合伙企业合伙人应确认被执行人的份额	法院查控后应当通知合伙企业，要求确认被执行人在合伙企业的收益或份额
被执行人在合伙企业中的份额可直接被强制执行	合伙人的自有财产不足清偿其与合伙企业无关的债务的，该合伙人可以以其从合伙企业中分取的收益用于清偿；债权人也可以依法请求人民法院强制执行该合伙人在合伙企业中的财产份额用于清偿
合伙人对被执行合伙人的财产份额有优先购买权	人民法院强制执行合伙人的财产份额时，应当通知全体合伙人，其他合伙人有优先购买权；其他合伙人未购买，又不同意将该财产份额转让给他人的，依照《合伙企业法》第 51 条的规定为该合伙人办理退伙结算，或者办理削减该合伙人相应财产份额的结算

要点解析

合伙企业是指由各合伙人订立合伙协议，共同出资，共同经营，共享收益，共担风险，并对企业债务承担无限连带责任的营利性组织。对于合伙人在合伙企业的财产、份额是否可以处置，以及如何处置要根据《合伙企业法》的规定处理，兼顾合伙企业和债权人的利益。

法律适用

□《中华人民共和国合伙企业法》第 42 条

合伙人的自有财产不足清偿其与合伙企业无关的债务的，该合伙人可以以其从合伙企业中分取的收益用于清偿；债权人也可以依法请求人民法院强制执行该合伙人在合伙企业中的财产份额用于清偿。

人民法院强制执行合伙人的财产份额时，应当通知全体合伙人，其他合伙人有优先购买权；其他合伙人未购买，又不同意将该财产份额转让给他人的，依照本法第五十一条的规定为该合伙人办理退伙结算，或者办理削减该合伙人相应财产份额的结算。

□《中华人民共和国合伙企业法》第 51 条

合伙人退伙，其他合伙人应当与该退伙人按照退伙时的合伙企业财产状况进行结算，退还退伙人的财产份额。退伙人对给合伙企业造成的损失负有赔偿责任的，相应扣减其应当赔偿的数额。

退伙时有未了结的合伙企业事务的，待该事务了结后进行结算。

以案析法

案号:(2021)川 01 执异 2973 号

基本案情

在申请执行人孟某申请执行深圳某投资管理企业、深圳某金融控股集团有限公司国内非涉外仲裁裁决一案执行过程中，四川省成都市中级人民法院依法在淘宝网司法拍卖网络平台公开拍卖案涉财产，最终由苏州某艺术品有限公司竞得。

2021 年 1 月，利害关系人刘某等人分别以其对上述拍卖股权享有合伙人优先购买权为由，向成都中院提出执行异议。成都中院裁定驳回各利害关系人的执行异议请求。刘某等人不服，向四川省高级人民法院申请复议。四川高院裁定撤销成都中院作出的异议裁定，并撤销案涉财产的网络司法拍卖。苏州某艺术品有限公司对裁定撤销拍卖结果向成都中院提出书面异议。

成都中院认为，根据《合伙企业法》第 42 条第 2 款的规定，法院强制执行案涉股权，应当通知其他合伙人，其他合伙人享有优先购买权。而在案证据显示，成都中院在拍卖公告发布 3 日前并未对其已知的优先购买权人发出通知，属于拍卖程序不合法，因此，不予确认案涉股权的拍卖结果，对案涉股权重新进行拍卖，符合法律规定。

裁判要旨

人民法院强制执行合伙人的财产份额时，应当通知全体合伙人，其他合伙人有优先购买权。

案例评析

针对合伙人个人债务的执行，应当优先执行合伙人的自有财产，在自有财产不足以清偿债务的情况下，可以执行合伙人在合伙企业中的收益或财产份额（合伙份额）。如果存在侵犯其他合伙人权益的情况，其他合伙人可以参照前述实务要点，择取最相适应的救济路径主张权利。

83 法人财产线索的查找

关键词

法人或其他组织、财产线索、查找途径

实务要点

要点	具体内容
用好财产申报表，寻找财产线索	被执行人是法人或其他组织的，请求查阅申报财产表，是否存在不实申报
现场调查，寻找财产线索	到被执行人住所地、实际经营地查看，申请法院依法采取搜查扣押措施
用好调查令，弥补查控措施遗漏	申请调查令，向工商、房地产、税务、车辆管理、证券管理部门查询，核实法人注册资本金是否到位、股东及实际控制人的信息
寻找参与分配机会，查找对外应收债权等线索	申请法院通过执行管理系统查找其他案涉情况，申请法院审计、发布悬赏公告查找可供执行的财产

要点解析

在办理执行案件的过程中，查找财产线索属于关键的一环，往往决定着案件进展以及能否执行回款。查找财产线索同时也是一件费时费力的事情，如果遗漏掉重要的信息，将错失执行回款的良机。法院受理执行案件后，也会进入点对点、总对总的网络财产查控阶段，一般需要历时两周时间完成财产查控。查询主要针对法人的银行账户、房地产、证券、车辆等财产，其他财产线索还是需要申请人积极提供并共同协助查找。作为执行申请人，尽可能地提供财产线索，核实财产权属、推动财产处置及拍卖工作，尽快实现权益。

法律适用

□《中华人民共和国民事诉讼法》第252条

被执行人未按执行通知履行法律文书确定的义务，应当报告当前以及收到执行通知之日前一年的财产情况。被执行人拒绝报告或者虚假报告的，人民法院可以根据情节轻重对被执行人或者其法定代理人、有关单位的主要负责人或者直接责任人员予以罚款、拘留。

□《最高人民法院关于民事执行中财产调查若干问题的规定》(2020 修正)全文

以案析法

案号:(2022)粤 0604 执异 449 号

基本案情

法院在执行广发银行股份有限公司佛山分行与佛山盈科智网新能源技术有限公司金融借款合同纠纷一案，执行案号为(2022)粤0604 执 4554 号，于 2022 年 5 月 6 日作出决定，将被执行人盈科公司纳入失信被执行人名单，期限为长期。被执行人盈科公司向法院提出异议，申请依法撤销(2022)粤 0604 执 4554 号执行决定书。

法院认为：执行过程中，法院于 2022 年 3 月 22 日向被执行人盈科公司发出执行通知书及报告财产令，已签收。

因被执行人盈科公司在法院有多宗未执结案件，法院已于 2022 年 3 月 18 日上门调查，现场查封、扣押物品财产一批，并现场封存。本案立案至今，法院未收到盈科公司关于本案的财产申报，其亦未能提供有关已向法院申报财产的材料。

在听证过程中，申请人盈科公司述称：仅向法院申报过一批车辆，因部分车辆已被其他法院处置，但本案的债务未足额清偿。此外，有部分车辆停放在异地，未移交法院或其他法院处置。经当庭询问，盈科公司申报登记有8项专利、4项软件著作权，并提供明细表予以证明。

经查询知识产权公示网站，截至2022年5月22日，盈科公司登记有效商标1项、专利8项、软件著作权4项。

经法院核查，被执行人未履行生效法律文书确定的义务且有失信行为，根据2021年《民事诉讼法》第248条及《最高人民法院关于民事执行中财产调查若干问题的规定》第5条、第9条、第10条的规定，被执行人收到报告财产令后，有向法院报告财产的义务；报告财产应当全面、客观、真实、及时，虚假报告、逾期申报属违反财产报告制度。违反财产报告制度的，应根据相关规定纳入失信被执行人名单。

立案后，法院已向盈科公司送达执行通知书及报告财产令，被执行人仅在听证过程中申报了包括专利权、软件著作权、机动车等财产一批，已逾期申报；同时，经法院调查，被执行人有一项有效注册商标未申报，被执行人申报的财产情况与法院网络查询后发现的财产情况不符，存在漏报的情况，被执行人的行为属逾期申报、虚假报告财产。

此外，被执行人名下登记的包括机动车、商标权、专利权、软件著作权等财产，属于可处置的财产，但被执行人未将上述财产以及权利凭证移交法院或其他法院处置，属于有履行能力而拒不履行。被执行人存在多种失信行为。

被执行不存在不得纳入失信被执行人名单的情形:《最高人民法院关于公布失信被执行人名单信息的若干规定》第3条和《最高人民法院关于在执行工作中进一步强化善意文明执行理念的意见》第16条规定了不得纳入失信被执行人名单的情形。因法院未实际控制被执行人名下的财产，故暂未启动处置程序，不存在已被查封的财产足以清偿生效法律文书确定债务的情况。综上，法院依据《最高人民法院关于公布失信被执行人名单信息的若干规定》第 1 条第 1 项、第 4 项之规定将申请人盈科公司纳入失信被执行人名单于法有据。

裁判要旨

本案审查范围为将申请人纳入失信被执行人名单这一执行行为的合法性，法院认为：本案的争议问题是盈科公司要求撤销其失信信息的主张是否成立。

根据《民事诉讼法》和《最高人民法院关于公布失信被执行人名单信息的若干规定》的相关规定，纳入失信被执行人名单应符合三个条件，一是被执行人未履行生效法律文书确定的义务，二是被执行人有失信行为，三是不存在不得纳入失信被执行人名单的情形。

如前所述，法院将其纳入失信被执行人名单于法有据，故其申请撤销其失信信息于法无据，应予驳回。依照 2021 年《民事诉讼法》第 262 条、《最高人民法院关于公布失信被执行人名单信息的若干规定》第 12 条的规定，法院驳回申请人盈科公司的异议申请。

案例评析

根据《最高人民法院关于公布失信被执行人名单信息的若干规定》第 1 条的规定，被执行人未履行生效法律文书确定的义务，并具有下列情形之一的，人民法院应当将其纳入失信被执行人名单，依法对其进行信用惩戒：

（1）有履行能力而拒不履行生效法律文书确定义务的；

（2）以伪造证据、暴力、威胁等方法妨碍、抗拒执行的；

（3）以虚假诉讼、虚假仲裁或者以隐匿、转移财产等方法规避执行的；

（4）违反财产报告制度的；

（5）违反限制消费令的；

（6）无正当理由拒不履行执行和解协议的。

财产申报制度是被执行人的一项重要义务，对执行申请人来说，应用好该制度，积极要求被申请人提供财产线索、向法院申请对被执行人不申报财产的惩戒，以推进执行案件进程。

84 多套住房的查封变现

关键词

被执行人多套住房、如何查封、高效变现

实务要点

要点	具体内容
优选便于变现的房屋查封	对于被执行人拥有多套住房，只要查封拍卖其中一套就能够清偿全部债务的情况，应当建议法院首先查封最有利于变现的住房
最有利于变现的房屋	出租的房屋、空置的房屋、非经常居住的房屋、没有户籍在册的房屋、地段好易变现的房屋，没有抵押及其他查封限制的房屋
全面了解不动产的信息	为防止被执行人迁入查封的房屋，转移未查封的房屋，对其实际居住的房屋可以申请法院予以查封
避免超额查封	查封的房屋价值应当扣除被执行人实际居住不宜变现和已经设定他项权利的部分，只要剩余部分未超过标的就不属于超标的查封

要点解析

在案件强制执行过程中，不动产常常被作为执行处置财产的首选。从不动产权利信息查询至最终完成不动产司法处置的过程中，会出现众多的障碍，若相关障碍不能及时得到妥善解决，将会增加执行处置不动产的时间，甚至可能会导致相关不动产处置不能的情况。挑选适合法院处置的房屋申请查封拍卖才能最有效变现。

法律适用

□《最高人民法院关于首先查封法院与优先债权执行法院处分查封财产有关问题的批复》

一、执行过程中，应当由首先查封、扣押、冻结（以下简称查封）法院负责处分查封财产。但已进入其他法院执行程序的债权对查封财产有顺位在先的担保物权、优先权（该债权以下简称优先债权），自首先查封之日起已超过60日，且首先查封法院就该查封财产尚未发布拍卖公告或者进入变卖程序的，优先债权执行法院可以要求将该查封财产移送执行。

以案析法

案号:（2022）湘1002执异19号

基本案情

湖南省郴州市北湖区人民法院在审理胡某与廖某房屋买卖合同纠纷一案中，经胡某的申请，对廖某名下的财产采取了保全措施。廖某认为北湖区法院超标的查封而提出书面复议。

经北湖区法院查明，2021年11月1日，胡某因其与廖某房屋买卖合同纠纷一案向本院提起诉讼，审理过程中北湖区法院裁定冻结被申请人廖某的银行存款 200 万元，或查封、扣押其相应价值的其他财产，作为财产保全。

而执行过程中，法院查封了廖某名下 6 套房屋，明显超出了申请保全的财产限额。法院查封廖某名下财产均属可分割财产，根据胡某的诉讼请求，解除查封不会导致胡某的权利受损。故应解除对于廖某名下 6 套房屋的查封。

案例评析

不动产登记信息查询是处置不动产的第一步，也是基础的一步。在该阶段，需要完成的目标就是全面了解不动产的信息，包括权利信息、限制信息。权利信息又包括了权利人、坐落、面积、权证号等基本信息。限制信息又包括了查封信息、抵押信息及相关的预告信息。在该阶段，需要完成的目标是确定案件是否对案涉不动产享有处置权、案涉不动产是否具备处置价值。只有对不动产进行首封的法院及案件才享有该不动产的处置权，才能发起对不动产的执行处置程序。故在对不动产权利财产进行查询后，需对不动产查询回单进行分析，看本案查封是否为查封起始时间最早的查封，确定案涉不动产是否为首轮查封。

85　债务本息的清偿顺序

关键词

执行款不足以清偿全部债务、先本后息、先息后本

实务要点

要点	具体内容
债务清偿顺序	当不足以清偿全部债务时,除当事人另有约定外,按照以下顺序履行: (1)实现债权的有关费用; (2)利息; (3)主债务
加倍延迟履行金是劣后债权	执行程序中的迟延履行利息,名为利息,实则具有一定公法性质,是对当事人迟延履行金钱债务的一种惩罚,所以迟延履行利息应当排在主债务清偿顺序之后

要点解析

法律文书生效后,债务人如未按照文书履行义务,债权人可向法院申请强制执行,并要求被执行人支付迟延履行利息或迟延履行金。实务中,对于迟延履行利息的计算方式、债务本息的清偿顺序等内容较容易发生争议。债务清偿顺序对于债权人利益实现具有重要意义。

法律适用

□《中华人民共和国民法典》第561条

债务人在履行主债务外还应当支付利息和实现债权的有关费用,其给付不足以清偿全部债务的,除当事人另有约定外,应当按照下列顺序履行:

(一)实现债权的有关费用;

(二)利息;

(三)主债务。

□《最高人民法院关于执行程序中计算迟延履行期间的债务利息适用法律若干问题的解释》第4条

被执行人的财产不足以清偿全部债务的，应当先清偿生效法律文书确定的金钱债务，再清偿加倍部分债务利息，但当事人对清偿顺序另有约定的除外。

以案析法

案号:(2022)豫10执复18号

基本案情

乔某于2014年11月10日借给崔某、关某人民币150万元。借款到期后，出借人乔某与借款人崔某、关某于2015年6月12日经协商一致达成还款协议，该还款协议经河南省襄城县公证处公证并赋予强制执行效力。该案进入执行程序后，执行法院责令被执行人履行相应的还款义务。

2021年11月10日，被执行人关某、崔某以本案执行中执行款项的清偿顺序应当是“先本后息”为由向执行法院提起执行异议，请求执行裁定书，并裁定案件中的执行款项按照“先本后息”的清偿顺序进行执行。被驳回后，被执行人向河南省许昌市中级人民法院提出复议。

许昌中院经审查认为，本案争议的焦点为被执行人已经偿还的款项的清偿顺序如何确定。《最高人民法院关于执行程序中计算迟延履行期间的债务利息适用法律若干问题的解释》第4条规定，“被执行人的财产不足以清偿全部债务的，应当先清偿生效法律文书确定的金钱债务，再清偿加倍部分债务利息，但当事人对清偿顺序另有约定的除外”。

本案中，生效法律文书确定债务人除主债务外还应当支付利息和实现债权的有关费用等，且双方当事人未约定债务清偿顺序，在执行程序中应当按照上述法律规定的顺序清偿，即先清偿生效法律文书确定的金钱债务，再清偿加倍部分债务利息。故关某等主张对已偿还款项按照“先本后息”的顺序进行清偿于法无据，其复议请求不应得到支持。

裁判要旨

案件执行过程中，若当事人未约定债务清偿顺序，则应当按照《最高人民法院关于执行程序中计算迟延履行期间的债务利息适用法律若干问题的解释》第 4 条规定的顺序清偿。

案例评析

清偿顺序是指执行程序中，当执行款不足以偿付全部债务时，有关债务的本金、一般利息、迟延履行期间的加倍部分利息的清偿顺位的问题，即当被执行人的财产不足以清偿全部债务，执行回款究竟是用于优先抵偿本金还是优先抵偿利息。根据现行规定，关于执行本息清偿顺序，当事人对清偿顺序另有约定的按约定、约定不清或无约定的则按法定。

另外，根据《最高人民法院关于执行程序中计算迟延履行期间的债务利息适用法律若干问题的解释》第 1 条的规定，迟延履行期间的债务利息，包括迟延履行期间的一般债务利息和加倍部分债务利息。迟延履行期间的一般债务利息，指的是根据生效判决主文判项所确定的利息计算方法核算之利息，也就是原本之债的利息，即我们通常所理解的约定之利息。清偿顺序是“生效法律文书确定的金钱债务”先于“加倍部分债务利息”，即本金＋一般债务利息优先于加倍部分债务利息。

《最高人民法院关于执行程序中计算迟延履行期间的债务利息适用法律若干问题的解释》实施后，按照“执行费用→一般债务利息→本金→加倍部分债务利息”的顺序予以清偿更具法律依据也更趋近公平，但却忽视了效率。“先息后本”的清偿顺序，特别是存在分批、多次还款情形，债务人往往连利息都难以全额清偿，即便偿清利息后仍有剩余，也只能偿付部分本金，而剩余本金又会重新生成一般债务利息及加倍部分债务利息。如此，一来将一般债务利息、加倍部分债务利息、本金分割成不同的阶段，不便于计算，也更容易产生纠纷；二来债务人困于利息受偿范围，履行能力及履行意愿不足，最终致使案件久执不结。

总之，《最高人民法院关于执行程序中计算迟延履行期间的债务利息适用法律若干问题的解释》第4条的规定仅解决了当执行款不足以清偿全部欠款时本金与加倍部分债务利息的抵偿顺序，并没有明示本金与一般债务利息的抵偿顺序。结合一般民法债权清偿顺序原则，笔者倾向于认为按照“执行费用→一般债务利息→本金→加倍部分债务利息”的顺序清偿债务更具有法律参照依据。

86 “养老金”的执行

关键词

养老金、出具冻结承诺、协助执行

实务要点

要点	具体内容
执行养老金预留生活费的标准	在执行养老金的案件中，一般按照当地的低保收入标准为被执行人及其所扶养家属保留基本生活保障费，如果有患病等特殊情况，另行确定
社保部门协助执行养老金	被执行人下落不明或者不同意出具冻结扣划书面承诺函的，法院可以通知社保部门协助暂停办理个人“领取养老金方式”调整业务，并冻结被执行人名下与社保卡关联的银行账户

要点解析

基本养老金是保障离退休人员的“养命钱”，离退休人员能否按时足额领取养老金直接关系离退休人员的合法权益和社会稳定。对于被执行的离退休人员，在没有其他财产可供执行的情况下，人民法院有权要求社会保障基金管理中心作为退休人员养老金的统一分配机构，协助人民法院冻结、扣减被执行人的法定收入。法院是可以强制执行养老金的。养老金是被执行人的财产，养老金较高但拒不履行义务的，申请人又确实困难，可以申请执行养老金清偿债务。

法律适用

□《最高人民法院关于能否要求社保机构协助冻结、扣划被执行人的养老金问题的复函》

被执行人应得的养老金应当视为被执行人在第三人处的固定收入，属于其责任财产的范围，依照《中华人民共和国民事诉讼法》第二百四十三条之规定，人民法院有权冻结、扣划。但是，在冻结、扣划前，应当预留被执行人及其所抚养家属必需的生活费用。

□《最高人民法院关于人民法院民事执行中查封、扣押、冻结财产的规定》(2020 修正)第 4 条

对被执行人及其所扶养家属生活所必需的居住房屋,人民法院可以查封,但不得拍卖、变卖或者抵债。

□《最高人民法院关于人民法院民事执行中查封、扣押、冻结财产的规定》(2020 修正)第 5 条

对于超过被执行人及其所扶养家属生活所必需的房屋和生活用品,人民法院根据申请执行人的申请,在保障被执行人及其所扶养家属最低生活标准所必需的居住房屋和普通生活必需品后,可予以执行。

□《中华人民共和国民事诉讼法》第 254 条

被执行人未按执行通知履行法律文书确定的义务,人民法院有权扣留、提取被执行人应当履行义务部分的收入。但应当保留被执行人及其所扶养家属的生活必需费用。

人民法院扣留、提取收入时,应当作出裁定,并发出协助执行通知书,被执行人所在单位、银行、信用合作社和其他有储蓄业务的单位必须办理。

以案析法

案号:(2020)苏 13 执复 129 号

基本案情

刘某诉孙某、徐某民间借贷纠纷一案执行过程中,江苏省宿迁市宿城区人民法院裁定冻结徐某在中国建设银行宿豫支行 62×××73 账户内的存款,期限 12 个月。徐某不服上述执行行为,向宿城法院提出异议。

宿城法院查明，徐某目前领取的社会保障金仅仅可以维持其基本生活和治疗需求，鉴于徐某目前的社保收入情况及身体状况，为保留其必要的生活费用及医疗费用，宿城法院解除了对徐某社保卡的冻结。

刘某不服上述执行裁定，向江苏省宿迁市中级人民法院申请复议称，徐某目前生活富足，却一直拒绝履行义务，法院应继续冻结徐某在中国建设银行宿豫支行 62××××73 账户内的退休金。

宿迁市中院认为，根据《最高人民法院关于人民法院民事执行中查封、扣押、冻结财产的规定》第 5 条第 2 项的规定，对于被执行人及其所扶养家属所必需的生活费用，人民法院不得查封、扣押、冻结。当地有最低生活保障标准的，必需的生活费用依照该标准确定。

本案中，徐某的社保收入高于宿迁市 2020 年城乡居民最低生活保障标准。综合全案案情，在保障徐某基本生活的前提下，也应对申请执行人刘某的合法债权予以保护，故在扣除徐某每月最低生活保障金后，宿城法院可以对徐某社保卡内的剩余收入予以执行。

裁判要旨

《最高人民法院关于能否要求社保机构协助冻结、扣划被执行人的养老金问题的复函》(〔2014〕执他字第 22 号)认为："被执行人应得的养老金应当视为被执行人在第三人处的固定收入，属于其责任财产的范围，依照《中华人民共和国民事诉讼法》第二百四十三条之规定，人民法院有权冻结、扣划。但是，在冻结、扣划前，应当预留被执行人及其所抚养家属必需的生活费用。"因此，对于退休金，在留出必要的生活费用的前提下，人民法院可以将其作为被执行人的财产予以执行。2008 年《最高人民法院关于人民法院民事执行中查封、扣押、冻结财产的规定》第 5 条（现为第 3 条）规定："人民法院对被执行人下列的财产不得查封、扣押、冻结：……（二）被执行人及其所扶养家属所必需的生活费用。当地有最低生活保障标准的，必需的生活费用依照该标准确定……”故在扣除徐某每月最低生活保障金后，宿城法院可以对徐某社保卡内的剩余收入予以执行，并不违反上述规定。

案例评析

根据善意文明执行理念，在依法保障胜诉当事人合法权益的同时，也要保障被执行人的基本生活权益，实现法律效果与社会效果的有机统一。人民法院选择执行财产，为被执行人保留合理必需的生活费用后，将剩余养老金作为被执行人的财产予以执行，公正保障了各方当事人合法权益。

87 失信名单和限高措施的除外情形

关键词

已经查控财产、申请人申请、单位失信人、申请解除

实务要点

要点	具体内容
不得纳入失信名单的情形	•法院已经控制足以清偿债务的财产、申请人申请暂不采取惩戒措施的，不得对被执行人采取纳入失信名单或限高措施； •单位是失信被执行人的，法院不得将法定代表人、主要负责人、影响债务履行的直接责任人、实际控制人纳入失信名单； •全日制在校生因“校园贷”成为被执行人的，不得纳入失信名单或采取限高措施

续表

要点	具体内容
解除限高措施的情形	•单位被执行人被限高后，法定代表人、主要负责人、影响债务履行的直接责任人员、实际控制人以因私消费为由提出以个人财产从事消费行为的； •个人被限高的，因就医或近亲属丧葬或执行公务、重要考试申请暂时解除乘坐飞机高铁限制措施的，可以给予最长不超过 1 个月的解除期

要点解析

限高令是最高人民法院为化解“执行难”问题而推出的强制执行利器。发布限高令一方面起到督促生效法律文书履行的作用，另一方面限高令的惩罚性一定程度上能够起到安抚债权人情绪的作用，可有效缓和执行程序中因债权人质疑法院不作为而引发的矛盾。

然而近年限高令作为一种便捷简单的工作方式，其适用范围存在扩大化的倾向。如有不少人在离职后因公司未办理工商变更仍被登记为原公司的法定代表人，结果被采取限高措施，个人信用遭到破坏，日常生活受到严重影响；也有一些类似政府或国企投资的诸多企业，由于行政指派等，往往一个人兼任十几家甚至几十家法定代表人，但实际上并不享有法定代表人的职权，既不参与公司的经营活动也无法对公司的任何决策产生影响，一旦有企业因债务问题被限高，个人也随之牵连被限高，工作生活受到严重影响。

早期实践中，被限高主体的救济问题未受到足够重视，其救济的手段和实现高度依赖法官自由裁量权，有可能违背执行程序正当化的原则，侵犯被执行人的基本权利。正是看到这些问题，律师有必要对被采取强制措施的情况下可寻求的法定救济途径进行梳理，以知晓各种救济途径，从而有效保护当事人的利益。

法律适用

□《最高人民法院关于公布失信被执行人名单信息的若干规定》(2017修订)第3条

具有下列情形之一的，人民法院不得依据本规定第一条第一项的规定将被执行人纳入失信被执行人名单：

(一)提供了充分有效担保的；

(二)已被采取查封、扣押、冻结等措施的财产足以清偿生效法律文书确定债务的；

(三)被执行人履行顺序在后，对其依法不应强制执行的；

(四)其他不属于有履行能力而拒不履行生效法律文书确定义务的情形。

□《最高人民法院关于公布失信被执行人名单信息的若干规定》(2017修订)第9条

不应纳入失信被执行人名单的公民、法人或其他组织被纳入失信被执行人名单的，人民法院应当在三个工作日内撤销失信信息。

记载和公布的失信信息不准确的，人民法院应当在三个工作日内更正失信信息。

□《最高人民法院关于在执行工作中进一步强化善意文明执行理念的意见》

五、严格规范纳入失信名单和限制消费措施

14.严格适用条件和程序。采取纳入失信名单或限制消费措施，必须严格依照民事诉讼法、《最高人民法院关于公布失信被执行人名单信息的若干规定》(以下简称失信名单规定)、《最高人民法院关于限制被执行人高消费及有关消费的若干规定》等规定的条件和程序进行。对于不符合法定条件的被执行人，坚决不得采取纳入失信名单或限制消费惩戒措施。对于符合法定条件的被执行人，决定采取惩戒措施的，应当制作决定书或限制消费令，并依法由院长审核后签发。

需要特别指出的是，根据司法解释规定，虽然纳入失信名单决定书由院长签发后即生效，但应当依照民事诉讼法规定的送达方式送达当事人，坚决杜绝只签发、不送达等不符合法定程序的现象发生。

15. 适当设置一定的宽限期。各地法院可以根据案件具体情况，对于决定纳入失信名单或者采取限制消费措施的被执行人，可以给予其一至三个月的宽限期。在宽限期内，暂不发布其失信或者限制消费信息；期限届满，被执行人仍未履行生效法律文书确定义务的，再发布其信息并采取相应惩戒措施。

16. 不采取惩戒措施的几类情形。被执行人虽然存在有履行能力而拒不履行生效法律文书确定义务、无正当理由拒不履行和解协议的情形，但人民法院已经控制其足以清偿债务的财产或者申请执行人申请暂不采取惩戒措施的，不得对被执行人采取纳入失信名单或限制消费措施。单位是失信被执行人的，人民法院不得将其法定代表人、主要负责人、影响债务履行的直接责任人员、实际控制人等纳入失信名单。全日制在校生因“校园贷”纠纷成为被执行人的，一般不得对其采取纳入失信名单或限制消费措施。

17. 解除限制消费措施的几类情形。人民法院在对被执行人采取限制消费措施后，被执行人及其有关人员申请解除或暂时解除的，按照下列情形分别处理：

（1）单位被执行人被限制消费后，其法定代表人、主要负责人、影响债务履行的直接责任人员、实际控制人以因私消费为由提出以个人财产从事消费行为,经审查属实的,应予准许。

(2)单位被执行人被限制消费后,其法定代表人、主要负责人确因经营管理需要发生变更,原法定代表人、主要负责人申请解除对其本人的限制消费措施的,应举证证明其并非单位的实际控制人、影响债务履行的直接责任人员。人民法院经审查属实的,应予准许,并对变更后的法定代表人、主要负责人依法采取限制消费措施。

(3)被限制消费的个人因本人或近亲属重大疾病就医,近亲属丧葬,以及本人执行或配合执行公务,参加外事活动或重要考试等紧急情况亟须赴外地,向人民法院申请暂时解除乘坐飞机、高铁限制措施,经严格审查并经本院院长批准,可以给予其最长不超过一个月的暂时解除期间。

上述人员在向人民法院提出申请时,应当提交充分有效的证据并按要求作出书面承诺;提供虚假证据或者违反承诺从事消费行为的,人民法院应当及时恢复对其采取的限制消费措施,同时依照民事诉讼法第一百一十一条从重处理,并对其再次申请不予批准。

18.畅通惩戒措施救济渠道。自然人、法人或其他组织对被纳入失信名单申请纠正的,人民法院应当依照失信名单规定第十二条规定的程序和时限及时审查并作出处理决定。对被采取限制消费措施申请纠正的,参照失信名单规定第十二条规定办理。

人民法院发现纳入失信名单、采取限制消费措施可能存在错误的,应当及时进行自查并作出相应处理;上级法院发现下级法院纳入失信名单、采取限制消费措施存在错误的,应当责令其及时纠正,也可以依法直接纠正。

19.及时删除失信信息。失信名单信息依法应当删除(屏蔽)的,应当及时采取删除(屏蔽)措施。超过三个工作日采取删除(屏蔽)措施,或者虽未超过三个工作日但能够立即采取措施却未采取造成严重后果的,依法追究相关人员责任。

被执行人因存在多种失信情形,被同时纳入有固定期限的失信名单和无固定期限的失信名单的,其主动履行完毕生效法律文书确定义务后,一般应当将有固定期限的名单信息和无固定期限的名单信息同时删除(屏蔽)。

以案析法

案号:(2022)辽 1122 执异 9 号

基本案情

辽宁省盘山县人民法院在执行申请执行人中国建设银行股份有限公司盘锦盘山支行与被执行人王某金融借款合同纠纷一案过程中,王某以法院查封、限制高消费及失信黑名单等执行措施侵犯其合法权益为由向盘山县法院书面提出执行异议,请求撤销将其纳入失信被执行人黑名单。

盘山县法院于 2021 年 8 月 24 日裁定拍卖被执行人王某所有的房屋。经辽宁中资房地产土地评估有限公司对案涉房地产市场价值的评估,拍卖后所得价款足以履行被执行人的给付义务。根据《最高人民法院关于公布失信被执行人名单信息的若干规定》第 3 条第 2 项的规定,本案中已被采取查封、扣押、冻结等措施的财产足以清偿生效法律文书确定债务,王某的撤销纳入失信被执行人名单的请求应当予以支持。

裁判要旨

根据《最高人民法院关于公布失信被执行人名单信息的若干规定》第3条的规定，被执行人所有的已被采取查封、扣押、冻结等措施的财产足以清偿生效法律文书确定债务，人民法院不得将被执行人纳入失信被执行人名单。

案例评析

通过总结归纳，限高的一般法定解除情形有以下几种：一是当被执行人履行完毕生效法律文书确定的义务的，法院应当予以解除；二是被执行人提供确实有效担保或经申请执行人同意的，法院可以解除。限高的解除还包括三种特殊情形：第一种是因生活或经营必须经批准后可暂时解除，即被限高的个人因本人或近亲属重大疾病就医，近亲属丧葬，以及本人执行或配合执行公务，参加外事活动或重要考试等紧急情况亟须赴外地，向人民法院申请暂时解除乘坐飞机、高铁限制措施，经严格审查并经法院院长批准，可以给予其最长不超过1个月的暂时解除期间。第二种是单位被执行人被限制消费后，其法定代表人、主要负责人、影响债务履行的直接责任人员、实际控制人以因私消费为由提出以个人财产从事限制消费行为的，执行法院审查属实的，应予准许。第三种是单位被执行人被限制消费后，其法定代表人、主要负责人确因经营管理需要发生变更，原法定代表人、主要负责人申请解除对其本人的限制消费措施的，应举证证明其并非单位的实际控制人、影响债务履行的直接责任人员，人民法院经审查属实的，应予准许，并对变更后的法定代表人、主要负责人依法采取限制消费措施。

实践中，并不是只要法定代表人或主要负责人变更的，法院就会解除对其本人的限高措施。原法定代表人、主要负责人应对其变更法定代表人、主要负责人，以及不再作为被执行人的实际控制人及影响债务履行的直接责任人进行举证。

如有下列情形，失信信息应当删除：(1)被执行人已履行生效法律文书确定的义务或人民法院已执行完毕的；(2)当事人达成执行和解协议且已履行完毕的；(3)申请执行人书面申请删除失信信息，人民法院审查同意的；(4)终结本次执行程序后，通过网络执行查控系统查询被执行人财产两次以上，未发现有可供执行财产，且申请执行人或者其他人未提供有效财产线索的；(5)因审判监督或破产程序，人民法院依法裁定对失信被执行人中止执行的；(6)人民法院依法裁定不予执行的；(7)人民法院依法裁定终结执行的；(8)被执行人被纳入失信被执行人名单期限届满的。除此之外，如失信被执行人积极履行生效法律文书确定义务或主动纠正失信行为，人民法院可以决定提前删除失信信息。

88 以物抵债协议

关键词

协议一致、以物抵债、不损害其他人利益

实务要点

要点	具体内容
合意抵债	经申请人和被执行人同意，且不损害其他债权人合法权益和社会公共利益，法院可以不经拍卖、变卖，直接将被执行人财产作价交申请人抵债

续表

要点	具体内容
不具有强制执行力	当事人达成以物抵债协议的，法院不得依据该协议作出以物抵债裁定；执行和解协议本身并无强制执行效力，因此不能以抵债裁定的方式赋予和解协议强制执行效力
无须法院出具以物抵债裁定	抵债协议的财产需要办理过户登记的，由双方当事人自行申请办理过户手续

要点解析

"以物抵债"是指债务履行过程中，债务人以实物资产抵偿债务的清偿方式。基于以资产抵债意思表示发生的阶段、产生的原因等不同，会产生不同的法律效果。

在民事执行程序中，往往会出现债务人流动性资产不足，债权人为了实现债权而不得不接受"以物抵债"的情形。协议抵债是常见的清偿方式，注意要以不损害其他债权人利益为前提，在法院组织下达成执行和解协议并及时转移标的物。

法律适用

□《最高人民法院关于适用〈中华人民共和国民事诉讼法〉的解释》（2022 修正）第 489 条

经申请执行人和被执行人同意，且不损害其他债权人合法权益和社会公共利益的，人民法院可以不经拍卖、变卖，直接将被执行人的财产作价交申请执行人抵偿债务。对剩余债务，被执行人应当继续清偿。

□《最高人民法院关于执行和解若干问题的规定》（2020 修正）第 6 条

当事人达成以物抵债执行和解协议的，人民法院不得依据该协议作出以物抵债裁定。

□《最高人民法院关于执行和解若干问题的规定》(2020 修正)第 9 条

被执行人一方不履行执行和解协议的，申请执行人可以申请恢复执行原生效法律文书，也可以就履行执行和解协议向执行法院提起诉讼。

以案析法

案号:(2021)鲁 1425 执 1424 号

基本案情

申请执行人山东某建材有限公司与被执行人徐某 1 合同纠纷一案，山东省齐河县人民法院依法向被执行人送达了执行通知书及申报财产令，被执行人未按期履行偿付义务。

在执行过程中，被执行人徐某 1 暂无偿付能力，双方当事人经协商自愿达成以物抵债执行和解协议，双方自愿以被执行人徐某 1、徐某 2 继承其父徐某 3 的位于齐河县的房屋给申请执行人山东某建材有限公司，抵顶本案欠款、案件受理费和保全费。该案抵顶楼房在有条件办理房产所有权手续时，被执行人无条件协助办理产权过户登记手续。

裁判要旨

当事人之间形成了真实的以物抵债协议，双方均同意以物抵债，都有以物来消灭债权的意思表示，那么按照抵债流程，被执行人将物交付并变更不动产登记即可，无须法院出具以物抵债裁定。但若当事人达成了以物抵债的和解协议，然而被执行人并未履行，此时按照《最高人民法院关于执行和解若干问题的规定》第 9 条的规定，被执行人一方不履行执行和解协议的，申请执行人可以申请恢复执行原生效法律文书，也可以就履行执行和解协议向执行法院提起诉讼。

案例评析

《最高人民法院关于适用〈中华人民共和国民事诉讼法〉的解释》（2022修正）第489条、第490条规定了执行程序中的两种以物抵债方式：当事人合意以物抵债与法院裁定以物抵债。裁定以物抵债主要出现在执行财产拍卖、变卖不成之后，而合意以物抵债可以不经拍卖、变卖程序直接进行抵债。《最高人民法院关于人民法院民事执行中拍卖、变卖财产的规定》出台后，裁定以物抵债的规定相对完备，但合意以物抵债的规定仍较为原则。

要特别说明的是，以物抵债协议是双方当事人协商以物抵债的一种私法行为，属于执行和解的一种形式，为了与执行和解制度保持一致，为防止当事人恶意串通危害第三人的权利或者通过执行裁定来规避行政审查，执行法院不应出具裁定。因以物抵债协议旨在消灭原有的金钱债权债务关系，与优先受偿权无关，以物抵债协议成立但未实际履行的，不能适用《最高人民法院关于人民法院办理执行异议和复议案件若干问题的规定》第28条、第29条进行排除强制执行。

89 执行程序中的国家赔偿

关键词

错误执行、国家赔偿、损害举证责任

实务要点

要点	具体内容
执行错误的常见情形	人民法院在执行判决、裁定及其他生效法律文书过程中，错误采取罚款、拘留等强制措施，或者错误采取财产调查、控制、处置、交付、分配等执行措施，侵犯公民、法人和其他组织合法权益并造成损害
原则上国家赔偿应当在执行程序终结后申请	除法律规定的除外情形，申请执行赔偿应当在执行程序终结后提出，终结前提出的不予受理。 例外：• 罚款、拘留等强制措施已被依法撤销，或者实施过程中造成人身损害的； • 被执行的财产经诉讼程序依法确认不属于被执行人，或者人民法院生效法律文书已确认执行行为违法的； • 自立案执行之日起超过 5 年，且已裁定终结本次执行程序，被执行人已无可供执行财产的； • 在执行程序终结前可以申请赔偿的其他情形
赔偿请求时效	• 根据《国家赔偿法》第 39 条的规定，申请国家赔偿，应当在知道或应当知道权利被侵害后的 2 年内提出； • 根据《最高人民法院办公厅关于国家赔偿法实施中若干问题的座谈会纪要》第 20 条的规定，在执行程序终结后提出赔偿申请，相关诉讼、执行程序期间不计入赔偿请求时效
举证责任分配	根据《国家赔偿法》第 26 条的规定，赔偿请求人和赔偿义务机关对自己提出的主张，应当提供证据。赔偿请求人需要证明的是损害结果和因果关系。赔偿义务机关则应当就其合法性承担举证责任。赔偿请求人可以提供证明职权行为违法的证据，但不因此免除赔偿义务机关对其职权行为合法性承担举证责任

要点解析

最高人民法院 2022 年发布了《关于审理涉执行司法赔偿案件适用法律若干问题的解释》，在《国家赔偿法》及《最高人民法院关于审理民事、行政诉讼中司法赔偿案件适用法律若干问题的解释》总结司法实践经验的基础上制定，为在执行过程中权利受到损害的民事主体寻求最后的救济提供了进一步的法律保障，同时对于规范法院执行行为、督促法院依法执行也具有重要意义。

实践中相当一部分案件因被执行人无可供执行财产而陷入停滞，其中有案件可能确实是因法院错误执行行为所造成。另外，在部分案件中也确实存在错误执行行为造成执行当事人或者案外人权益受到损害并且通过其他途径无法得到救济的情况，司法赔偿作为最后的救济途径不应该被遗忘和忽视，也正因为这是最后的救济途径，我们更应该给予足够的重视。

法律适用

□《中华人民共和国国家赔偿法》第38条

人民法院在民事诉讼、行政诉讼过程中，违法采取对妨害诉讼的强制措施、保全措施或者对判决、裁定及其他生效法律文书执行错误，造成损害的，赔偿请求人要求赔偿的程序，适用本法刑事赔偿程序的规定。

□《最高人民法院关于审理涉执行司法赔偿案件适用法律若干问题的解释》第1条

人民法院在执行判决、裁定及其他生效法律文书过程中，错误采取财产调查、控制、处置、交付、分配等执行措施或者罚款、拘留等强制措施，侵犯公民、法人和其他组织合法权益并造成损害，受害人依照国家赔偿法第三十八条规定申请赔偿的，适用本解释。

以案析法

案号：(2021)最高法委赔监 28 号

基本案情

刘某、霍某诉高某、梁某借款合同纠纷一案，奈曼旗人民法院作出民事调解书，约定高某、梁某向刘某、霍某偿还借款本金和利息合计 190 万元。

但在执行过程中，奈曼旗人民法院在没有通知刘某、霍某的情况下，以被执行人高某、梁某没有可供执行财产为由“终结本次执行”，并对申诉人隐瞒案件终结的事实。至 2019 年 4 月 28 日，奈曼旗人民法院向申诉人送达恢复执行通知书，刘某才知道执行案件已于 2017 年 4 月 4 日执行完毕结案。

刘某、霍某认为，法院的行为严重侵犯其财产权、知情权，后续执行过程中亦存在违反法定程序的行为，于是向法院提出国家赔偿申请。

法院认为，本案焦点问题是刘某、霍某提出的国家赔偿申请是否符合申请赔偿条件。本案中，高某、梁某的相关财产经司法拍卖后均流拍，已于 2020 年 10 月进入变卖程序。刘某、霍某 2020 年 6 月 1 日以执行错误为由向通辽市中级人民法院申请国家赔偿时，通辽市中级人民法院的执行程序尚未终结。此外，通辽市中级人民法院一直在积极推进执行程序，亦不存在虽尚未执行终结，但长期未有执行进展且被执行人已确无可供执行财产的情形。

因此，刘某、霍某在执行程序尚未终结前提出国家赔偿申请，不符合《最高人民法院关于审理民事、行政诉讼中司法赔偿案件适用法律若干问题的解释》第 19 条第 1 款规定的申请条件，国家赔偿申请应当予以驳回。

裁判要旨

申请人欲提出国家赔偿申请，应当符合《最高人民法院关于审理民事、行政诉讼中司法赔偿案件适用法律若干问题的解释》规定的申请条件，与民事侵权责任的构成要件相类似，申请人应承担相关情形的证明责任，证明存在错误执行行为、存在损害事实且错误执行行为与损害事实之间存在因果关系。

案例评析

《最高人民法院关于审理民事、行政诉讼中司法赔偿案件适用法律若干问题的解释》第21条规定，人民法院赔偿委员会审理民事、行政诉讼中的司法赔偿案件，应当对人民法院及其工作人员行使职权的行为是否符合法律规定，赔偿请求人主张的损害事实是否存在，以及该职权行为与损害事实之间是否存在因果关系等事项一并予以审查。

该条也意味着有权获得国家赔偿需要具备三个要件：一是国家机关及其工作人员存在侵害合法权益的行为，国家赔偿是以合法权益被侵害为前提的；二是存在合法权益被损害的结果；三是侵害行为与损害结果之间存在因果关系。

一般赔偿请求人需要证明的是损害结果和因果关系。赔偿义务机关则应当就其合法性承担举证责任。赔偿请求人可以提供证明职权行为违法的证据，但不因此免除赔偿义务机关对其职权行为的合法性承担举证责任。司法实践中，因执行错误申请国家赔偿被支持的案例较少。因此，如公民、法人和其他组织想依法取得国家赔偿，需更关注国家机关工作人员是否依法行使职权。

90 公证文书的执行

关键词

执行证书、利率超限、实体争议解决

实务要点

要点	具体内容
执行依据	债权人在申请执行时，应当提交公证债权文书及执行证书，用以证明履行情况，未提交执行证书的，不予受理
经公证的债权文书具有法律规定的无效、可撤销等情形	•公证债权文书所载明的民事权利义务关系与客观事实不符，公证债权文书载明的年利率超过法院司法解释规定的支持上限的，法院将以执行通知、裁定等方式告知当事人超过部分不纳入执行范围； •非金融机构主体进行的职业放贷行为导致合同无效；借款合同利息、违约金、罚息等约定超过法律规定的，超过部分无效等； •公证债权文书载明的债权因清偿、提存、抵销、免除等全部或者部分消灭
实体权利有误，裁定不予执行或部分不予执行	债务人主张存在以"违约金""服务费""利滚利""砍头息"等方式实质超过上限的，属于实体争议，不能按照利息区分执行，债务人可以通过诉讼予以救济

要点解析

根据《公证法》第 37 条的规定，对符合条件的公证债权文书可以赋予强制执行力（以下简称赋强公证债权文书），当债务人违约时，债权人可以向公证机构申请执行证书，债权人可持公证债权文书和执行证书直接向法院申请强制执行而无须通过诉讼。2018 年 9 月 30 日最高人民法院针对赋强公证债权文书颁布了《关于公证债权文书执行若干问题的规定》。

赋强公证债权文书可直接申请强制执行，内在原理是当事人双方自愿承诺并经带有国家公权力色彩的公证机关背书后，当事人放弃了直接起诉这一纠纷解决方式的权利。该制度自实施以来就得到了广大债权人尤其是金融机构的青睐，但是在实践中，关于赋强公证债权文书的法律适用争议越来越多。

法律适用

□《中华人民共和国公证法》第 37 条

对经公证的以给付为内容并载明债务人愿意接受强制执行承诺的债权文书，债务人不履行或者履行不适当的，债权人可以依法向有管辖权的人民法院申请执行。

前款规定的债权文书确有错误的，人民法院裁定不予执行，并将裁定书送达双方当事人和公证机构。

□《最高人民法院关于公证债权文书执行若干问题的规定》全文

以案析法

案号：（2021）湘 0103 执异 184 号

基本案情

湖南省长沙市天心区人民法院在执行申请执行人某证券股份有

限公司申请执行北京市精诚公证处（2017）京精诚执证字第 00012 号执行证书一案中，异议人刘某、单某向天心区法院提出书面异议，称执行公证书有关利息计算的方式属于“利滚利”，超出法律规定范围的不必要的利息依法不应得到支持。

天心区法院认为，《最高人民法院关于公证债权文书执行若干问题的规定》所称的民间借贷，是指自然人、法人、其他组织之间及其相互之间进行资金融通的行为。本案中，证券公司经营范围包括融资融券，其与单某、刘某之间的法律关系不属于民间借贷，异议人如认为公证债权文书所确定的贷款利率超过法律规定，可另寻法律途径解决。

裁判要旨

若要根据《最高人民法院关于公证债权文书执行若干问题的规定》第 11 条规定判断公证债权文书中涉及的利息及违约金数额是否明显高于法律规定，应确保公证债权文书系民间借贷案件中形成的。

案例评析

根据《最高人民法院关于公证债权文书执行若干问题的规定》第 22 条的规定，实体权利有误的，债务人可以起诉请求不予执行或部分不予执行赋强公证债权文书，主要包括以下情形：

第一，公证债权文书载明的民事权利义务关系与事实不符：

（1）公证债权文书约定的法律关系与真实存在的法律关系不符，如债权文书约定的是买卖合同，实际上是借贷合同；

（2）公证债权文书所载明的民事权利义务未发生，如公证债权文书载明的借款未真实发生；

（3）公证债权文书所载债权与权利人实际享有的权利范围、内容等不一致，如公证债权文书所载的本金、利息、违约金标准与双方约定的不符；

（4）公证债权文书所载的保证方式与当事人约定的保证方式不相符。

第二，经公证的债权文书具有法律规定的无效、可撤销等情形。

第三，公证债权文书载明的债权因清偿、提存、抵销、免除等全部或者部分消灭。

实务操作

结合前述分析不予执行公证债权文书的要点，笔者提出如下实务建议：

公证债权文书有瑕疵或未提交符合条件的材料，被执行人应当在执行终结前向执行法院提出异议。法院经审查后作出执行裁定，对法院裁定不服的，可以申请复议。期满未复议或复议被驳回的，只有债权人可以就公证债权文书涉及的民事权利义务争议向人民法院提起诉讼。

公证程序违法的，应当在收到执行通知书后 15 日内向执行法院提出异议，如果认为公证员不符合公证条件，在知道或者应当知道有关事实之日起 15 日内提出。

实体权利有误的，不能在执行程序中提出执行异议，应当通过诉讼程序解决。《最高人民法院关于公证债权文书执行若干问题的规定》实施后，债务人主张实体权利有误的，应当通过诉讼程序解决。另外，该类案件诉讼管辖为专属管辖，债务人对赋强公证债权文书实体权利有异议的，即使合同有管辖约定，也只能向执行法院提起诉讼。

91 执行人身保险产品财产利益

关键词

冻结、扣划人身保险产品的财产利益、人身保险产品、提取收益

实务要点

要点	具体内容
法院直接要求保险公司协助提取(扣划)人寿保险保单的现金价值	人民法院有权根据不同情形扣押、冻结、划拨、变价被执行人的财产。据此,大部分法院直接要求保险公司提取(扣划)人寿保险保单的现金价值,与划拨被执行人的银行存款具有相同的执行原理,法院可依执行职权解除合同,并对被执行人财产采取强制措施
法院强制投保人解除保险合同,而后再要求保险公司协助提取(扣划)人寿保险保单的现金价值	法院强制要求投保人解除保险合同,待其取得保单现金价值返还请求权后再依照执行程序对这种到期债权予以执行。在保险合同解除前,保单现金价值的债权虽未到期,但属于投保人可预期取得的财产权益,法院可依法予以冻结
会被法院强制执行的人身保险产品	•根据相关司法文件,人身保险产品的财产性权益归属于被执行人的,人民法院可以执行。所谓人身保险产品的财产性权益包括依保险合同约定可领取的生存保险金、现金红利、退保可获得的现金价值(账户价值、未到期保费),依保险合同可确认但尚未完成支付的保险金,及其他权属明确的财产性权益等; •具体而言,投保人购买传统型、分红型、投资连接型、万能型人身保险产品、依保单约定可获得的生存保险金、或以现金方式支付的保单红利、或退保后保单的现金价值,均属于投保人、被保险人或受益人的财产权。当投保人、被保险人或受益人作为被执行人时,上述财产权属于责任财产,人民法院可以执行

要点解析

在财富管理领域，保险产品除自身保险属性外，亦被认为是具有资产隔离和财富传承作用的金融工具之一。不可否认的是，在投保人出于合理目的，自行或是借助相关机构（如提供财富管理服务的保险机构、信托机构、咨询机构、律师事务所等）提前规划或是提前定制个性化的财富管理方案时，保险毫无疑问能发挥其资产隔离的作用。但近年来，随着债务人通过突击购买大额保单的方式逃债的现象频发，债权人对于此类情形下保险的资产隔离作用产生了重大质疑。

对此，事实并非如部分人士认为的当事人一旦购买了保险产品（尤其是人身保险产品），其所支付的保费就不再属于当事人的财产。被执行人的人身保险产品财产利益可以被执行。

法律适用

□《中华人民共和国保险法》第47条

投保人解除合同的，保险人应当自收到解除合同通知之日起三十日内，按照合同约定退还保险单的现金价值。

□《安徽省高级人民法院、中国人寿保险股份有限公司安徽省分公司、中国太平洋人寿保险股份有限公司安徽分公司、中国平安人寿保险股份有限公司安徽分公司、新华人寿保险股份有限公司安徽分公司、泰康人寿保险有限责任公司安徽分公司、太平人寿保险股份有限公司安徽分公司、华夏人寿保险股份有限公司安徽分公司、百年人寿保险股份有限公司安徽分公司、中邮人寿保险股份有限公司安徽分公司、利安

人寿保险股份有限公司安徽分公司关于建立被执行人人身保险产品财产利益协助执行机制的会议纪要》第3条

（一）明确被执行人及对应的执行标的

被执行人为投保人的，可冻结或扣划归属于投保人的现金价值、红利等保单权益。

被执行人为被保险人的，可冻结或扣划归属于被保险人的生存金等保险权益。

被执行人为受益人的，可冻结或扣划归属于受益人的生存金等保险权益。

（二）保单现金价值的执行

1.冻结或扣划投保人（被执行人）的现金价值、红利等保单权益，投保人、被保险人或受益人均为被执行人同一人时，人民法院可直接冻结或扣划。

2.冻结或扣划投保人（被执行人）的现金价值、红利等保单权益，投保人（被执行人）与被保险人或受益人不一致时，人民法院应秉承审慎原则，保障被保险人或受益人相关赎买保单的权益。人民法院冻结上述保单权益后，应给予不少于15日赎买期限。保险机构在办理协助冻结后，联系投保人（被执行人）、被保险人或受益人，告知赎买权益、行使期限以及不赎买时保单将被强制执行的事项。相关人员联系人民法院的，人民法院应向上述人员告知投保人（被执行人）保单被强制执行的相关情况。

被保险人或者受益人赎买支付相当于保单现金价值的款项的，由赎买人直接交予人民法院。人民法院应提取该赎买款项，不得再继续执行该保单的现金价值、红利等权益。但赎买期届满后无人赎买或者被保险人、受益人明确表示不赎买的，人民法院可以强制执行投保人（被执行人）对该保单的现金价值、红利等权益。

以案析法

案号：（2021）鲁1428执异153号

基本案情

在山东省武城县人民法院执行申请执行人山东武城农村商业银行股份有限公司与被执行人刘某等借款合同纠纷一案中，异议人阳光人寿保险股份有限公司德州中心支公司向武城县法院提出书面异议。

阳光人寿认为，保险单现金价值不属于到期可供执行的财产收入。武城县法院要求扣划投保人刘某保单现金价值转至法院账户，但是投保人刘某在阳光人寿投保的保单目前还在有效状态，投保人没有申请退保，在没有退保或解除保险合同的前提下，没有所谓的“现金价值”可供执行，基于此，阳光人寿请求撤销（2021）鲁1428执1042号协助执行通知书。

武城县法院认为，人寿保险合同具有储蓄性和有价性，具有现金价值和财产权益。从保单现金价值请求权的法定行使要件来看，一旦投保人或被保险人提出要求，保险人就必须向投保人或被保险人给付该笔现金价值或收益。由此，保单现金价值或收益请求权可以理解为投保人或被保险人在条件成就后，随时可以向保险人主张债权或提取收入，本院裁定提取现金价值并无不当。

保险合同虽具有人身依附性，但其财产权益符合强制执行的标的，不属于《最高人民法院关于人民法院民事执行中查封、扣押、冻结财产的规定》第5条规定的不得查封、扣押、冻结的范围。故阳光人寿的异议不成立，应裁定驳回。

裁判要旨

随着《浙江省高级人民法院执行局关于加强和规范对被执行人拥有的人身保险产品财产利益执行的通知》、《上海市高级人民法院关于建立被执行人人身保险产品财产利益协助执行机制的会议纪要》、《江苏省高级人民法院关于加强和规范被执行人所有的人身保险产品财产性权益执行的通知》（已废止）等地方性司法文件的出台，以及最高人民法院（2020）最高法执复71号等典型判例的出现，人民法院有权力冻结、扣划被执行人所购买的人身保险产品的财产性利益，已成为司法实务中各地各级法院的共识。

案例评析

人身保险产品是一种特殊的财产权利，该种特殊性通过保险业的高负债性、广泛的社会参与性以及经营活动的长期持续性等方面体现出来。在民事执行程序中，该产品可以有效保障投保人和被保险人权益，实现公平与秩序，促进经济和社会稳定，亦是民事执行的基本价值所在。

92 法院查控系统

关键词

法院穷尽财产调查措施、网络查控

实务要点

要点	具体内容
人民法院可通过网络对被执行人在银行业金融机构中的财产进行查询，并直接采取冻结、划扣、处置措施	• 执行法院可通过网络执行查控系统查询被执行人银行账户、银行卡、存款及其他金融资产信息，但应当向金融机构发送被执行人的基本信息数据（包括被执行人姓名或名称、证件类型、证件号码或统一社会信用代码、组织机构代码）； • 执行法院可以要求金融机构协助查询被执行人账户交易流水明细、交易对手姓名或名称、账号、开户银行等账户交易信息，但应当列明具体查询时间、区间等信息
人民法院可通过工商行政管理机关对被执行人名下的股权及其他投资权益进行网络冻结	各级人民法院与工商行政管理机关通过网络专线、电子政务平台等媒介，将双方业务信息系统对接，建立网络执行查控系统，实现网络化执行与协助执行，具体可协助的事项包括： • 查询有关主体的设立、变更、注销登记，对外投资，以及受处罚等情况及原始资料（企业信用信息公示系统已经公示的信息除外）； • 对冻结、解除冻结被执行人股权、其他投资权益进行公示； • 因人民法院强制转让被执行人股权，办理有限责任公司股东变更登记
人民法院可通过公安部门对被执行人的身份信息和财产信息进行网络查控	• 被告、被执行人身份信息，包括姓名、曾用名、出生日期、户籍地、住址、居民身份证号码、照片； • 诉讼保全被告的出入境证件信息，包括姓名、性别、出生日期、所有证件种类名称、证件号码、照片； • 被执行人出入境证件及出入境信息，包括姓名、性别、出生日期、所有证件种类名称、证件号码、照片、出入境时间、前往国家（地区）名称、登记联系电话； • 诉讼保全被告、被执行人车辆登记信息，包括车辆车牌号、车辆品牌、型号、类型、车辆识别码、注册登记机关及注册日期、抵押权人、查封扣押机关名称、查封扣押文书名称； • 被执行人旅店住宿信息，包括入住时间、退房时间、住宿旅馆名称、住宿旅馆地址、登记联系电话

要点解析

目前，大数据技术在社会中的运用越来越普遍，司法执行也不例外，虽然目前对执行难问题的解决方式与大数据的结合情况并不理想，但是随着科技的不断进步，大数据技术势必在法院执行过程中发挥越来越重要的作用，而作为律师，如何能够有效地利用大数据、用好网络查控系统参与到执行程序中来也将是未来发展的重点。

法律适用

□《人民法院、银行业金融机构网络执行查控工作规范》

1. 人民法院对被执行人的银行账户、银行卡、存款及其他金融资产采取查询、冻结、扣划等执行措施（以下简称查控措施），可以通过专线或金融网络等方式与金融机构进行网络连接，向金融机构发送采取查控措施的数据和电子法律文书，接收金融机构查询、冻结、扣划、处置等的结果数据和电子回执。

前款所述金融资产，指可以进行变价交易，并且交易价款及孳息可以存款的方式转入金融机构特定关联资金账户的各类财产。

2. 最高人民法院与金融机构总行建立"总对总"网络执行查控系统的，全国各级法院的查控数据和电子法律文书通过"总对总"网络执行查控系统实时向金融机构发送；金融机构完成协助查控事项后，查控结果数据及电子回执通过"总对总"网络执行查控系统实时向执行法院反馈。

各省（自治区、直辖市）高级人民法院与金融机构分行已经建立"点对点"网络执行查控系统的，金融机构总行应授权有关分行查询、冻结、扣划本行系统内全国账户及金融资产。

……

6. 执行法院通过网络执行查控系统查询被执行人银行账户、银行卡、存款及其他金融资产信息的，应当向金融机构发送被执行人的基本信息数据（包括被执行人姓名或名称、证件类型、证件号码或统一社会信用代码、组织机构代码）。与金融机构联网的人民法院应当制作电子协助执行通知书，并附电子查询清单（包括案号、执行法院名称、被执行人基本信息），实时向金融机构发送。

执行法院要求金融机构协助查询被执行人账户交易流水明细、交易对手姓名或名称、账号、开户银行等账户交易信息的，应当列明具体查询时间、区间等信息。

7. 金融机构协助人民法院采取网络查询措施的，应当根据所提供的被执行人基本信息数据，在本单位生产数据库或实时备份库中查询，并通过网络执行查控系统实时反馈查询结果。

被执行人有开立账户记录的，金融机构应反馈开户时间、开户行名称、户名、账号、账户性质、账户状态（含已注销的账户）、余额、联系电话、被有权机关冻结的情况等信息；被执行人有存款以外的其他金融资产的，金融机构应反馈关联资金账户、资产管理人等信息。

被执行人未开立账户，金融机构应反馈查无开户信息。

以案析法

案号：(2018) 晋 0830 执 592 号

基本案情

申请执行人井某与被执行人杨某民间借贷纠纷一案，经山西省芮城县人民法院依法审理，于 2018 年 10 月 9 日申请强制执行。执行过程中，芮城县法院采取了如下执行措施：

（1）于2018年10月15日向被执行人杨某送达了执行通知书、报告财产令、被执行人财产申报表，被执行人未实际履行。

（2）于2018年10月9日起二次通过全国网络查控系统查询了被执行人名下的财产信息，被执行人名下无银行存款信息。

（3）最高人民法院网络执行查控系统反馈汇总表显示，被执行人在公安部有车辆登记信息，该车辆已被其他法院予以查封处理。

（4）通过房产查询，未发现被执行人名下有房产登记信息。

（5）已对被执行人进行了限制高消费及录入失信被执行人名单库，并在中国执行信息公开网上公布。

（6）被执行人杨某已于2018年11月28日被本院因犯拒不执行判决罪判处有期徒刑1年。

上述执行情况及信息，本院于2018年12月25日向申请执行人予以反馈，申请执行人同意终结本次执行程序。

案例评析

除上述案件中法院调查的信息外，人民法院还可通过以下途径收集、查控被执行人的信息，并对被执行人采取惩戒措施。

1. 法院可以通过民政部门对被执行人的身份信息和财产信息进行网络查控，并与民政部可通过网络专线实现共享案件当事人的婚姻登记信息、低保信息（包括家庭收入信息）、社会组织登记信息、涉婚姻和涉社会救助对象收入财产的信息、失信被执行人（社会组织）名单信息等。同时，民政部可以对纳入失信被执行人名单的社会组织加强管理，实施信用约束和联合惩戒。

2. 法院可通过不动产登记部门对被执行人名下的不动产信息进行网络查控。

3. 法院可通过中国证券登记结算有限责任公司对被执行人名下证券信息进行网络查控。

4. 法院可通过税务机关对被执行人的纳税信息进行网络查控，对失信被执行人在税务领域进行联合惩戒。例如，国家税务总局可以协助最高人民法院进行网络执行查控，查询内容包括被执行人税务登记信息、纳税税款、申领发票以及被执行人的退税账户、退税金额及退税时间等相关信息。而国家税务总局对失信被执行人采取的联合惩戒措施包括：将失信被执行人名单纳入纳税信用评价体系，对失信被执行人及其法人、实际控制人、董监高进行重点监控等。

被执行人名下微信、支付宝账户中的资产，保险产品等也已被逐渐被纳入了法院的大数据网络查控系统当中，大大提高了执行的效率及效果。

当然，就目前的司法实践而言，不同的地区上述措施的落实情况存在较大的差异性，调查的范围也存在地域性的限制，且由于执行案件数量巨大，法院即便能够进行有效查询，也不可能对每个案件所查询到的数据进行深入分析研究，这便需要律师在其中积极地查缺补漏，方能将被执行案件的大数据查询发挥出最大作用。

93 重新拍卖

关键词

拍卖成交、逾期未支付拍卖款、重新拍卖、法律责任

实务要点

要点	具体内容
买受人逾期未支付价款或未补交差价	拍卖成交或以流拍的财产抵债后，买受人逾期未支付价款或未补交差价，致使拍卖目的难以实现，法院可以裁定重新拍卖，原买受人不得参加竞买
重新拍卖的价款	重新拍卖的价款低于原拍卖价款造成的差价、费用损失及拍卖佣金由原买受人承担。法院可以直接从其预交的保证金中扣除，扣除后多余部分退还；不足的，责令补交，拒不补交的，强制执行
若买受人悔拍	拍卖成交后买受人悔拍的，交纳的保证金不予退还，依次用于支付拍卖产生的费用损失、弥补重新拍卖价款低于原拍卖价款的差价、冲抵本案被执行人的债务以及与拍卖财产相关的被执行人的债务

要点解析

注意《最高人民法院关于人民法院民事执行中拍卖、变卖财产的规定》中，关于重新拍卖原买受人的责任与网络拍卖有所不同。重新拍卖是恢复到原成交拍卖程序中再次拍卖，与重启拍卖不同。

法律适用

□《最高人民法院关于人民法院民事执行中拍卖、变卖财产的规定》(2020 修正)第 22 条

拍卖成交或者以流拍的财产抵债后，买受人逾期未支付价款或者承受人逾期未补交差价而使拍卖、抵债的目的难以实现的，人民法院可以裁定重新拍卖。重新拍卖时，原买受人不得参加竞买。

重新拍卖的价款低于原拍卖价款造成的差价、费用损失及原拍卖中的佣金，由原买受人承担。人民法院可以直接从其预交的保证金中扣除。扣除后保证金有剩余的，应当退还原买受人；保证金数额不足的，可以责令原买受人补交；拒不补交的，强制执行。

□《最高人民法院关于人民法院网络司法拍卖若干问题的规定》第24条

拍卖成交后买受人悔拍的，交纳的保证金不予退还，依次用于支付拍卖产生的费用损失、弥补重新拍卖价款低于原拍卖价款的差价、冲抵本案被执行人的债务以及与拍卖财产相关的被执行人的债务。

悔拍后重新拍卖的，原买受人不得参加竞买。

以案析法

案号：(2022)豫0325执异5号

基本案情

异议人韩某参与网络司法拍卖，在竞买成功后又悔拍，未缴纳剩余的拍卖价款。《最高人民法院关于人民法院民事执行中拍卖、变卖财产的规定》第22条第1款规定，由于买受人韩某仅交纳保证金30万元，未支付剩余拍卖款，本次拍卖的目的无法实现，河南省嵩县人民法院可重新启动拍卖程序，原买受人韩某不得再参加竞买。

鉴于嵩县法院在发布拍卖公告时未将案涉拍卖楼房所在院子的瑕疵明确告知，异议人韩某悔拍有一定的原因，嵩县法院应将韩某缴纳的拍卖保证金30万元予以退回。

裁判要旨

拍卖成交或者以流拍的财产抵债后，买受人逾期未支付价款或者承受人逾期未补交差价而使拍卖、抵债的目的难以实现的，人民法院可以裁定重新拍卖。重新拍卖时，原买受人不得参加竞买。

案例评析

《最高人民法院关于人民法院办理执行异议和复议案件若干问题的规定》第 21 条规定："当事人、利害关系人提出异议请求撤销拍卖，符合下列情形之一的，人民法院应予支持：(一)竞买人之间、竞买人与拍卖机构之间恶意串通，损害当事人或其他竞买人利益的；(二)买受人不具备法律规定的竞买资格的；(三)违法限制竞买人参加竞买或者对不同的竞买人规定不同竞买条件的；(四)未按照法律、司法解释的规定对拍卖标的物进行公告的；(五)其他严重违反拍卖程序且损害当事人或者竞买人利益的情形。"

买受人悔拍的，交纳的保证金不予退还，依次用于支付拍卖产生的费用损失、弥补重新拍卖价款低于原拍卖价款的差价、冲抵本案被执行人的债务以及与拍卖财产相关的被执行人的债务。悔拍后重新拍卖的，原买受人不得参加竞买。

94 重启拍卖

关键词

经过流拍变卖未成交、申请人不愿接受抵债、重启拍卖

实务要点

要点	具体内容
流拍后出现重启拍卖的情况	经两次网络拍卖均流拍，经变卖仍未成交，申请人拒绝接受抵债的情形，与拍卖成交后不支付拍卖款而重新拍卖不同

续表

要点	具体内容
重启拍卖应调整拍卖价格	经申请人申请，根据市场价格变化，对于该财产重新启动评估、拍卖程序，以实现财产的公平变价
重启拍卖的依据	《最高人民法院关于人民法院网络司法拍卖若干问题的规定》对于重启拍卖没有直接规定，所以应当按照相关司法解释依法处理
重启拍卖应具备变价可能	《最高人民法院关于人民法院民事执行中拍卖、变卖财产的规定》第25条规定，“对债权人不表示接受该财产抵债的，应当解除查封将财产退还被执行人，但对该财产可以采取其他执行措施的除外”。所以对于重启拍卖程序有法律依据，不违反法律规定，但重点在于评判财产是否具有变价可能

要点解析

司法拍卖限定拍卖次数，一是为了节约司法资源，保持个案公正及一般公正之间的平衡；二是为了保护被执行人利益，防止其财产以较低价格被处置。由于市场价格变动较大，或者评估金额与实际不符，导致拍卖不成，若是将该房产放置一段时间，待该标的物市场需求回升，或者申请执行人/被执行人通过其他渠道找到意愿买家，完全可以在此基础上向法院申请再次处置，以完成标的物的处置。但此处应注意一点，那就是再次启动拍卖程序，不得以低于前次处置最后一次拍卖的保留价的价格拍卖或者变卖。

法律适用

□《最高人民法院关于人民法院民事执行中拍卖、变卖财产的规定》(2020修正)第25条

对于第二次拍卖仍流拍的不动产或者其他财产权，人民法院可以依照本规定第十六条的规定将其作价交申请执行人或者其他执行债权人抵债。申请执行人或者其他执行债权人拒绝接受或者依法不能交付其抵债的,应当在六十日内进行第三次拍卖。

第三次拍卖流拍且申请执行人或者其他执行债权人拒绝接受或者依法不能接受该不动产或者其他财产权抵债的,人民法院应当于第三次拍卖终结之日起七日内发出变卖公告。自公告之日起六十日内没有买受人愿意以第三次拍卖的保留价买受该财产,且申请执行人、其他执行债权人仍不表示接受该财产抵债的,应当解除查封、冻结,将该财产退还被执行人,但对该财产可以采取其他执行措施的除外。

□《最高人民法院关于人民法院网络司法拍卖若干问题的规定》第26条

网络司法拍卖竞价期间无人出价的,本次拍卖流拍。流拍后应当在三十日内在同一网络司法拍卖平台再次拍卖,拍卖动产的应当在拍卖七日前公告;拍卖不动产或者其他财产权的应当在拍卖十五日前公告。再次拍卖的起拍价降价幅度不得超过前次起拍价的百分之二十。

再次拍卖流拍的,可以依法在同一网络司法拍卖平台变卖。

以案析法

案号:(2021)粤0604执13840号之四

基本案情

在中国银行股份有限公司佛山分行与刘某借款合同纠纷一案诉讼阶段,广东省佛山市禅城区人民法院首先查封被执行人刘某名下位于佛山市高明区的不动产。由于被执行人至今未履行生效法律文书确定的义务，禅城区法院裁定拍卖被执行人名下上述不动产。

禅城区法院依法在淘宝司法拍卖平台对上述不动产进行公开拍卖，并于2021年10月28日10时举行第一次拍卖，因无人竞买而流拍。2021年11月19日10时，禅城区法院在淘宝司法拍卖平台对上述资产进行降价拍卖，因无人竞买而流拍。上述财物经二次拍卖均流拍，申请人未同意对上述财产以物抵债。

禅城区法院依法在淘宝司法拍卖平台对上述财产进行变卖，该次变卖因无人竞买而流拍，申请执行人亦未同意对上述财产以物抵债。因此，禅城区法院依法对上述不动产进行解封。

裁判要旨

《最高人民法院关于人民法院民事执行中拍卖、变卖财产的规定》明确规定，对于第二次拍卖仍流拍的动产，申请执行人或者其他执行债权人拒绝接受或者依法不能交付其抵债的，人民法院应当解除查封、扣押，并将该动产退还被执行人。上述条款规定得十分明确，但笔者认为该条款存在一定的弊端，如前文所述，既然在条件允许情况下可重启拍卖程序，那么人民法院就不应对标的财产进行解封。

案例评析

《最高人民法院关于人民法院民事执行中拍卖、变卖财产的规定》制定的本质是通过适当的价格处置被执行人的财产，以维护当事人的合法权益，这保护的不单是申请执行人的合法债权，也是为了清偿被执行人的债务，以利于被执行人结束诉争，解除被列为失信被执行人、限制高消费等限制措施。而通过拍卖、变卖被执行人财产，一是可节约司法资源，保持个案公正及一般公正之间的平衡；二是可保护被执行人利益，防止其财产以较低价格被处置。动产两次拍卖无人竞买，或者竞买人的最高应价低于保留价，申请执行人、其他执行债权人又不愿接受以保留价抵债时，如果第三人愿意以当次拍卖的保留价买受，有利于实现申请执行人的债权，且并不损害被执行人的合法权益。如果申请执行人、其他执行债权人在此情况下提出变卖申请，法院可以准许。再次启动拍卖程序，不得以低于前次处置最后一次拍卖的保留价的价格拍卖或者变卖。

在条件允许情况下可重启拍卖程序，那么就不应对标的财产进行解封。首先，在解除查封后，若想重启拍卖程序，需法院再次对其进行查封，此举实属浪费司法资源；其次，查封财产一旦被解封并退还给被执行人，则法院将很难控制财产的动向，不排除被执行人将财产自行处分后却仍不履行义务的情况，这将造成难以挽回的严重后果；最后，我们可以知道即使房产处于查封状态，大多情况下也不影响标的财产的使用或创造价值，如自行居住、租赁等，若是被执行人能找到意愿买家拟通过自行变现方式来清偿债务，完全可以在法院主导下，在申请执行人及被执行人协商一致情况下完成房产交割并清偿债务（或者重启拍卖程序），解除查封并非必要前提。

在遇到上述情况后不妨将案件情况向法官反馈，重点列明当中的利与弊，也许法官出于各种原因考虑，在被执行人不提出异议的情况下，继续对标的房产进行查封，待标的市场需求回升后，重启拍卖程序，以达保证执行双方权益之目的。

95 执行时机及风险评估

关键词

熟知案情、把握时机、评估风险

实务要点

要点	具体内容
熟知案情、勘查现场、查清事实	熟知案情是重大执行案件的首要条件，因为任何遗漏的事实都可能给执行带来严重影响。执行当事人及律师不仅要熟知审理程序查明的事实和认定的法律关系，而且要亲临现场进一步查清实际状况，避免因情况变化而作出错误判断
评估执行风险，预判执行后果	重大案件在执行前，必须对案件风险等级作出区分，向法院提供尽可能详尽的资料。委托律师可以提出判断风险等级的依据和理由，报法院讨论决定
把握执行时机，规避重要时点	执行申请中要注意避开重要的会议、庆典节点，选择好适当时间。一旦法院公示了时间，无特殊情况不要轻易申请更改，否则易损害法院的权威，给执行带来不利影响

要点解析

执行案件需要当事人及律师的协助配合，提供准确完整的资料和信息。执行不仅是提交申请，作为申请人的代理人要熟知案情、勘查现场、制作预案、评估风险、提供协助、保持耐心才能有效促进案件执行进展，取得良好效果。

法律适用

□《最高人民法院、司法部、中华全国律师协会关于深入推进律师参与人民法院执行工作的意见》全文

以案析法

案号:(2019)琼 02 执 339 号

基本案情

申请执行人三亚某房地产开发有限公司与被执行人金某房屋买卖合同纠纷一案执行过程中,海南省三亚市中级人民法院责令被执行人金某自公告张贴之日起 5 个工作日内将位于三亚市的案涉房屋返还给申请人房地产公司。到期仍不履行的,法院将依法对上述标的物进行强制执行。被执行人拒绝履行。

2019 年 11 月 28 日,三亚中院进行现场调查评估执行风险。经调查,案涉房屋所在的吉阳区下洋田已列入政府棚户改造范围,90% 的住户均已搬离,被执行人早已不在案涉房屋中居住。

2019 年 11 月 28 日,三亚中院以手机短信方式再次通知被执行人于 2019 年 12 月 2 日之前将房内物品搬离。被执行人仍未按上述通知履行。2019 年 12 月 2 日,三亚中院对案涉房屋予以强制清场。

案例评析

执行案件不同于一般的民商事纠纷,通过法庭诉讼就能解决,更多的是需要根据法律等相关规定加强与法院沟通以便高效完成执行代理。如果一个执行案件由当事人自己申请,最好的效果就是提交申请后对方有履行能力,直接履行结案。但是很多案件,被执行人都是不愿意履行的，如通过执行和解、申请追加其他主体。若被执行人为法人，可能还会申请执行转破产，要求股东履行出资义务。可见，了解执行的进度情况，积极参与案件进展，才有可能实现执行的效果。

执行难的根源在于被执行人有无可供执行财产的问题。要能有效找到被执行人的财产信息，就需要对被执行人进行画像，通过互联网公开渠道，如裁判文书网、企查查、法院执行网、电商平台、社交平台等查询财产去向。通过线下渠道，如工商局、房管局、合作社、商会、俱乐部等查询可能存在的代持股、借名买房、借用账户、投资及消费等，律师作为申请人的代理人要熟知案情、勘查现场、提供预案、评估风险。

96 不动产拍卖税费承担

关键词

国税总局答复、拍卖公告、税费承担、禁止情况

实务要点

要点	具体内容
公告拍卖可能产生的税费及承担方式	•《最高人民法院关于人民法院网络司法拍卖若干问题的规定》第 6 条第 3 项规定，法院在实施网络拍卖时应当履行确定拍卖保留价、保证金的数额、税费负担的职责； •《最高人民法院关于人民法院网络司法拍卖若干问题的规定》第 13 条规定，拍卖公告中应当公告拍卖财产产权转移可能产生的税费及承担方式

续表

要点	具体内容
严禁要求拍卖税费全部由买受人承担	国家税务总局发布了《对十三届全国人大三次会议第8471号建议的答复》，就不动产司法拍卖税费承担问题，国家税务总局给出了明确的态度：要求各级法院严格落实司法解释关于税费依法由相应主体承担的规定，严格禁止在拍卖公告中要求买受人概括承担全部税费
充分全面披露	最高人民法院要求各级法院完善拍卖公告内容，充分全面披露标的物的瑕疵，包括以显著提示方式明确税费的种类、税率、金额等

要点解析

在司法拍卖中，上家（被执行人）需要缴纳增值税和个人所得税，根据房屋的土地性质、来源、产权人类型、购买年限等，增值税会有差额；个人所得税会因为原业主的满五年唯一或其他情况等，有免征、1%、2%的区别。而对于买受人来说只需要承担自己的契税，根据房屋和自身房屋套数的情况，征收1%、1.5%或3%。

如果按照各付的制度执行，对买受人比较有利，也避免了在购买法拍房时，因为买受人对税费情况调研不清而忽视了高额成本，这类情况在新闻报道中屡见不鲜，这也是推动《最高人民法院关于人民法院网络司法拍卖若干问题的规定》施行的主要原因。

法律适用

□《最高人民法院关于人民法院网络司法拍卖若干问题的规定》第6条

实施网络司法拍卖的，人民法院应当履行下列职责：

（一）制作、发布拍卖公告；

（二）查明拍卖财产现状、权利负担等内容，并予以说明；

（三）确定拍卖保留价、保证金的数额、税费负担等；

（四）确定保证金、拍卖款项等支付方式；

（五）通知当事人和优先购买权人；

（六）制作拍卖成交裁定；

（七）办理财产交付和出具财产权证照转移协助执行通知书；

（八）开设网络司法拍卖专用账户；

（九）其他依法由人民法院履行的职责。

□《最高人民法院关于人民法院网络司法拍卖若干问题的规定》第30条

因网络司法拍卖本身形成的税费，应当依照相关法律、行政法规的规定，由相应主体承担；没有规定或者规定不明的，人民法院可以根据法律原则和案件实际情况确定税费承担的相关主体、数额。

以案析法

案号：（2019）闽执复133号

基本案情

中国某资产管理股份有限公司福建省分公司与福建省某经贸有限公司、福建省某房地产有限公司、缪某、王某1、宋某、王某2金融借款合同纠纷一案，福州市中级人民法院作出的（2015）榕民初字第2088号民事判决与福建省高级人民法院作出的（2017）闽民终348号民事裁定发生法律效力后，因债务人未主动履行生效法律文书确定的义务，某资产管理公司于2018年2月9日向福州中院申请执行，福州中院依法立案执行，执行标的为本金人民币 51，975，000 元及逾期利息等。本案在诉讼阶段，福州中院于 2016 年 1 月 13 日依据（2015）榕民保字第 791 号民事裁定，保全查封被执行人房地产公司名下位于宁德市 ××（金域 ×× 区）1 幢 1 层 101～107 号共计 7 套商业房产及 2～13 层共计 208 套住宅，上述查封在进入执行程序后自动转为执行查封。

2018 年 6 月 19 日，福州中院作出（2018）闽 01 执 261 号之一执行裁定，拍卖（变卖）被执行人房地产公司名下上述被查封的 7 套商业房产及 2～13 层共计 208 套住宅。经依法委托评估后，福州中院于 2018 年 9 月将案涉房产在司法拍卖网络平台上进行公开拍卖，经公开竞价，李某以人民币 298，000 元竞得案涉房产，异议人缴纳后续拍卖余款后，于 2019 年 1 月 4 日与福州中院签订拍卖成交确认书。

2019 年 3 月 19 日，买受人李某向福州中院提出书面异议称，福州中院发布的拍卖公告有误，导致买受人需承担非法定义务的税费，严重损害了买受人利益，请求：卖方的税费从拍卖款中支付或同意买受人的退房申请，并全额退还拍卖款项。其理由与上述复议理由相同。

福建省高级人民法院认为，福州中院在异议审查中，未查清案涉房产拍卖后应缴纳税费的情况，即径行裁定驳回异议不当，应发回重新审查。

裁判要旨

本案争议的焦点为，福州中院在拍卖案涉房产时规定所有税费均由买受人承担是否合法的问题。根据《最高人民法院关于人民法院网络司法拍卖若干问题的规定》第 30 条“因网络司法拍卖本身形成的税费，应当依照相关法律、行政法规的规定，由相应主体承担；没有规定或者规定不明的，人民法院可以根据法律原则和案件实际情况确定税费承担的相关主体、数额”之规定，福州中院通过拍卖公告改变了税费承担主体，并要求买受人承担所有税费，但未披露被执行人应缴纳相应的税费情况。复议申请人提出，被执行人应缴纳的税费过高，已远超评估报告记载的金额，且到目前为止仍无法了解具体的税费金额，原竞买公告中关于税费的公告内容致其产生重大误解。对此，福州中院在异议审查中，未查清案涉房产拍卖后应缴纳税费的情况，即径行裁定驳回异议不当，应发回重新审查。

案例评析

司法拍卖所产生的一切税费由买受人负担的规定不仅有违税收法定原则，而且加重了买受人义务。一些地方法院已经发文明确禁止，比如江苏省高级人民法院于 2017 年 4 月发布了《关于正确适用〈最高人民法院关于人民法院网络司法拍卖若干问题的规定〉若干问题的通知》，该通知要求“在法律、行政法规对税费负担主体有明确规定的情况下，人民法院不得在拍卖公告中规定一律由买受人承担”。

考虑到司法拍卖的最终目的是消弭生效法律文书既定的债权债务关系，不动产只有变现成功才能够最大限度地维护债权人的合法权益，不动产司法拍卖的税费设计原则有必要以促进法拍房交易为宗旨，从不动产司法拍卖实践来看，竞买人取得不动产所有权的完税证明后才能够取得不动产所有权。基于我国“先税后证”的背景，此时，若被执行人下落不明或无力负担税款，而买受人有垫付能力，为了提高拍卖效率，“垫付制”即为最优选择。为了提高拍卖效率，由竞买人去税务机关办理手续时，先行垫付被执行人应缴纳税费；随后持税务机关开具的抬头为被执行人的发票至执行法院从执行款中“报销”，这个“先行垫付”的方法也有助于促进强制执行案件结案。这无论对于法院、债权人还是不动产竞买人来说都是共赢的局面。

97 上市公司股票冻结的方式

关键词

上市公司股票、冻结措施、质押权

实务要点

要点	具体内容
严禁超标的冻结	股票价值应当以冻结前一交易日收盘价为基准，结合股票市场行情，一般在不超过 20% 的幅度内确定。价格发生重大变化的，经当事人申请，法院可以追加或解除冻结
可售性冻结	执行中，准许被执行人通过二级市场交易方式自行变卖股票清偿债务，但应当将被执行人在证券公司的资金账户在明确的数额范围内予以冻结，控制资金
已质押股票的冻结	•质权人不是申请人时，法院对质押股票冻结时，应当按照债权数额冻结对应的股票，无须将质押债权计算在内，同时提前冻结资金账户； •股票冻结后，不影响质押权人变价股票实现其债权； •在执行中，为实现债权，法院可以在质押权和债权金额范围内对相应数量的股票强制变价，并在优先实现质押债权后清偿债务

要点解析

随着我国资本市场的发展，越来越多的民事主体名下都持有上市公司股票，但上市公司股票的执行处置往往需要同时满足执行法院及监管部门的双重要求，涉及多部法律、行政法规、地方性法规等，故其处置呈现专业性强、难度高的特点。对于上市公司股票的司法冻结与执行规定亦散见于诸多司法解释及规范性文件之中，如：（1）《最高人民法院、最高人民检察院、公安部、中国证券监督管理委员会关于进一步规范人民法院冻结上市公司质押股票工作的意见》（法发〔2021〕9号）；（2）《最高人民法院关于在执行工作中进一步强化善意文明执行理念的意见》（法发〔2019〕35号）；（3）《最高人民法院、最高人民检察院、公安部、中国证券监督管理委员会关于查询、冻结、扣划证券和证券交易结算资金有关问题的通知》（法发〔2008〕4号）；（4）《上海金融法院关于执行程序中处置上市公司股票的规定（试行）》；（5）《广东省深圳市中级人民法院关于强制执行上市公司股票的工作指引（试行）》；（6）《中国证券登记结算有限责任公司深圳分公司协助执法业务指南》；（7）《中国证券登记结算有限责任公司上海分公司协助执法业务指南》等规定。上市公司股票的冻结和变价存在一定的复杂性，特别是涉及质押权存在的情况。

法律适用

□《最高人民法院关于人民法院强制执行股权若干问题的规定》第5条

人民法院冻结被执行人的股权，以其价额足以清偿生效法律文书确定的债权额及执行费用为限，不得明显超标的额冻结。股权价额无法确定的，可以根据申请执行人申请冻结的比例或者数量进行冻结。

被执行人认为冻结明显超标的额的，可以依照民事诉讼法第二百二十五条的规定提出书面异议，并附证明股权等查封、扣押、冻结财产价额的证据材料。人民法院审查后裁定异议成立的，应当自裁定生效之日起七日内解除对明显超标的额部分的冻结。

□《最高人民法院关于在执行工作中进一步强化善意文明执行理念的意见》第7条

严格规范上市公司股票冻结。为维护资本市场稳定，依法保障债权人合法权益和债务人投资权益，人民法院在冻结债务人在上市公司的股票时，应当依照下列规定严格执行：

(1)严禁超标的冻结。冻结上市公司股票，应当以其价值足以清偿生效法律文书确定的债权额为限。股票价值应当以冻结前一交易日收盘价为基准，结合股票市场行情，一般在不超过20%的幅度内合理确定。股票冻结后，其价值发生重大变化的，经当事人申请，人民法院可以追加冻结或者解除部分冻结。

(2)可售性冻结。保全冻结上市公司股票后，被保全人申请将冻结措施变更为可售性冻结的，应当准许，但应当提前将被保全人在证券公司的资金账户在明确具体的数额范围内予以冻结。在执行过程中，被执行人申请通过二级市场交易方式自行变卖股票清偿债务的，人民法院可以按照前述规定办理，但应当要求其在10个交易日内变卖完毕。特殊情形下，可以适当延长。

(3)已质押股票的冻结。上市公司股票存在质押且质权人非本案保全申请人或申请执行人，目前，人民法院在采取冻结措施时，由于需要计入股票上存在的质押债权且该债权额往往难以准确计算，尤其是当股票存在多笔质押时还需指定对哪一笔质押股票进行冻结，为保障普通债权人合法权益，人民法院一般会对质押股票进行全部冻结，这既存在超标的冻结的风险，也会对质押债权人自行实现债权造成影响，不符合执行经济原则。

最高人民法院经与中国证券监督管理委员会①沟通协调，由中国证券登记结算有限公司（以下简称中国结算公司）对现有冻结系统进行改造，确立了质押股票新型冻结方式，并在系统改造完成后正式实施。具体内容如下：

第一，债务人持有的上市公司股票存在质押且质权人非本案保全申请人或申请执行人，人民法院对质押股票冻结时，应当依照7(1)规定的计算方法冻结相应数量的股票，无需将质押债权额计算在内。冻结质押股票时，人民法院应当提前冻结债务人在证券公司的资金账户，并明确具体的冻结数额，不得对资金账户进行整体冻结。

第二，股票冻结后，不影响质权人变价股票实现其债权。质权人解除任何一部分股票质押的，冻结效力在冻结股票数量范围内对解除质押部分的股票自动生效。质权人变价股票实现其债权后变价款有剩余的，冻结效力在本案债权额范围内对剩余变价款自动生效。

第三，在执行程序中，为实现本案债权，人民法院可以在质押债权和本案债权额范围内对相应数量的股票采取强制变价措施，并在优先实现质押债权后清偿本案债务。

第四，两个以上国家机关冻结同一质押股票的，按照在证券公司或中国结算公司办理股票冻结手续的先后确定冻结顺位，依次满足各国家机关的冻结需求。两个以上国家机关在同一交易日分别在证券公

① 现为国家金融监督管理总局，后文不再赘述。

司、中国结算公司冻结同一质押股票的，在先在证券公司办理股票冻结手续的为在先冻结。

第五，人民法院与其他国家机关就冻结质押股票产生争议的，由最高人民法院主动与最高人民检察院、公安部等部门依法协调解决。争议协调解决期间，证券公司或中国结算公司控制产生争议的相关股票，不协助任何一方执行。争议协调解决完成，证券公司或中国结算公司按照争议机关协商的最终结论处理。

第六，系统改造完成前已经完成的冻结不适用前述规定。案件保全申请人或申请执行人为质权人的，冻结措施不适用前述规定。

以案析法

案号：（2021）京 02 执异 317 号

基本案情

北京市第二中级人民法院在执行深圳市某投资中心与刘某一案过程中，刘某向二中院提出执行异议，称二中院冻结了刘某名下案涉账户以及刘某持有的上市公司股票，属于超标的冻结，请求二中院解除对刘某名下招商银行、中信银行、建设银行、工商银行、光大银行、农业银行、民生银行、交通银行、北京银行、浦发银行账户采取的冻结措施。

依据二中院作出的执行裁定，本案执行标的额为 152，680，966.27 万元，而被执行人刘某持有的股票共 8907.41 万股。判断上述股票价值时，需要综合考量股票现在的市场价值、优先受偿债权的扣除、股票二级市场价格波动的影响。

因此，在尚无法确认刘某可供执行的股票是否足以清偿全部债权的情况下，须待二中院对案涉股票采取评估、拍卖、变卖等执行措施后，根据执行的进展情况，决定进一步执行还是解除部分执行措施。

裁判要旨

根据《最高人民法院关于在执行工作中进一步强化善意文明执行理念的意见》的规定，冻结上市公司股票应当以其价值足以清偿生效法律文书确定的债权额为限，股票价值应当以冻结前一交易日收盘价为基准，一般在不超过20%的幅度内合理确定。股票冻结后，其价值发生重大变化的，经当事人申请，人民法院可以追加冻结或者解除部分冻结。

在已冻结案涉股票并予以处置的前提下，继续冻结被执行人刘某名下银行账户，不利于维护刘某正常的生活、经营活动。刘某要求解除对其银行账户的冻结，于法有据，应予支持。

案例评析

股票的基本特性就是价格波动。目前可供执行的上市公司股票主要指的是登记在被执行人名下的在上海证券交易所和深圳证券交易所发行、交易的无限售流通股、限售流通股，包括沪市主板股票、深市主板股票、科创板股票、中小板股票、创业板股票。对全国中小企业股份转让系统（“新三板”股票）、存托凭证的处置可以参照适用。

关于冻结数量的问题，严禁超标的冻结，以维护资本市场稳定，依法保障债权人合法权益和债务人投资权益。

98 被执行人死亡后执行程序

关键词

被执行人死亡、继承人是否继承遗产、变更被执行人或直接执行遗产

实务要点

要点	具体内容
被执行人死亡、宣告失踪时的变更、追加	•被执行人在执行程序中死亡的，留有遗产； •遗产继承人没有放弃继承的，法院可以裁定变更继承人为被执行人，由继承人在遗产范围内偿还债务，不能偿还全部债务的，终结执行程序； •继承人放弃继承的，不可以变更或追加继承人为被执行人，法院可以直接执行被执行人的遗产，不足偿还的终结执行

要点解析

被执行人死亡并有遗产的，应当在遗产范围内执行，不足以清偿的，终结执行。被执行人死亡的，申请执行人可以申请变更、追加该被执行人的继承人、受遗赠人等作为被执行人，要求其在遗产继承范围内承担相应责任。被申请人可在法院变更、追加裁定书送达之日起10日内向上一级人民法院申请复议，复议期间不得执行被追加人的财产，除非申请人提供相应担保并经人民法院准许。

法律适用

□《中华人民共和国民事诉讼法》第243条

作为被执行人的公民死亡的，以其遗产偿还债务。作为被执行人的法人或者其他组织终止的，由其权利义务承受人履行义务。

□《最高人民法院关于适用〈中华人民共和国民事诉讼法〉的解释》(2022修正)第473条

作为被执行人的公民死亡，其遗产继承人没有放弃继承的，人民法院可以裁定变更被执行人，由该继承人在遗产的范围内偿还债务。继承人放弃继承的，人民法院可以直接执行被执行人的遗产。

□《最高人民法院关于民事执行中变更、追加当事人若干问题的规定》(2020修正)第10条

作为被执行人的自然人死亡或被宣告死亡，申请执行人申请变更、追加该自然人的遗产管理人、继承人、受遗赠人或其他因该自然人死亡或被宣告死亡取得遗产的主体为被执行人，在遗产范围内承担责任的，人民法院应予支持。

作为被执行人的自然人被宣告失踪，申请执行人申请变更该自然人的财产代管人为被执行人，在代管的财产范围内承担责任的，人民法院应予支持。

以案析法

案号：(2022)皖1621执异7号

基本案情

安徽省涡阳县人民法院执行申请执行人贾某与被执行人孙某1

民间借贷纠纷一案过程中，异议人贾某向涡阳县法院提出执行异议，称孙某 1 已于 2020 年 4 月 7 日病故，其可供执行的财产由法定继承人孙某 2 继承，因此贾某要求变更被执行人为孙某 2。

本案中，被执行人孙某 1 已死亡，其在安徽涡阳农村商业银行股份有限公司的股金为遗产，孙某 2 作为孙某 1 遗产法定第一顺序继承人，应在上述遗产范围内承担责任。

裁判要旨

《最高人民法院关于民事执行中变更、追加当事人若干问题的规定》第 10 条规定，作为被执行人的自然人死亡，申请执行人申请变更、追加该自然人的法定继承人为被执行人，在遗产范围内承担责任的，人民法院应予支持。

案例评析

生老病死、天灾人祸是不可避免的人间事态。作为被执行人的自然人死亡或被宣告死亡，申请执行人申请变更、追加该自然人的遗产管理人、继承人、受遗赠人或其他因该自然人死亡或被宣告死亡取得遗产的主体为被执行人，在遗产范围内承担责任的，人民法院应予支持。

作为被执行人的义务承受人、遗产管理人、继承人等主体可以被追加、变更为被执行人，既可以享受当事人主体地位，参与强制执行程序，维护自己的合法权利，同时亦需要在继承财产范围内履行相关财产执行义务。这既保证了继受人的权利，又要求其在财产继承范围内履行被执行人相关义务，权责对应。

99 刑事裁判财产执行受偿顺位

关键词

刑事裁判、财产执行、受偿顺位

实务要点

要点	具体内容
同一责任主体多个民事赔偿、民事债务与刑事财产执行并存时的执行顺位	被执行人在执行中同时承担刑事责任、民事责任，其财产不足以支付的，按照下列顺序执行：(1)人身损害赔偿中的医疗费用；(2)退赔被害人的损失；(3)其他民事债务；(4)罚金；(5)没收财产
民事赔偿、民事债务的执行优先于刑事责任和行政责任的承担	•民事主体因同一行为应当承担民事责任、行政责任和刑事责任的，承担行政责任或者刑事责任不影响承担民事责任；民事主体的财产不足以支付的，优先用于承担民事责任； •承担民事赔偿责任的犯罪分子，同时被判处罚金，其财产不足以全部支付的，或者被判处没收财产的，应当先承担对被害人的民事赔偿责任
法律适用	人民法院办理刑事裁判涉财产部分执行案件，刑法、刑事诉讼法及有关司法解释没有相应规定的，参照适用民事执行的有关规定
刑事追缴、责令退赔与民事诉讼程序的协调和冲突	•被害人就刑事案件中被非法占有、处置的财产提起要求返还的民事诉讼； •刑事判决追缴、责令退赔后仍不能弥补被害人损失，被害人另行提起民事诉讼； •被害人对其他责任主体另行提起民事诉讼

要点解析

长期以来，我国刑事诉讼法侧重于惩罚犯罪，维护国家安全和社会稳定，但对公民财产权利的保护与救济却始终是其“软肋”。近年来，通过增加犯罪成本，剥夺罪犯实际再犯能力来预防犯罪和注重被害人合法权益保障的恢复性司法理念逐渐得到认同，对公民财产权的保护，已日益成为刑事司法的主要内容和重要价值导向之一。

在执行标的与相关民事法律关系所涉标的同一或部分重合的情况下，必然涉及执行方式、分配原则以及执行异议等方面的刑民交叉问题，事关对公民财产权利的尊重和保护。《中共中央办公厅、国务院办公厅关于进一步规范刑事诉讼案涉财物处置工作的意见》、《最高人民法院关于刑事裁判涉财产部分执行的若干规定》、《刑事诉讼法》以及《最高人民法院关于适用〈中华人民共和国刑事诉讼法〉的解释》就违法所得追缴、财产执行、权利救济等工作机制的完善以及利害关系人诉讼权利等方面提出了明确意见。与此同时，也集中体现了通过刑事和民事两种执行手段的衔接、选择，合法合理执行刑事案涉财产的基本原则和具体方式。法律工作者应梳理和熟悉相关特殊规定。

法律适用

□《中华人民共和国刑事诉讼法》第 271 条

被判处罚金的罪犯，期满不缴纳的，人民法院应当强制缴纳；如果由于遭遇不能抗拒的灾祸等原因缴纳确实有困难的，经人民法院裁定，可以延期缴纳、酌情减少或者免除。

□《中华人民共和国刑事诉讼法》第272条

没收财产的判决，无论附加适用或者独立适用，都由人民法院执行；在必要的时候，可以会同公安机关执行。

□《最高人民法院关于适用〈中华人民共和国刑事诉讼法〉的解释》(2021修正)第521条

刑事裁判涉财产部分的执行，是指发生法律效力的刑事裁判中下列判项的执行：

(一)罚金、没收财产；

(二)追缴、责令退赔违法所得；

(三)处置随案移送的赃款赃物；

(四)没收随案移送的供犯罪所用本人财物；

(五)其他应当由人民法院执行的相关涉财产的判项。

□《最高人民法院关于适用〈中华人民共和国刑事诉讼法〉的解释》(2021修正)第522条

刑事裁判涉财产部分和附带民事裁判应当由人民法院执行的，由第一审人民法院负责裁判执行的机构执行。

□《最高人民法院关于适用〈中华人民共和国刑事诉讼法〉的解释》(2021修正)第525条

判处没收财产的，判决生效后，应当立即执行。

□《最高人民法院关于适用〈中华人民共和国刑事诉讼法〉的解释》(2021修正)第526条

执行财产刑，应当参照被扶养人住所地政府公布的上年度当地居民最低生活费标准，保留被执行人及其所扶养人的生活必需费用。

□《最高人民法院关于适用〈中华人民共和国刑事诉讼法〉的解释》(2021 修正)第 527 条

被判处财产刑,同时又承担附带民事赔偿责任的被执行人,应当先履行民事赔偿责任。

□《最高人民法院关于适用〈中华人民共和国刑事诉讼法〉的解释》(2021 修正)第 528 条

执行刑事裁判涉财产部分、附带民事裁判过程中,当事人、利害关系人认为执行行为违反法律规定,或者案外人对被执行标的书面提出异议的,人民法院应当参照民事诉讼法的有关规定处理。

□《最高人民法院关于刑事裁判涉财产部分执行的若干规定》全文

□《中共中央办公厅、国务院办公厅关于进一步规范刑事诉讼涉案财物处置工作的意见》全文

以案析法

案号:(2020)粤 20 民终 4683 号

基本案情

2016 年 12 月 23 日,法院作出(2016)粤 2071 刑初 2052 号刑事判决,认定被告人邓某犯信用卡诈骗罪,并责令邓某向各被害人(均为银行)退赔。

2019 年 10 月 11 日,法院针对被执行人邓某的系列案件作出(2016)粤 2071 执 11556 号之二执行分配方案,对被执行人邓某名下某房地产的拍卖所得款在各债权人之间进行分配。刑事被害人债权本金因属于刑事退赔款项而得以优先受偿，因拍卖款不足以全部支付刑事退赔案件本金，普通债权本息、刑事罚金不再纳入该次分配范围。

赖某对分配方案提出异议。法院将该分配异议送达给申请执行人及利害关系人后，部分刑事被害人提出反对意见，赖某遂于 2020 年 1 月 9 日向一审法院提起诉讼。

2020 年 5 月 11 日，一审法院作出（2020）粤 2071 民初 893 号民事判决，认为赖某所经民事判决书认定的债权属于普通民事债权，劣后于退赔被害人的损失，因此分配方案并无不当，裁定驳回赖某诉讼请求。赖某不服，提起上诉。

2020 年 11 月 17 日，二审法院作出（2020）粤 20 民终 4683 号民事判决，驳回赖某上诉，维持原判。

裁判要旨

本案的争议焦点在于民事债权与刑事退赔的执行顺位问题。本案中的执行分配方案是依据（2016）粤 2071 刑初字 2052 号刑事判决，其分配涉及的范围属于“退赔被害人损失”。赖某主张要求纳入分配的债权属于普通民事债权，不属于上述生效刑事判决的“退赔被害人损失”范围，本案执行的财产并不足以全部退赔刑事案件所涉被害人的损失。赖某主张优先参与到该顺序的分配，不符合《最高人民法院关于刑事裁判涉财产部分执行的若干规定》第 13 条的规定，其主张不予支持。

案例评析

刑民交叉执行案件中，被执行人财产不足以清偿全部债务的，应当依照《最高人民法院关于刑事裁判涉财产部分执行的若干规定》第 13 条第 1 款确定执行顺序。该条第 1 款规定的执行顺序为：（1）人身损害赔偿中的医疗费用；（2）退赔被害人的损失；（3）其他民事债务；（4）罚金；（5）没收财产。

债权人对执行标的依法享有优先受偿权，可以依据《最高人民法院关于刑事裁判涉财产部分执行的若干规定》第 13 条第 2 款的规定，在人身损害赔偿中的医疗费用受偿后、退赔被害人损失前受偿。但是司法实践过程中，有部分法院认为当涉及非法吸收公众存款时，优先受偿权人劣后于集资参与人受偿。

债权人或被执行人对分配顺位有异议的，应当向法院提交书面异议。若未提出异议的其他债权人或者被执行人提出反对意见，则异议人应以提出反对意见的债权人、被执行人为被告，向执行法院提起诉讼。

100 公司股权如何冻结

关键词

股权价值、股权处置、超标的额冻结

实务要点

要点	具体内容
不得明显超标的额冻结	人民法院冻结被执行人的股权，以其价额足以清偿生效法律文书确定的债权额及执行费用为限，不得明显超标的额冻结。当股权价额无法确定的，可以根据申请执行人申请冻结的比例或者数量进行冻结
股权冻结的公示机构	人民法院冻结被执行人的股权，应当向公司登记机关送达裁定书和协助执行通知书，要求其在国家企业信用信息公示系统进行公示

续表

要点	具体内容
股权冻结的生效时点	股权冻结自在公示系统公示时发生法律效力。多个人民法院冻结同一股权的，以在公示系统先办理公示的为在先冻结
股权评估	确定参考价需要相关材料的，人民法院可以向公司登记机关、税务机关等部门调取，也可以责令被执行人、股权所在公司以及控制相关材料的其他主体提供；人民法院可以委托审计机构对股权所在公司进行审计

要点解析

在司法执行实务中，股权、股份、股票、合伙份额以及其他投资权益的执行，是常见的一类财产形态的执行程序。但股权作为一种看不见摸不着的特殊财产权利，由于其相关强制执行规则不完整，涉及执行规定和实体法（如公司法、合伙企业法等）的交织，执法人员在面对股权强制执行的时候时常处于一种“无从下手”的境地，导致股权执行成为法院执行工作中的难点。最高人民法院公布了《关于人民法院强制执行股权若干问题的规定》，并于2022年1月1日起施行。该规定内容较好阐述了股权执行的实务操作。

法律适用

□《最高人民法院关于人民法院强制执行股权若干问题的规定》第5条

人民法院冻结被执行人的股权，以其价额足以清偿生效法律文书确定的债权额及执行费用为限，不得明显超标的额冻结。股权价额无法确定的，可以根据申请执行人申请冻结的比例或者数量进行冻结。

被执行人认为冻结明显超标的额的，可以依照民事诉讼法第二百二十五条的规定提出书面异议，并附证明股权等查封、扣押、冻结财产价额的证据材料。人民法院审查后裁定异议成立的，应当自裁定生效之日起七日内解除对明显超标的额部分的冻结。

以案析法

案号：(2022)沪 01 执异 168 号

基本案情

2022 年 6 月 8 日，上海国际经济贸易仲裁委员会（上海国际仲裁中心）对招财腾飞与林某 1 等三人合同纠纷一案，作出〔2022〕沪贸仲裁字第 0430 号仲裁裁决：林某 1 等三人在继承林某 2 遗产的范围内，连带向招财腾飞支付股权收购款 232,272,069.25 元，以回购招财腾飞持有的上海某文化传媒有限公司的股权；林某 1 等三人在继承林某 2 遗产的范围内连带向招财腾飞支付以 232,272,069.25 元为基数，按每日万分之三的标准计算自 2021 年 8 月 1 日起至全部付清之日止的逾期付款违约金等。

仲裁审查期间，上海市松江区人民法院执行机构依据（2021）沪 0117 财保 18 号民事裁定书，冻结了林某 2 持有的证券某网络 23,803,432 股。

上述仲裁裁决作出后，林某 1 等三人向仲裁机构所在地的上海市第二中级人民法院申请撤销仲裁裁决。因债务人未履行上述生效法律文书确定的义务，招财腾飞申请执行，法院于 2022 年 8 月 8 日立（2022）沪 01 执 1031 号案执行，并于同日向被执行人林某 1 等三人发出执行通知书，责令其履行上述法律文书确定的义务及执行费，但林某 1 等三人仍未履行。

2022 年 8 月 9 日，执行机构作出（2022）沪 01 执 1031 号执行裁定书：（1）冻结、划拨被执行人林某 1 等三人银行存款 260,841,700.33 元、逾期支付违约金及迟延履行期间的加倍债务利息；（2）上述前款不足部分，查封、扣押、拍卖、变卖被执行人林某 1 等三人相应价值的财产。

2022 年 8 月 11 日，执行机构通过中国证券登记结算有限责任公司深圳分公司冻结了林某 2 名下的证券某网络 2,710,876 股、林某 3 持有的证券某网络 1,047,989 股、林某 1 持有的证券某网络 1,047,989 股。

2022 年 8 月 19 日，林某 1 等三人对（2022）沪 01 执 1031 号执行案件向法院提出书面执行异议，请求解除对林某 1 等三人持有的证券某网络中超额冻结的 334,110 股的冻结措施。

裁判要旨

法院认为，根据《最高人民法院关于人民法院强制执行股权若干问题的规定》第 5 条的规定，人民法院冻结被执行人的股权，以其价额足以清偿生效法律文书确定的债权额及执行费用为限，不得明显超标的额冻结。股权价额无法确定的，可以根据申请执行人申请冻结的比例或者数量进行冻结。被执行人认为冻结明显超标的额的，可以依照 2021 年《民事诉讼法》第 232 条（现为第 236 条）的规定提出书面异议，并附证明股权等查封、扣押、冻结财产价额的证据材料。被执行人林某 1 等三人未向法院提供证据证明，执行机构对林某 1 等三人持有的案涉相关股权的冻结，存在明显超标的额冻结的情形，故对林某 1 等三人的异议申请，法院不予支持。

案例评析

对于冻结股权的价值，《最高人民法院关于人民法院强制执行股权若干问题的规定》第 9 条明确股权冻结的效力不直接及于股息、红利，只有向公司送达裁定书明确冻结股息、红利后，才确定产生冻结的效力。《最高人民法院关于人民法院强制执行股权若干问题的规定》认可股权处置参考价的确定方式并不仅限缩于委托评估，法院仍可以当事人议价、定向询价、网络询价等方式确定股权处置参考价。但就有限责任公司股权和非上市股份有限公司股权而言，由于定向询价和网络询价缺乏相应基础，所以更多的是采取委托评估和当事人议价的方式。因此，被执行人认为冻结明显超标的额的，需附证明查封股权价额的证据材料，以证明冻结股权的价值远高于债权。

附　录

本部分为执行法律、司法解释汇总，旨在为读者提供便捷的、全面的在线内容查询。